YOU'ERYUAN JIAOYU ZHONG DE
XINLI XIAOYING

幼儿园教育中的心理效应

李静 著

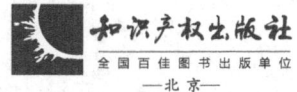

图书在版编目（CIP）数据

幼儿园教育中的心理效应 / 李静著 . —北京：知识产权出版社，2021.7
ISBN 978-7-5130-7548-0

Ⅰ.①幼… Ⅱ.①李… Ⅲ.①学前教育—教学研究 Ⅳ.①G612

中国版本图书馆 CIP 数据核字（2021）第 107817 号

内容提要

作者精选对幼儿园教师保教工作及专业发展非常实用的 47 个心理效应。细致描述每一个心理效应在幼儿成长或教师发展方面的有效运用范例，详尽解读该效应的原理，并针对幼儿园教师工作职责、内容和专业发展需求给出可行的指导建议。掌握这些心理效应，能帮助教师读懂幼儿，为进一步采取针对性的保教策略奠定基础。

本书借鉴叙事研究范式，叙议得彰，将知识性和实践性、趣味性和寓意性紧密结合，具有很强的可读性。阅读本书能够促发教师主动迁移经验，自觉尝试运用心理效应解决保教实践问题，并一定能收到事半功倍的效果。

责任编辑：韩 冰 李 瑾		责任校对：潘凤越	
封面设计：北京乾达文化艺术有限公司		责任印制：孙婷婷	

幼儿园教育中的心理效应
李 静 著

出版发行：知识产权出版社有限责任公司	网　　址：http://www.ipph.cn
社　　址：北京市海淀区气象路 50 号院	邮　　编：100081
责编电话：010-82000860 转 8126	责编邮箱：hanbing@cnipr.com
发行电话：010-82000860 转 8101/8102	发行传真：010-82000893/82005070/82000270
印　　刷：北京建宏印刷有限公司	经　　销：各大网上书店、新华书店及相关专业书店
开　　本：720mm×1000mm　1/16	印　　张：15
版　　次：2021 年 7 月第 1 版	印　　次：2021 年 7 月第 1 次印刷
字　　数：220 千字	定　　价：79.00 元
ISBN 978-7-5130-7548-0	

出版权专有　侵权必究
如有印装质量问题，本社负责调换。

把理论引出象牙塔

我在长期的学前教育专业特别是学历教育与继续教育培训中发现,幼儿园教师最大的困惑和苦恼,来自在保教实践中倾注了心血却未见成果,冥思苦想的教育策略遭遇滑铁卢,竹篮打水的后果致使教师高昂的职业热情受到打击。究其原因,一是对幼儿"看却不见、读但不懂、观而不察";二是家师难于形成教育合力。

苏霍姆林斯基说,在每个孩子心中最隐秘的一角,都有一根独特的琴弦,拨动它就会发出特有的音响。婴幼儿出生之时,存在着探究世界的热情和巨大的发展潜能,他们是天生的学习者。在成长的岁月中,他们都在积极地探索环境,以自己独特的学习方式认识和理解外部世界;他们总是想方设法地去了解、弄清所遇到的每一件事物。可以说,幼儿一直是自我成长过程的自觉参与者,能够调动点滴经验建构对周围世界的概念和认知。然而,幼儿学习的速度与幼儿成长状况取决于成人是否给予有效的支持性的环境,这就要求幼儿园教师了解幼儿身心发展规律、读懂幼儿,有针对性地为每个幼儿提供优质的认知刺激、丰富的语言环境,以及促进其社会、情感和动作发展的条件和机会。

虽然幼儿园教师认识到,家庭作为幼儿成长生态系统中的紧密场域,其功能发挥对幼儿发展起决定性作用,并遵照《教育部关于加强家庭教育工作的指导意见》中"充分发挥学校在家庭教育中的重要作用,强化学校家庭教育工作指导"精神,积极推进家长工作;但常常在家园沟通中遭遇挑战,无法获得家长支持、形成家园合力。因此,为推进与家长有效的沟通合作,共同促进幼儿发展,幼儿园教师需要掌握心理学理论和知识,深入了解家长教育理念,正确解读家长教育行为,并在此之上对家长给予有

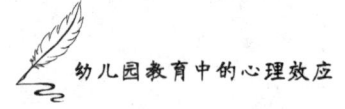

效引领、指导。

在现有学前教育专业培养课程中,心理学课程所占比例较小,职后继续教育中的心理学知识专项培训不足,加之大量转岗和非专业教师进入学前教育领域,这些都成为影响幼儿园教师掌握幼儿心理学知识并在保教实践中熟练转化和应用的风险因素。保教实践只有遵循幼儿身心发展规律,教育行为才是有效的。为此,幼儿园教师必须了解幼儿心理学理论知识,掌握基础的心理学规律,才可能产生"看见、读懂、观察",才能正确解读幼儿行为,进而顺性导行,开展教育行为。

为避免"枯燥"的心理学理论知识造成幼儿园教师的畏难情绪,本书以心理效应为切入点,结合幼儿园保教实践对社会生活中常见的心理现象和规律进行进一步解读。心理效应是人或事的行为或作用引起其他人或事产生相应变化的因果反应或连锁反应,它是心理学理论知识在长期实践中的典型规律的呈现。正确了解、掌握并利用心理效应,对幼儿园教师保教实践具有非常重要的作用和意义。

根据幼儿园一线教师保教工作内容及教师专业发展需求特点,本书选择了47个心理效应特点。鉴于心理学效应并不存在泾渭分明的界限,本书按照教师视角分为4个主题呈现,力求还原教师在保教工作中的实践历程和成长路径。

主题"关系先于教育"包含10个效应学习,旨在成就温暖型教师;主题"顺性方可导行"包括16个效应学习,助力幼儿园教师成为专业型教师;主题"别出机杼显智谋"包括16个效应学习,支持幼儿园教师成为智慧型教师;主题"云程有路志为梯"包括5个效应学习,激励幼儿园教师成为内驱型教师。

全书将心理学理论知识和实践应用范例融合呈现,秉承亦庄亦谐行文风格,力求让读者在轻松愉悦的学习过程中,掌握严谨的心理学效应原理,非常符合幼儿园教师的认知偏好。

全书行文按照"故事切入—引出心理效应概念—阐述心理效应(实验)由来—在保教实践中有效运用心理效应的范例与解读—该效应运用建议"

的体例编写。

第一环节：故事引入——寄义性、趣味性

每篇以故事（或寓言、典故、童话等）开篇，充满趣味性，诱发读者情感卷入；情节虽浅近，但蕴涵深刻的心理学效应原理，或传递正向智慧，或警示负向教训，体现故事的寄义性，为引出心理效应提供条件。

第二环节：心理效应——知识性、严谨性

引出心理效应；阐述心理效应概念；结合故事，解读心理效应核心内涵，旨在引导读者了解心理效应的基本理论和作用原理，让读者有所感悟和思考。本部分文字注重体现知识性和严谨性的特点。

第三环节：心理实验（或心理效应来源）——科学性、实践性

追溯心理效应来源，介绍经典心理实验，既强调心理效应的科学性，又强调它的实践性。帮助读者进一步加深对上述内容的理解。

第四环节：保教案例呈现与解读——示范性、启发性

采用案例呈现方式，详细描述心理效应在幼儿园保教实践（幼儿保教和家长工作）中的成功运用过程，并科学解读该效应运用的原理。本部分采用叙事研究范式，叙议得彰，唤起幼儿园教师对自我实践的反思和检视，并为其提供示范性、启发性运用经验。

第五环节：实践指南——启示性、实用性

本部分依据幼儿园教师专业成长与发展需求的相关实证研究和数据研究结果，并紧密结合保教实践，为幼儿园教师有效运用该效应提供可行性建议，力求内容具有启示性和实用性。此外，根据部分心理效应的特点，从正、反两个视角全面地给出建议。

为方便读者有效阅读、转化并应用心理效应，尚有几点需提请读者注意。

首先，"静静老师"是幼儿园教师群体缩影，她可以是年轻的，也可以是资深的；她可以正值职业适应期，也可以在职业成熟期；她的保教风格可以是循规蹈矩的，也可以是不落窠臼的；她或者还是"他"……幼儿园教师会在她的身上看到曾经的或未来的自己——一个执着于幼儿教育事业的前行者。

其次，本书遴选的心理学效应并不存在严格的泾渭分明的区分。例如，晕轮效应与标签效应、标签效应与暗示效应、暗示效应与示范效应等含义上存在交织。这就要求教师既要深入、全面地掌握心理效应内涵，又要结合幼儿的具体特点、具体情境，融会贯通地运用心理效应。

再次，本书运用的保教一线案例，皆呈现成功的心理效应转化和应用，采用事件取样描述文本，力求再现情境和细节，旨在为幼儿园教师提供积极的示范，引导其在一线实践中自觉地进行有效迁移。书中还特别关注幼儿家长指导工作中心理效应的有效运用，为形成家师合力提供支持。

最后，随着社会实践的丰富和心理学研究的不断发展，心理效应被赋予丰富的内涵，每一个心理效应可以从多个侧面进行解读。为避免教师在理解和运用中产生歧义，本书基于应用的角度，对心理效应只侧重某一个方面阐述。例如，"毛竹效应"既可以从幼儿成长需要耐心等待、陪伴和支持的角度运用，也可以从成长需要坚韧、厚积的角度运用，本书视角注重在前一个侧面；"尤人效应"在本书中侧重运用于鼓励幼儿勇于承担责任的角度，而没有对如何引导幼儿避免自怨自艾的情绪进行阐述。

本书引入环节的部分故事见于报纸、杂志、书籍或网络等，具有相似情节的故事很多，较难找到原始版本，加之根据主题进行了改写，不能一一注明出处；部分保教案例来自对杜佳伟、陈硕、张芳、熊晓敏、何京、王文娟、王美冉、王昱凝、闻静和高筱倩老师提供的原始素材的再加工。在此对故事和案例的原创作者深表感谢，对刘胤老师提出的宝贵建议深表感谢。由于作者水平有限，书中难免存在不足之处，致请专家、同行和读者批评指正。

李 静

2021年1月8日

目 录

第一辑　关系先于教育——做温暖型教师　　　1
　雾里看花花好美——晕轮效应　　　2
　你笑起来真好看——微笑效应　　　7
　首次亮相很关键——首因效应　　　13
　自己人好说话——自己人效应　　　18
　有色眼镜戴不得——刻板印象　　　23
　读你千遍不厌倦——单纯曝光效应　　　28
　公平相待每个娃儿——马太效应　　　32
　一触即感的力量——触摸效应　　　37
　以己度人不应当——投射效应　　　42
　最后才是重头戏——近因效应　　　46

第二辑　顺性方可导行——做专业型教师　　　50
　第一部分：良好行为塑造　　　51
　　我的眼中你最美——皮格马利翁效应　　　51
　　如此辛苦为谁玩——德西效应　　　56
　　捧杀？棒杀？——奖惩效应　　　60
　　蚁穴溃大堤——破窗效应　　　65
　　发出一个声音——手表定律　　　69
　　Hold不住的"熊孩子"——飞镖效应　　　74
　第二部分：学习品质培养　　　79
　　同心齐力可断金——蚂蚁效应　　　79
　　跳一跳，够得到——篮球架效应　　　84
　　静待花儿开——毛竹效应　　　89

生活即教育——邮票效应　　95
　　天生我材必有用——瓦拉赫效应　　100
　　挣不开的"枷锁"——习得性无助效应　　107

　第三部分：健康积极情绪培育　　112
　　因小失大不值得——费斯汀格法则　　112
　　恰好才是最好——超限效应　　117
　　谁都不作"出气筒"——踢猫效应　　121
　　勇于担当承大任——尤人效应　　126

第三辑　别出机杼显智谋——做智慧型教师　　131

　第一部分：良好行为塑造　　132
　　先得寸，再进尺——登门槛效应　　132
　　迟来的礼物——延迟满足效应　　137
　　对拖延说"不"——最后通牒效应　　142
　　无声的指挥棒——标签效应　　147
　　月亮走，我也走——羊群效应　　151
　　通过奖励现支持——阿伦森效应　　156
　　身教重于言教——示范效应　　160
　　温柔的坚持——南风效应　　165

　第二部分：学习品质培养　　170
　　明智的退让——示弱定律　　170
　　吊起你的小胃口——禁果效应　　176
　　以"渔"猎鱼——迁移效应　　181
　　此处无语胜千言——空白效应　　185
　　心灵坚韧飞得高——约翰逊效应　　190
　　抛下石头泛涟漪——反馈效应　　195
　　熟悉的事物好记忆——自我参照效应　　199
　　隐形的翅膀——暗示效应　　203

第四辑　云程有路志为梯——做内驱型教师　　207
　　犹豫不决事无成——布里丹毛驴效应　　208
　　爱拼才会赢——摩西奶奶效应　　211
　　心美，一切皆美——葡萄效应　　214
　　抱团取暖，互相成全——安泰效应　　218
　　鸟随鸾凤飞腾远——泡菜效应　　221

参考文献　　224

第一辑

关系先于教育
——做温暖型教师

导语

"亲其师，信其道"说明良好的师生关系对儿童成长的重要影响，幼儿尤其如此。幼儿身心发展的脆弱和敏感，使教师对幼儿的成长具有巨大的影响力。幼儿只有在安全的、温暖的情绪之下才会主动探索外部世界，对幼儿的有效教育只有在幼儿得到良好的生理照顾和真诚关爱中才能实现。因此，幼儿园教师必须明确"关系先于教育"的理念，着力创建和谐怡悦的师幼关系。同样，在家长工作中，热忱而专业的态度有利于建立顺畅、信任的家师关系，这是保障实现家园共育的前提。本辑心理效应能够为有效建立良好的师幼关系和家师关系提供指导和启示。

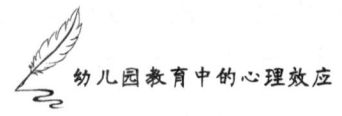
幼儿园教育中的心理效应

雾里看花花好美——晕轮效应

俄国文学家普希金狂热地爱上了被称为"莫斯科第一美人"的娜坦丽，并如愿以偿抱得美人归。娜坦丽容貌惊人，但与普希金志不同道不合。当普希金每次把写好的诗读给她听时，她总是捂着耳朵说："不要听！不要听！"相反，她总是要普希金陪她游乐，出席各种豪华的晚会、舞会，普希金为此丢下创作，弄得债台高筑，最后还为她决斗而死，一颗文学巨星过早地陨落了。

为什么才华横溢、智慧卓越的普希金会遭遇这样的不幸呢？在他看来，一个漂亮的女人必然有与其外貌相配的非凡的智慧和高贵的品格，因而盲目且忘我投入，不但荒废了事业，最终还失去了自己的性命。这个故事诠释了晕轮效应原理。晕轮效应指人们对他人的认知判断往往从个人的好恶出发，再从这个判断推论出认知对象的其他品质的现象。如果认知对象被标明是"好"的，他就会被"好"的光环笼罩着，并被赋予一切优秀的品质；如果认知对象被标明是"坏"的，他就会被"坏"的光环笼罩着，他所有的品质都会被认为是恶劣的。

晕轮效应最早由美国心理学家爱德华·桑戴克于20世纪20年代提出。他认为，人们对他人的认知和判断往往只从局部出发，扩散而得出整体印象，即以偏概全。一个人如果被标明是"好"的，他就会被一种积极肯定的光环笼罩，并被赋予一切都好的品质；如果一个人被标明是"坏"的，他就会被一种消极否定的光环所笼罩，并被认为具有各种坏品质。这就好像在刮风前夜月亮周围出现的圆环（月晕），其实圆环不过是月光的扩大化而已。桑戴克为这一心理现象起了一个恰如其分的名称——晕轮效应，也称"光环作用"。

为证明晕轮效应的影响力，美国心理学家凯利以麻省理工学院的两个班级的学生分别做了一个实验。上课之前，实验者向学生宣布，临时请一位研究生来代课，接着告知学生有关这位研究生的一些情况。其中，向一个班的学生介绍这位研究生具有热情、勤奋、务实、果断等品质；向另一个班的学生介绍的信息除了将"热情"换成了"冷漠"，其余各项都相同。而学生们并不知道两种介绍间的差别。下课之后，前一个班的学生与研究生一见如故，亲密攀谈；另一个班的学生对他却敬而远之，冷淡回避。可见，仅介绍中的一词之别，竟会影响到整体的印象。学生们戴着这种有色眼镜去观察代课者，而这位研究生就被罩上了不同色彩的晕轮。

可见，晕轮效应确实存在，并对人们的认知具有很强的影响作用，它会导致人们产生认知偏差，继而做出不正确的判断与错误的行为。由于实验者事先向学生传递了导向性信息，研究生或"热情"或"冷漠"，学生有了先入为主的心理，对研究生产生具有倾向性的期待，继而对研究生的观察与评价带有很强的晕轮色彩，最初的印象决定了总体看法，失去了客观、冷静的立场，看不到真实的情况。

晕轮效应在日常生活中经常出现，例如，一个人对他人诚恳，即便他能力较差，别人也会对他非常信任，乐于接纳他。"追星"现象就是明星晕轮效应的典型体现，影视明星拍广告也是利用了晕轮效应原理。

晕轮效应原理提示幼儿园教师，在保教一线实践中要注意避免晕轮效应的干扰。

这学期静静老师结识了阔阔。阔阔到底是个什么样的孩子呢？用他爷爷常常挂在嘴边的话来说："我孙子是你们幼儿园的名人，谢谢你们大五班老师能够收留他。"升入大班的第一天，在晚离园的时候，有家长忍不住找静静老师私聊。有的说："这个孩子怎么来咱们班呀？去年中班运动会上我就见识他了，特蛮横！"有的家长说："这孩子您可得管严点儿，听说他可能打人了！"……

阔阔果真是"名不虚传"：收玩具时间到了，只因为他还没玩尽兴就把玩具撒得满地都是；与小朋友之间一有不合就先动拳脚；用敌视的眼光一边看着老师一边去破坏别人的作品；上课的时候他擅自离开座位到处溜达，把整个课堂秩序搅乱；自己不午睡，还故意出怪声吵得其他小朋友也睡不好……静静老师看着阔阔的表现，不免有些着急，因为他一个人都快影响整个班的正常秩序了。

静静老师应先把自己心态放平和，冷静下来，不能急躁，更不可和他较劲，而是要关注阔阔的特点，寻找他的兴趣点，捕捉他的关注点，尽量去满足他的发展需求，向正向、积极的方面引导他，使他的精力倾注到更有意义的事情上。

当看到阔阔在集体活动中离开座位溜达时，静静老师只是说："现在转盘游戏开始啦，看看今天谁有机会来转一转？"一听说要做游戏，阔阔就眼睛发亮，迅速跑回座位。户外游戏是他"挥舞拳头"最多的时候，在游戏之前静静老师就赋予他小角色："贴人"游戏中当追赶的人、"狼婆子"游戏中男扮女装当"狼婆子"，围个花头巾狂追小动物，完完全全地满足了他总想在集体面前吸引大家都来注意他的想法……在游戏中，他跑得上气儿不接下气儿，忙得热火朝天，累得大汗淋漓，哪里还有机会和精力去"捣乱"。最可喜的是，由于大运动量的活动使他身体十分疲乏，他吃过午饭就困得不行，一头扎在床上睡着了……

在暂时没有发现阔阔的闪光点之前，静静老师把阔阔的精力引向他"擅长的淘气活动"中，让他把旺盛的能量合理地释放出来。

静静老师发现阔阔酷爱拼插、建构、绘画等一些动手操作类的活动，他在这些活动中总也玩不够。静静老师就给他创造空间，充分启发他的想象力和创造力。"拼摆乐园"里，他能带着小朋友专注地玩，摆出"坦克基地""飞行训练场"；在老师的鼓励下，他带着小朋友在这个场地玩"真人CS"游戏，他好像整个人、整个心都陶醉其中，酣畅淋漓；益智长廊里，他可以任意实现他每天梦想的"超人计划"。由于他的出色表现，在游戏后的"分享故事"时间里，他经常会成为故事的主角，每当此时，阔阔脸上的笑容是那么灿烂。

在幼儿园中，阔阔这样的孩子不在少数，被认为"特别淘气、不守规矩""破坏性强,严重扰乱班级秩序"。如果教师一旦获得这样的认知,就会把阔阔们的行为解读为故意捣乱、不服管教;基于这样的认识,对幼儿的评价会扩展到与其相关的各个方面,对阔阔们的态度是否定的、拒绝的,采取的教育措施可能是约束的、强制的。有人说:"当你把孩子看成天使,你就生活在天堂;当你把孩子看成魔鬼,你就生活在地狱。"一旦给孩子贴上固定的标签,那么这个孩子在你的眼中就会永远没有了色彩,即使他再优秀,你也会看不到。

在家园沟通中,教师也要注意避免晕轮效应的负向影响。

开学伊始,大班家长会时一位家长引起了老师的注意。她穿着考究,妆容精致,跟教师交流时表现得颐指气使、高高在上。随着接触的增多,静静老师在与其沟通中感觉特别费劲,效果不理想,"滔滔妈妈不听人说话,自己说起来就没个完,太难打交道了"。就这样,静静老师对她能避则避,能躲则躲。但是,后来发生了一件事,静静老师对滔滔妈妈的看法有了很大改观。一次班级组织郊外活动,滔滔妈妈主动报名当助教,并开车帮忙运送活动需要的各种物品,全程帮助教师管理幼儿,不辞辛苦。静静老师特别感动,深为自己之前的态度自责。

静静老师由于滔滔妈妈"话语霸权"做出"太难打交道了"的判断,进而采取的应对态度是"能避则避"。这会影响到家园沟通的顺畅性,滔滔的成长情况无法在家师之间及时传递,更无法获得家园合力的支持。但事实上,滔滔妈妈是个"无私的热心肠"。

实践指南

一、全面地看待幼儿,不能凭幼儿的外貌、第一印象或道听途说,对幼儿做出评价

阔阔最初给人的印象是"蛮横的、捣乱的,甚至是危险的……",很多教师见到他都头疼,唯恐避之不及,这就导致了教师看不到阔阔的优点,无法对他做出客观的评价,导致教师的教育措施不具有针对性,教育的结果无效。

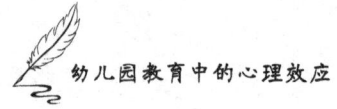

二、尽可能地与幼儿进行多种交往互动,深入了解幼儿的特点、需求、兴趣,发现每个孩子都有优长之处

阔阔幸运地遇到静静老师,她在细致观察中发现了阔阔的特长,他操作能力强、善于创新,具有领袖潜质……,针对阔阔的特质,静静老师对他进行引导,给阔阔创造发展条件,支持阔阔发挥特长。渐渐地,阔阔从"令人头疼的名人"转变为"表现出色的主角"。

三、在与家长沟通中,注意避免晕轮效应导致的负面影响

由于滔滔妈妈的特殊表现,静静老师判定她"太难打交道了",进而采取躲避方法。实际上,滔滔妈妈虽然"话语霸权",但是个不计劳苦的热心肠。在家园合作中,教师应尽量避免由晕轮效应造成的以偏概全的心理定式。

你笑起来真好看——微笑效应

美国企业家吉姆·丹尼尔为自己濒临破产的公司设计了"一张笑脸"。这张乐呵呵的脸孔作为公司的标志,被印在了厂徽、信笺和信封上。他自己也总是"微笑"着飞奔于各个车间,"微笑"着执行公司的命令,"微笑"着实施管理。结果,员工们逐渐被他感染,公司在几乎没有增加投资的情况下,生产效率提高了80%。公司员工之间也变得友爱和谐,上下同心同德,其乐融融。公司的形象和信誉有了很大的提高,客户盈门,生意红火。不到5年,公司不仅还清了所有债务,而且盈利颇丰。

面部表情是重要的非语言沟通渠道,不同的面部表情传递不同的社交信号,而微笑往往能让人产生积极愉快的社交体验,可以瞬间缩短人与人之间的心理距离。中国的古话"伸手不打笑脸人"也是"微笑效应"的典型写照,"一张笑脸"有着春风化雨般的力量,能产生多角度、多层次的效应,是人类最美好的表情之一。心理学家保罗·艾克曼认为,人们可以在30米之外觉察到微笑,微笑让人们知道对方会积极地接纳自己,因此很难不回报对方以微笑。

20世纪30年代美国作家曼狄诺提出了曼狄诺定律,这是关于微笑效应的一个理论。他主张人们应该微笑,因为微笑拥有巨大的魔力,真诚的微笑往往能得到许多意想不到的收获。即使是婴儿,也能感受到来自微笑的善意。有人做过"母亲表情对孩子影响"的实验,当妈妈微笑的时候,婴儿的情绪高昂,不停地与妈妈进行互动;而当妈妈换上冷漠的面孔的时候,婴儿开始还尝试与妈妈进行互动,后来则直接哇哇大哭起来。

涉世未深的婴儿尚且如此,幼儿园中的儿童已经对他人情绪有了比较准确的识别能力。善于运用微笑效应的教师,一定能收到意想不到的效果。

　　静静老师的班上，小朋友们就像一只只百灵鸟，每天蹦着、跳着，高高兴兴地来到幼儿园。静静老师每天迎接这些百灵鸟的时候，都送给他们一个大大的拥抱和甜甜的微笑。教育活动中，她也总是微笑着给孩子们讲故事、读书、玩游戏。静静老师和小朋友们关系很亲近，经常有小朋友跑到她身边，和她分享发生在自己身上的新鲜事或小秘密；也有的小朋友悄悄地走到她身边，说"老师，我喜欢您！"。

　　新学期，静静老师的班上转来一个叫豆豆的小男孩，他性格有些内向，很少与同伴一起做游戏，总喜欢躲在角落里独自玩耍。

　　有一天，户外时间到了，在一物多玩的时候，静静老师和小朋友们一起用平衡木、轮胎架、梯子、油桶、拱形门等器械，组合在一起设计了"智勇大闯关"，小朋友们瞬间迸发出激情，都迫不及待地想要尝试一番。小朋友们一个个张开"小翅膀"，步履蹒跚地翻过轮胎山，又小心翼翼地爬上轮胎架、走过独木桥、钻过小地洞、跳过大油桶，乐此不疲地尝试着新的玩法。忽然，静静老师看到豆豆站在一旁，眼睛里闪烁着光芒，一直盯着玩游戏的小朋友们。

　　在幼儿园中，这类现象时有发生，如幼儿缺乏自信心、胆小怕事、犯了错误不敢面对、情绪低落等，如果教师了解问题的症结在哪里，用一个笑容就能化解幼儿心中的忐忑不安，并能鼓励他们直面眼前的困难。当教师真诚地微笑时，语调会自然变得轻松愉快，也可以安抚某些幼儿浮躁、疲劳、低沉的情绪，缩短教师与幼儿之间的心理距离，帮助他们尽快地融入集体活动。

　　静静老师慢慢地走到了豆豆的身边，面带微笑，温柔地说："豆豆，我陪你一起玩，好吗？"豆豆看了看静静老师，小声说道："可是我害怕。"静静老师笑着说："没关系，我保护你！"说着，静静老师和豆豆一起翻过轮胎山、爬上轮胎架、走过独木桥、钻过小地洞，渐渐地，豆豆脸上露出了笑容。到了油桶面前，豆豆面露难色，两只小手紧紧地攥在一起，低着头，不肯往前走了。静静老师蹲下来，微笑着说："豆豆，你刚才的表现真勇敢！相信最后一关难不倒你！来，我牵着你的手，咱俩一起走！"豆豆似乎放下了所有的防备，深吸一口气爬上了油桶，站在高高的油桶上，静静老师冲豆豆微笑着点头，豆豆松开了老师的手，张开手臂，纵身一跃，跳了下去。"我成功啦！静静老师，我成功啦！"豆豆连蹦带跳地抱着静静老师欢呼着，笑着问："静静老师，我是不是很勇敢？"静静老师会心地笑了，旁边的小朋友也跟着豆豆蹦跳起来，为豆豆欢呼。随后的游戏中，豆豆不再需要静静老师的"陪伴"，而是勇敢地与其他小朋友一起投入游戏。

在幼儿园的日常教学生活中，教师的微笑传达出的是对幼儿的认可和喜爱。当教师微笑着注视每一位幼儿的行为并倾听每一位幼儿的声音的时候，这种鼓励与尊重营造出的是安全放松的班级气氛，幼儿更容易把教师当成自己的亲人。教师的微笑能带给幼儿良好的学习心境和积极的学习情绪，幼儿在积极状态下学习的效率比在被动状态下学习的效率会提高30%～45%。

又是一年开学季，在经历了小班的分离焦虑后，老师们开始关注小朋友们表现出的其他问题。静静老师班里的多多小朋友特别胆怯，不敢大声说话，总是回避与同伴和老师的任何互动。静静老师在与多多妈妈的交流中得知多多爸爸脾气很差，总是板着脸，生气时抬手就打多多；如果多多做得不对，或者做的事情让多多爸爸不满意，就会对着多多劈头盖脸一通打骂，按多多爸爸的话说就是"三天不打，上房揭瓦""不能给笑脸，一给笑脸就蹬鼻子上脸""不打不成器"。

听到这些，静静老师难以平静。通过与多多爸爸妈妈的多次沟通，她了解到，多多的爸爸望子成龙心切，但是又不懂得如何教育孩子，只知道孩子做错了就得惩罚，却不知这样的教养方式会给孩子造成身体和心理上的双重伤害。经过静静老师的多次努力，多多爸爸意识到孩子的成长过程也是不断自我尝试的过程，允许孩子犯错，也要允许自己接纳孩子的错误，以正向积极的方式帮助孩子改正错误。自己以前的做法已经让多多变得有些社会性退缩了，如果不及时补救，可能对孩子的健康成长带来更大的负面影响。

为此,静静老师为多多爸爸提出了改变的第一步——学会微笑。因为所有的孩子都希望得到父母的肯定,而表达肯定和赞赏的最简单的方式就是对他展开真诚的笑容。当孩子遇到困难时,父母的微笑是对他最大的鼓励和信任;当孩子有一点小小的成就的时候,父母的微笑是对他最好的祝福和奖励;即使孩子做了错事,父母的微笑也是对他无声的责备和无限的期望。

在家园沟通中运用微笑效应也能获得积极的效果。

2020年幼儿园开学后,为保障孩子们健康,幼儿园实行"家长不入园"的接送制度,采取一对一的方式,即家长与幼儿在大门口均按统一的学号排队,老师在大门口接送幼儿,这样既保证幼儿安全,又让离园环节更高效。

实施的第一天秩序虽然有些混乱,但是能看出来家长在积极地配合园所工作。可是,第二天晚离园的时候,帅帅的妈妈堵在大门口,站在第一名家长前,板着脸,说道"接帅帅"。帅帅不是第一号,家长应该站后面排队等待。于是,静静老师笑着说:"您好,帅帅妈妈,现在呀,咱们实行了一对一按学号接送,您到后边排一下队,很快就轮到帅帅了。"这时,帅帅妈妈不动声色地插着手站在一旁,脸色难看起来。不一会儿,轮到帅帅了,静静老师笑着说:"今天帅帅在幼儿园可开心啦,因为他用乐高拼出了蜘蛛侠,我还让他在小朋友面前进行了展示!我拍了照片,回头给您发过去。"这时帅帅妈妈很惊讶,随后面露笑容说:"是啊,他就喜欢蜘蛛侠,衣服、鞋子、玩具全是蜘蛛侠!"静静老师面带微笑说:"现在特殊时期,为了让家长更快速更方便地接到孩子,我们也是绞尽脑汁。这种送宝贝离园的方式刚实施,需要我们共同磨合,相信通过您的支持,会让宝贝的规则意识越来越强,也会让我们的离园环节越来越有序,越来越高效!"帅帅妈妈听了,惭愧地低下头说:"老师,刚才真是不好意思,我以后一定积极配合幼儿园的工作。"以后的晚离园环节,总能看到帅帅妈妈在大门口帮助安保人员维护排队秩序,成为幼儿园门口一道亮丽的风景线。

在家园沟通中,微笑效应是被教师广泛应用的。幼儿园教师所面对的幼儿来自不同的家庭，每个家长的文化水平、素质、修养不同，各个家长对幼儿园教育的配合程度存在很大的差异。有时我们甚至会遇到一些粗鲁的家长，那就要求教师与不同类型的家长交流时必须讲究沟通艺术。在与家长沟通的过程中，教师脸上如果带着微笑，那么无论遭遇多少困难，都能从容应对，消除误解和矛盾，最终赢得家长的认可。

一、真诚地微笑

前面提到的曼狄诺定律主张人们应该经常微笑，但是更为重要的是真心的微笑。幼儿对亲近的人反馈给自己的信息特别敏感，他们很容易就能判断出微笑是真诚的还是敷衍的。只有幼儿感受到教师的真诚，才能起到微笑的效应。微笑只是外在的行为表现，通过微笑，我们要传达给孩子的是正向积极的态度，是我们对幼儿呵护的感情。但是，任何人都不可能一直处于正向积极的环境中，教师的情绪也会受到多方面的影响，这就要求教师要做好情绪的自我调整。

二、恰到好处地微笑

在幼儿成长过程中，他们的需求层次也是不断提高的，从最开始的生理需求，到尊重与爱的需求，他们开始在意周围的人对自己的评价，尤其希望成人对自己的理解和尊重。当静静老师每天以微笑加上一个大大的拥抱，高声对孩子说"你好，亲爱的豆豆"的时候，她的微笑传递给幼儿的是尊重与爱。当幼儿犯了错误的时候，教师会循循善诱地用各种方式让幼儿认识到自己的错误，并勇于承担后果。她的微笑，加上一句"我相信你以后会做得更好，加油！"，传递给幼儿的是宽容与信任。幼儿在遇到困难犹豫退缩的时候，教师的微笑加上一句"没关系，尽力去做"，传递的则是理解与鼓励。

三、微笑不是万能的

虽然微笑能帮助教师在与幼儿的交往过程中达到事半功倍的效果，但是切记，有些情境中，教师则需要运用更加强有力的表情。例如，当幼儿的行为可能导致他人或自身处于危险境地的时候，教师需要调整为严肃的表情；当幼儿害怕受到他人嘲笑的时候，教师则要调整为认真的表情等。微笑是人际关系中良好的"润滑剂"，能有效缓解沟通中的尴尬，拉近彼此间的距离；但微笑只是可以借助的工具，并不是解决问题的直接方法。

首次亮相很关键——首因效应

三国时期，满腹经纶的大才子庞统有意效力于东吴，于是求见吴主孙权。孙权见庞统相貌丑陋，且孤傲目中无人，便将其拒于门外。

可以看出，庞统因相貌和举止给孙权留下很不好的第一印象，因而没有获得施展抱负的机会。

无独有偶，在《傲慢与偏见》中有这样一个片段：伊丽莎白参加新邻居的舞会时，第一次见到贵族青年达西，因其表露出的漫不经心，就断定他是一个高高在上、傲慢而无理的人，于是心生厌恶。这样的第一印象对之后她与达西的交往产生了消极影响，以至于一向机敏智慧、善于思考的伊丽莎白未经分析就轻信了他人对达西的诽谤，干脆拒绝了达西的第一次求婚，使得她与达西的感情一波三折。

无论我国古代君主还是西方贵族女子，都受到了首因效应的影响。首因效应指最初接触到的信息所形成的印象对人以后的行为活动和评价的影响。心理学研究发现，与一个人初次会面，45秒钟内就能产生第一印象。交往中的第一印象给人留下的印记在头脑中占据主导地位，形成先入为主的效应。

在一项实验中，让没有招聘经验的人观看20～32秒的求职者视频，然后说出对求职者的印象。令人惊讶的是，评价结果非常接近那些专业的面试官对求职者的判断结果。人们从对方着装、发式、体态、举止、声音等方面接收了信息，形成第一印象，成为认识对方的依据。后输入的信息往往同化到最初输入的信息所形成的记忆结构中，在先前的印象上做补充。

1957年心理学家洛钦斯以实验证明了首因效应的存在。他用两段杜撰的故事做实验材料，材料描写的是一个叫詹姆的学生生活片段。在一段故事中，詹姆被描写成一个热情而外向的人。

詹姆走出家门去买文具，他和他的两个朋友一起走在充满阳光的马路上，他们一边走一边晒太阳。詹姆走进一家文具店，店里挤满了人，他一边等待着，一边和一个熟人聊天。他买好文具在向外走的途中又遇到了熟人，就停下来跟他聊了会儿。后来他又遇到了一个前天晚上刚认识的女孩，他们说了几句话后就分手了。

而在另一段故事中，詹姆则被描写成一个冷淡而内向的人。

放学后，詹姆独自离开教室走出了校门，他走在回家的路上，阳光非常耀眼。詹姆走在马路阴凉的一边，他看见路上迎面而来的是前天晚上遇到过的那个漂亮的女孩，就低头躲开了。詹姆穿过马路，进了一家餐饮店，店里挤满了学生，还有几张熟悉的面孔，詹姆安静地等待着，直到引起柜台服务员注意之后才买了饮料，他坐在一张靠墙边的椅子上喝着饮料，喝完之后他就回家去了。

洛钦斯把这两段故事进行了排列组合，呈现给四个中学生实验组，并让他们对詹姆的性格进行评价。第一组将描述詹姆性格热情外向的材料放在前面，描写他性格内向的材料放在后面；第二组将描述詹姆性格冷淡内向的材料放在前面，描写他性格外向的材料放在后面；第三组只出示那段描写热情外向的詹姆的故事；第四组只出示那段描写冷淡内向的詹姆的故事。结果发现，第一组被试中有78%的人认为詹姆是个比较热情而外向的人；第二组被试中只有18%的人认为詹姆是个外向的人；第三组被试中有95%的人认为詹姆是外向的人；第四组被试中只有3%的人认为詹姆是外向的人。可见首因效应影响力的强大。

幼儿园教师运用首因效应开展保教工作，能取得良好的效果。

小班幼儿刚来到园所，面对陌生的老师、陌生的小朋友、陌生的环境，经常表现得特别焦虑。静静老师班上来了一个叫岩岩的小男孩，第一天正式入园，姥姥把岩岩送到班门口，把岩岩的小手交到静静老师手里，静静老师抱起了岩岩。岩岩一见姥姥走了，脸上露出惊慌的神色，马上哭起来，在老师怀里挣扎不停，一个劲儿地喊："要姥姥，要姥姥……"静静老师轻轻地捧着岩岩的小脸："岩岩仔细看看我是谁？咱们见过的噢！前几天就在岩岩家里，你还教我拼小河马来着，是不是？"岩岩慢慢安静下来。整整一天，静静老师都关注岩岩的一举一动，和岩岩一起玩玩具，玩的过程中还时不时地夸奖岩岩拼拼图时很会观察，拼图拼得又快又正确。经过一天的陪伴，岩岩和静静老师更加熟络起来，愿意跟静静老师说话了，还主动告诉静静老师，妈妈买了新拼图，明天带来跟老师一起玩。静静老师走过去向岩岩张开双臂，这一次，岩岩没有拒绝，轻轻地凑过身子，用充满信任的眼神望着老师，眼里已没有之前的那种恐慌。

静静老师家访时跟岩岩一起玩游戏，第一次的接触已经给岩岩留下了较好的印象，岩岩心里认为静静老师是可以陪他玩的；在幼儿园的第一天，静静老师的陪伴和关怀赢得了岩岩的信任，巩固了老师给幼儿的最初的美好印象。可以说，首因效应帮助岩岩平稳顺利地度过入园的第一天。

小班第一次开展集体教育活动，静静老师依托《点，点，点》故事进行游戏，一部分小朋友还没有习惯这样的游戏形式，要么仍然沉浸在分离焦虑中，要么安静地坐着无所适从。岩岩表现得很活跃，他跑到静静老师面前，愉快地说："老师，我喜欢和你玩儿，我们一起玩儿。"有几个小朋友看到这个情景，也慢慢地挪过来，一起游戏起来。下午，岩岩很自豪地告诉姥姥："岩岩很乖，不哭，跟老师一起玩儿。"

静静老师发现，只要是在家访时见过的幼儿，来园后很快就能跟自己熟络起来。她认识到，第一次见到幼儿时留给孩子一个温柔的、可亲的印象太重要了，让孩子能够更快速地与自己建立情感，增加互动，更能帮助孩子平稳度过入园焦虑期，早日适应幼儿园生活。

在家园沟通中运用首因效应原理，同样能获得好的效果。

静静老师今年新接了一个小班，为了给家长留下可信任的印象，静静老师特别重视第一次家长会。她提前做了细致的思考，确立家长会的目标、内容和程序，精心准备资料，就家长会的每一个细节向经验丰富的教师征求意见。为方便家长调整工作安排，争取全员参加，静静老师提前20

天在家园联系微信群中发布家长会召开通知、日程安排及园所相关规定，请家长预留时间；并在前一天发送按时参会友情提醒信息，对当天的天气情况做介绍；家长会召开当天，静静老师提前半小时在园所门口等候，引导家长入园；开会中，静静老师详尽介绍班级和园所的物理环境、本班教师配备情况，以及幼儿园办园理念和特色课程，让家长对幼儿园有个比较全面的了解，并对小班一日活动和一学期的教育活动安排一一进行解读。静静老师清晰的讲解和严谨的态度，让家长感受到她的职业热诚和专业素养，家长深有感触地说："把孩子交给这样专业的老师，我们还有什么不放心的呢！"这之后，静静老师发现，家长特别配合、支持班里工作，甚至有一呼百应的效果。即便偶有小瑕疵，家长都持宽容态度，特别热心的家长还会及时偷偷地提醒她。

静静老师虽然是刚刚入职一年的年轻教师，由于首次主持召开家长会所呈现的专业形象在家长心中牢牢扎下根，后续的工作中即便出现小问题，家长也能及时"补台"，使家园共育特别顺畅。可见，首因效应对之后的交流具有极强的导向作用。第一印象良好，人们自然从积极的视角分析、评判他人的态度和行为。第一印象形成的肯定的心理定式，会使人们在后续了解中多偏向发掘对方具有美好意义的品质。若第一印象形成的是否定的心理定式，则会使人们在后续了解中多偏向于揭露对方令人厌恶的品行。

实践指南

一、仪表整洁、端庄，举止大方、得体，语言专业、规范

《幼儿园教师职业道德规范》明确规定，幼儿园教师应注重礼仪，应做到仪表得体，举止端庄；说话有礼、行动文明；学会微笑、以礼待人，园内园外，注重修养。鉴于人们根据最初获得的信息所形成的印象不易改变，甚至会左右对后来获得的新信息的解释，教师在幼儿、家长、同事面前和社区等首次出现时，一定要注意给他人留下美好的印象。

二、以微笑面对幼儿，跟幼儿保持目光交流，语调和蔼、平缓

首因效应在与幼儿交往中起着非常微妙的作用，只要能准确地把握它，就能给后续的保教实践带来积极效果。教师微笑的面容，温柔和缓的语调，让幼儿感觉安全、温暖，幼儿才能放心大胆地去探索。如静静老师在家访时给岩岩留下温柔、慈爱的印象，拉近了岩岩和教师的心理距离，对岩岩适应幼儿园生活产生了积极影响。

三、对第一印象进行管理和保持，使它持续不衰，使其积极的一面逐渐形成"定式"作用

第一印象作用最强，持续时间最久，得到的信息对于整个印象产生的作用更强。因此，在美好的第一印象之下，教师必须一如既往地保持下去，让首因效应延续下去，使积极影响一直推进着后续实践。如静静老师非常爱惜自己在幼儿心中赢得的好感，在第一次家长会时，静静老师以专业的表现巩固了之前的好印象，获得了家长的尊重和支持。

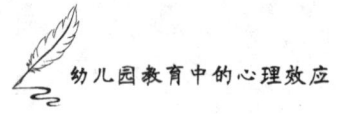

自己人好说话——自己人效应

第二次世界大战期间,英国战事紧张,为了获取军事援助,首相丘吉尔出访美国。在圣诞节之际,他发表这样的讲话:"我今天虽然远离家庭和祖国,在这里过节,但我一点也没有身在异乡的感觉。我不知道,这是由于本人母亲的血统和你们相同,抑或是由于本人多年来在此地所得的友谊,抑或是由于这两个文字相同、信仰相同、理想相同的国家,在共同奋斗中所产生出来的同志感情,抑或是由于上述三种关系的综合。总之,我在美国的政治中心地——华盛顿过节,完全不感到自己是一个异乡之客。我和各位之间,本来就有手足之情,再加上各位欢迎的盛意,我觉得很应该和各位共坐炉边,同享这圣诞之乐。但今年的圣诞前夕,却是一个奇异的圣诞前夕。……全世界说英语的家庭,今晚都应该变成光明的和平的小天地,使孩子们尽量享受这个良宵,使他们因为得到父母的礼物而高兴,同时使我们自己也能享受这种无牵无挂的乐趣。然后,我们担起明年艰苦的任务,以各种的代价,使我们孩子所应继承的产业,不致被人剥夺;使他们在文明世界中所应有的自由生活,不致被人破坏……"

在这段演说中,"本人母亲的血统和你们相同""两个文字相同、信仰相同、理想相同的国家""共同奋斗中所产生出来的同志感情""我和各位之间,本来就有手足之情""全世界说英语的家庭"等言语的运用,激发了美国人强烈的共鸣,使丘吉尔迅速成为"自己人",自然,丘吉尔此行如愿以偿。"自己人效应"就是"自己人"所说的话更被信赖、更容易被接受,"自己人"提的要求更容易被满足。

幼儿园教师掌握并运用"自己人效应",能很快获得幼儿的接纳和认可,为师幼进一步深入互动奠定基础。

曼妮是新转来班里的小朋友，处在适应焦虑阶段。她妈妈说，每天早上她都会这样不如意、那样不顺心，送她来园都要经过一番斗智斗勇。静静老师做了很多尝试，希望拉近跟她的距离，但效果并不理想。这天早上，曼妮又低着头噘着小嘴来到了幼儿园，静静老师赶快过去询问。曼妮今天不开心的理由是"不喜欢早上妈妈给梳的小辫子"。静静老师通过微信偷偷地跟曼妮妈妈约定："明天您还给曼妮梳这个发型。"曼妮妈妈迷惑了，静静老师卖了一个小关子："您就瞧好吧。"

静静老师对曼妮说："曼妮今天的发辫真好看，谁编的啊，手真巧。明天老师也打算梳一个跟曼妮一模一样的发辫。"就这样，静静老师和曼妮约定好：你高高兴兴来幼儿园，静静老师和你梳一样的小辫子。拉钩，一言为定。第二天，曼妮满眼期待地第一个来到了幼儿园，当她看到静静老师和她梳着一样的小辫子，还穿了和她同款带小熊图案的毛衣，高兴地跑过来主动抱住静静老师。就这样，曼妮跟老师的关系拉近了一些。此后，静静老师趁热打铁，"曼妮的小皮鞋真漂亮，帮我问问妈妈在哪里买的，我也想买一双送给我小侄女""老师跟曼妮一样，特别喜欢看《小哪吒》的动画片"……曼妮每天都能发现静静老师跟她有相同的爱好，和静静老师有说不完的话题。现在，用曼妮妈妈的话说："每天都盼着来幼儿园，家里有好玩的好吃的，都惦记着静静老师，要跟老师分享。"

"同款发辫和毛衣"策略，使曼妮觉得静静老师跟自己存在相似之处，让曼妮对老师生发了亲近感。接着，静静老师又不断发现两人之间更多的"相似"，不断拉近跟曼妮的心理距离，直到完全获得曼妮的信任。对幼儿来说，对教师的信任就是对幼儿园的信任。因为跟老师的亲近，很自然地把老师当作了"自己人"。这不仅能有效缓解幼儿入园焦虑，使其很快适应新环境，而且能使教师的语言指令更顺畅地被接受和执行。

幼儿上小班时，分离焦虑是普遍的、难以避免的正常现象。幼儿离开熟悉的家庭环境和熟悉的亲人，来到完全陌生的环境，接触陌生的教师和小朋友，需要一个慢慢适应的过程。教师运用"自己人效应"，能很快获得幼儿的认可和接纳，帮助幼儿顺利度过入园焦虑期。

大班区域游戏中,林林和嘻嘻在建构区玩得正酣,月月想和他们一起玩,林林不情愿地说:"嘻嘻跟我住在一个小区,我们两家离得可近呢。"言下之意,嘻嘻是自己人。月月无措地捻着衣角。这一幕被偶然走过的静静老师看到了,略一思忖,走过去对林林和嘻嘻说:"咱们都是'壮壮班'的小朋友,像一家人一样,一家人当然可以一起玩了,是不是啊?"林林歪着头想了想,朝月月点点头。

静静老师巧妙地运用了自己人效应,把林林划分自己人的范围扩大到班级,及时解决了问题。

虽然月月如愿加入了林林和嘻嘻的游戏,但想到"月月无措、林林拒绝",静静老师陷入深深的思考中。幼儿交往技能是其社会性发展的内容,是奠定健全人格的基础。教师需要在班里开展相应的活动,发展幼儿交往技能。于是,静静老师组织"我是谁"系列活动,要求每个小朋友用文字、图画或剪贴等方式介绍自己的生日、属相、喜欢吃的食物、玩具等,以及最佩服的人、想成为的人、自己最不喜欢做的事情等。第一个活动,请每个小朋友说一说"我是谁";第二个活动"这就是我",每天请两位小朋友以自己喜欢的方式(讲故事、表演等)展示才艺,要求其他小朋友认真倾听,并记住与自己相同、相近之处;半个月以后,开展第三次活动"我们是伙伴",请每个小朋友把自己的发现写在或画在小卡片上,发给跟自己有相似之处的同伴,并对他说:"我跟你一样,也……"

系列活动之后,静静老师发现,幼儿之间的感情变融洽了,合作意识和技能也有了较大的提高。静静老师相信,这个活动的积极影响远不止如此,随着幼儿互动频率的增加,会产生良性循环。静静老师引导幼儿运用自己人效应,发展交往技能。"我是谁""这就是我""我们是伙伴"系列活动,使幼儿从发现真实的自我、展示自我,到比较"我与同伴",帮助幼儿找到自己人。

新入职的佟老师是一位爱漂亮、爱打扮的小美女,园长安排静静老师做她的师傅。前两周她对幼儿还算耐心,可渐渐地就开始嫌弃幼儿吵闹,工作态度变得敷衍。她对于静静老师给予的劝说和帮助,总是不耐烦,后来就干脆能躲就躲，完全不愿意交流。静静老师急在心上，如何才能让佟老师愿意跟自己交流呢？静静老师开始偷偷观察起来。她发现佟老师特别喜欢一个Z姓歌星，经常听他的歌。周五下午自修时间，静静老师播放Z的新歌，佟老师进来了，"您也喜欢他的歌吗？""唱得不错啊！嗓音很有特色。""是吧，我超级喜欢呢。"接着，佟老师就凑到静静老师跟前，滔滔不绝地说起偶像的轶事。经过这次的"爱好邂逅"，佟老师不再躲着自己的师傅了。

随着交流的加深，佟老师发现自己跟师傅有很多相似之处，共同话题越来越多，自然而然地，她也能听得进静静老师的建议了。

面对佟老师以消极态度应对静静老师的指导，静静老师并未采用简单的说教方式，而是剑走偏锋，从观察和发现其爱好入手，"投其所好"，让佟老师感觉静静老师跟她有相似之处，是自己人，打破之前的隔阂，这才有了之后的顺畅交流，佟老师的工作状况有了发展。

"自己人效应"同样体现在家长工作中。在跟家长的沟通中，静静老师也经常运用自己人效应。例如，用"咱们""咱家宝宝"的口吻与家长交谈，让家长们心里很舒适，感觉到静静老师真心把孩子当成自己的娃儿，家长自然也会把她当成自己人，也就放心地把孩子交到静静老师的班里。看似简单的一个称呼却蕴含着深远的意义。此外，通过邀请家长参与开放日活动，让家长了解教师繁复的工作内容和真诚的爱心付出，邀请家长做助教，开展特色教育活动，静静老师努力让自己成为家长的自己人。

一、掌握班里每个幼儿的详细情况，包括好恶、特长与不足等

为了拉近自己与幼儿的感情，成为幼儿眼里的自己人，教师需要了解、掌握全班每位幼儿的详尽情况，知晓孩子出生、成长情况，喜欢什么、不喜欢什么，有哪些优点、哪些弱项等，为找到共同点、成为自己人做铺垫。

二、掌握幼儿家长基本情况，为成为家长的自己人做准备

为了建立与家长的顺畅交流通道，推进家园共育，教师应掌握家长人口学信息资料、性格特征、教育背景、工作性质及爱好特长等，以丰富共同话题，获得家长的好感和认可，从而缩短彼此之间的心理距离，取得对方的信任，最终成为家长的自己人。

三、适当示弱，拉近跟幼儿的心理距离

教师若希望在短时间让幼儿对自己产生亲近感，须使自己与幼儿处于平等地位，教师可适当在幼儿面前示弱，得到幼儿的认同，获得幼儿的好感，从而被幼儿认为是自己人。

有色眼镜戴不得——刻板印象

从前，有一个国王，他有三个儿子，其中大儿子和二儿子文韬武略样样兼备；最小的儿子年龄尚小，刚刚学会走路。面对这三个王子，国王无比苦恼：究竟选谁来继承王位呢？一天，国王想到一个好主意，他将三个王子带到一座像山一样高的、巨大的石门前，对他们说："谁能推开这扇门，谁就继承王位。"高大强壮的大王子和二王子望着巨大的石门，心生畏惧："这明明是故意为难我们嘛。"他们试也没试，摇摇头走开了。就在这时，令人意想不到的事情发生了，最小的王子摇摇摆摆地走过去，轻轻一推，像山一样巨大的石门居然缓缓地打开了。

这个故事反映的就是刻板效应的原理。刻板效应，也称刻板印象，指人们对事物形成的一般看法和评价，认为某类事物应该具有某种特定的属性，而忽视事物的个体差异。它是容易让人产生偏见的一种习得性态度。人们总是使用从刻板印象中得到的信息来填补遗失的数据，也可能用从刻板印象中得到的信息来决定自己的行为。就像故事中，两位王子只是看了石头大门一眼，就断定根本不可能推得开，连试试都不肯就放弃了。刻板印象往往导致人们做出错误推断。

刻板印象是1922年李普曼在其著作《公共舆论》中首次提出的，指按照性别、种族、年龄和职业等进行社会分类，形成的关于某类人的固定印象，认为它与某些特征和行为相联系。为了证实刻板印象的影响力，苏联社会心理学家包达列夫做过这样一个实验：他将特征为眼睛深凹、下巴外翘的一个人的照片分别给甲、乙两组人观看，并向两组人分别介绍情况，给甲组介绍情况时说"此人是位著名学者"，给乙组介绍情况时说"此人是个罪犯"。然后，他请两组实验人员分别对此人的照片特征进行评价。

评价的结果是：甲组人认为，此人眼睛深凹，表明他具有深邃的思想，下巴外翘反映他具有探索真理的顽强精神；乙组实验人员认为，此人眼睛深凹表明他凶狠、狡猾，下巴外翘反映出其顽固不化的性格。

可见，刻板效应对人们的认知具有很强的影响作用，它会导致人们产生认知偏差，继而做出不准确的判断。人们对社会上的各类人有着一定的定型认知。把他当罪犯来看时，自然就把其眼睛、下巴的特征归类为凶狠、狡猾和顽固不化；而把他当学者来看时，便把相同的特征归为其思想深邃和意志坚定。

教师应尽量避免刻板效应的消极影响，通过观察等方法对幼儿、家长做出客观判断和评价。

橙橙是静静老师班里的插班生，也是幼儿园里的"知名人物"。橙橙上小班时，刚开学第三周，就因为过于活泼好动，在家里摔得头破血流，一直在家休养，直到第二学期开学才来到静静老师的班里。周围很多同事都跟静静老师说过他的"事迹"：特别淘气、不好管教、上课时大声喊叫、带着其他小朋友满教室跑……听得静静老师无比忐忑，心惊肉跳地做着迎接橙橙的准备。

其他老师对橙橙的评价，可能会在很大程度上影响静静老师对橙橙的印象，帮她填补大部分信息。静静老师可能就会先入为主地把橙橙划到了"淘气包、难管教"的一类孩子当中。

橙橙来班里的第一天果然"不负众望"，乱跑时撞到了小朋友的头、跟小朋友抢玩具、洗手和漱口的时候故意把水泼在镜子上……一天下来，静静老师听到的一直都是："橙橙抢我玩具""把我拼好的汽车弄坏了""我不想挨着橙橙坐，他太吵了，我都听不见老师讲故事了""他占了我的小凳子""橙橙又把地板弄脏了""他抢我枕头，我没法睡觉"……就这样，橙橙在班里的第一天，简直把班里折腾得"鸡飞狗跳"，静静老师心力交瘁，应接不暇，看着橙橙有点发怵了。

从其他老师处所获得的信息，看来并不失真。静静老师确实感受到了橙橙的威力，甚至心生畏惧。

一次,静静老师发现,橙橙似乎承受了很多误会。那天,又有小朋友来告状了,"静静老师,橙橙又把镜子泼满了水,而且还弄得满地都是。"之前,因为镜子被洒水的事情,静静老师已经批评过橙橙好多次了,这次静静老师也不例外地直接看向橙橙,说:"请你先向生活老师道歉,因为你没有珍惜她的劳动成果。然后,请你用纸巾把镜子擦干净,为自己的行为负责。"橙橙满脸委屈地看着老师,"哇"的一声哭了。原来,这次"泼水事件"并非橙橙所为,而是出自一个平日里表现很乖巧的小朋友之手。

刻板效应除了影响到人的认知,还会影响人的行为。在处理橙橙泼水事件上,静静老师受到刻板效应的影响,橙橙曾经有两次把水泼到镜子上,静静老师对橙橙有了固定的看法,当镜子被第三次弄脏的时候,在没有调查的情况下就轻易相信小朋友告状的情况是事实,认定是橙橙做的。看来,幼儿园教师受刻板印象影响,不去探察问题的真相,不仅会造成误解,甚至使幼儿受到委屈,更会造成教育策略的不适宜,导致保育行为的无效。

经过"镜子事件"后,静静老师对橙橙有了愧疚之心,开始有意识地去调整自己的态度和行为。细致观察之下,发现橙橙有很多闪光点。例如,热心,会主动帮小朋友拉拉链,帮小朋友拼玩具,帮老师把地上的碎纸捡起来并扔进垃圾桶等。但是橙橙不会用恰当的方式跟小朋友沟通,导致小朋友们误会他在和自己抢玩具。了解到橙橙的想法和做法后,静静老师经常帮助橙橙跟小朋友解释沟通,指导橙橙以适宜的方式跟小伙伴交流。在橙橙帮助他人之时,表扬他或向他道谢,"橙橙真是个乐于助人的孩子,我刚刚看到你帮小朋友拉拉链了""谢谢橙橙帮老师把垃圾扔进了垃圾桶"。渐渐地,橙橙的正向行为越来越多,而捣乱行为越来越少了。大多数时候,他都能服从老师的安排和管理,跟小朋友友好相处,而小朋友对橙橙的抱怨也没有那么多了。

静静老师摘下"有色眼镜",打破了刻板效应的负面影响,重新建立自己对幼儿的认知体系,同时对幼儿进行正向积极的引导,使得幼儿与班级环境有了良性且积极的互动,幼儿得到有效支持,行为逐渐地有所改观。摆脱刻板效应的影响,教师自然地善于发现、自觉分析,而基于调研所采取的教育策略必然是适宜和有效的。

刻板效应也经常会给家园共育造成消极影响。

秋天的一个早晨,西西妈妈在送孩子来园时,很心疼地对静静老师说:"老师,我们家西西的手昨天在幼儿园喝水时烫伤了,您看现在还红着呢。"听了西西妈妈的话,静静老师心都提到了嗓子眼:如果真的是这样,那是一次安全事故了啊!而且自己还毫不知情。静静老师快速地在脑中过了一遍前一天的情景,心里有了数。于是对西西妈妈说:"孩子喝的水都是常温的,不会烫手,咱们去找保健医帮忙先给孩子看看吧。"保健医看了西西的手之后,说:"西西的手皴了,出门之前得抹护手霜!"真是令人哭笑不得。一场虚惊虽然过去了,但引发静静老师的思考:家长只要稍稍看一眼,就能发现孩子手上发红的真正原因,为什么家长会认为孩子是在幼儿园受的伤呢?!看来,由于个别幼儿园教师不妥的行为,造成家长对幼儿园教师群体产生消极刻板印象。鉴于此,静静老师暗下决心,一定要采用多种办法加强与家长的沟通交流,让家长对幼儿在园情况有更多了解,努力改变家长持有的消极印象。

确实有极少数幼儿园教师表现出有违师德的行为,导致幼儿家长对教师群体产生不信任。应对孩子的问题时,家长如惊弓之鸟,稍有"风吹草动",就冲动地急于归因给幼儿园和老师。西西妈妈就是受了刻板效应影响,看到西西小手红了,马上推断西西在幼儿园受到了伤害。但是,刻板印象终究会被事实所改变,静静老师通过让家长了解事实真相而消除了家园沟通中的误会。

实践指南

一、深入了解、真正认识

为预防刻板效应的影响,教师要谨记,在没有直接观察幼儿、充分了解幼儿之前,所有来源的信息都只能作为参考,不能作为依据。在橙橙真正进入班级前,周围教师纷纷向静静老师表达了自己对橙橙的印象,这些听来的信息加上橙橙休学的原因，让静静老师很坚决地将橙橙归为"没有规矩的、不友好的"一类人中，还差点冤枉橙橙。但是当她深入了解了橙橙之后，才发现他身上有各种优点。

二、打破刻板、重建认知

教师有时在面对不良行为时会想当然地认为，"我就知道是那个孩子干的坏事"，同时对自己的高明判断"沾沾自喜"。但是这恰恰反映了教师对幼儿的消极刻板印象。所以，教师在处理幼儿的问题时，要及时提醒自己，做出的判断是基于客观事实还是受刻板效应影响。当意识到是消极刻板效应在作祟的时候，教师要勇于打破刻板印象，重新去建构认知体系，使用积极的方式引导幼儿发展。

三、时刻反思、养成习惯

在长期的保育活动中，教师要时刻提醒自己免受刻板效应的消极影响，利用积极印象打造良性的班级氛围，推动更多幼儿朝积极正向的方向发展。在静静老师意识到自己受了刻板印象影响之后，以发现的目光评价橙橙的行为，发现他的很多闪光点，对橙橙产生了积极的印象。因此，教师要以专业的理性心态、严谨的方法、充分的调研分析为前提，实施有针对性的保教策略。

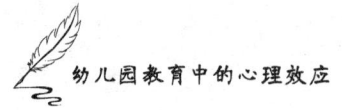
幼儿园教育中的心理效应

读你千遍不厌倦——单纯曝光效应

20世纪60年代,美国社会心理学家罗伯特·扎荣茨进行了一个著名的实验。他让被试观看某校的毕业纪念册,限定条件是他们不认识毕业纪念册里出现的任何一个人。照片中有的人出现了二十几次,有的人出现了十几次,而有的人只出现了一两次。看完毕业纪念册之后,他再请被试看一些人的照片。之后,他请被试评价他们对照片的喜爱程度。结果发现,在毕业纪念册里出现次数越高的人,被喜欢的程度也就越高。那些在照片中出现二十几次的人比只出现过几次的人更受人喜欢。也就是说,看的次数多提高了喜欢的程度。

这个实验表明:只要某个人、事、物不断地在人们眼前出现,人们就有机会喜欢上这个人、事、物。熟悉的事物能提高人们对它的喜爱程度,也能带给人们更多的安全感。这个现象被称为"单纯曝光效应"。依据进化论的观点,在长期的进化过程中,人类以小心的方式去应付不熟悉的事物,通过与其持续互动,使那些原本因不熟悉而感觉危险的事物逐渐为人们所适应,人类就会觉得熟悉了、安全了。随着戒备心的解除,人们对这种事物的积极情感就产生了。人与人之间经常接触可以增进彼此之间的了解,也容易预测对方的行为,因而使得双方在交往时有一种安全感。

"远亲不如近邻,近邻不如对门"是单纯曝光效应的体现。因为和对门的人、邻居接触比较多,会有一种亲密感,而与相隔较远的亲戚接触得少,会感觉生疏。同样,图片、符号、数字、声音、人物形象等外部刺激信息,只要经常暴露在人面前,人们就会因为熟悉程度的增加而提高对其的喜爱程度。曝光的次数在10~20次一般能达到最大的喜欢程度,但是曝光次数过多时,喜欢程度也会下降。人们之所以对某些特定事物产生偏好和喜爱，在某种程度上仅仅是因为这些事物不断地出现在人们的眼前，使人们对它们更加熟悉；在一定范围和限度内，人或事物出现的次数越多，人们对其产生的好感度也越高。

教师掌握了单纯曝光效应，并运用在幼儿园保教实践中，能有效助力幼儿发展。

今年静静老师重新接一个小班。开学的前一天，静静老师收到了一条来自家长的信息："静静老师，我的孩子今年在您的班里，她叫瑶瑶，孩子胆子小，想让您和她多接触接触，我们能带着孩子和您见一面吗？"

小班孩子在入园初期通常会表现出特别严重的分离焦虑现象。静静老师能理解瑶瑶妈妈的心情，瑶瑶妈妈希望瑶瑶多和老师接触，让孩子更熟悉、更喜欢老师，从而减轻分离焦虑。于是，尽管静静老师忙于幼儿入园准备工作，仍在下班后抽出时间来到瑶瑶家中。静静老师刚进到瑶瑶家，瑶瑶看到老师，就躲到妈妈身后。静静老师蹲下身，微笑着说："你好，瑶瑶，我是幼儿园的静静老师。"说着，递出准备好的小熊玩具。瑶瑶仍是怯生生的，看到玩具，眼睛亮起来，迟疑地接过去。静静老师把她拉到沙发边坐下，聊她喜欢的小熊和她喜欢的食物、动画片。离开的时候，静静老师说："我们拉钩钩，明天老师在幼儿园等瑶瑶，说定了。"瑶瑶虽不是很情愿，还是犹豫地跟老师拉钩了。

静静老师的第一次曝光行动已初见成效，她初步了解了瑶瑶。而瑶瑶在家里熟悉的环境下，很容易与教师建立起初步的信任。这对瑶瑶第二天入园的焦虑情绪有积极的缓解作用。

瑶瑶是一个特别内向的小姑娘，在入园后的这两周时间里分离焦虑特别严重，每天早晨在班级门口都和妈妈抱得紧紧的，又哭又闹，嘴巴里还大声地喊着"我不上幼儿园"。老师每次都是从瑶瑶妈妈身上把瑶瑶抢过来、抱进活动室。瑶瑶在幼儿园特别喜欢静静老师，一整天都像小尾巴一样跟在静静老师后面，一步都不离开。有的时候瑶瑶会主动地和静静老师说："老师，我想妈妈了，你能抱抱我吗？"静静老师也会像妈妈一样抱她一会儿，于是她的情绪就会好很多。

每天晚上，静静老师会把幼儿园里的新鲜事通过视频和图片的方式发给瑶瑶妈妈，建议她陪着孩子一起观看，引导瑶瑶多聊聊幼儿园的话题。瑶瑶妈妈说，孩子兴致勃勃地给爸爸妈妈讲幼儿园发生的事情。静静老师还把自己讲故事的视频发给瑶瑶，请瑶瑶听故事、复述故事。久而久之，瑶瑶对静静老师越来越熟悉和喜爱了，再也不害怕上幼儿园了。终于有一天，静静老师看到瑶瑶拉着妈妈的手蹦蹦跳跳地来到幼儿园。静静老师也用同样的策略引导其他分离焦虑严重的幼儿，收到了特别好的效果。一个月的时间过去，静静老师班里很少再听到小朋友早入园的哭声了。

可见，幼儿对幼儿园、教师的喜爱程度，是与幼儿对其了解程度、熟悉程度成正比的，因为每一次接触就会强化一次幼儿对幼儿园和教师的情感。静静老师利用微信发送各种幼儿在幼儿园生活和学习活动的视频，增加幼儿园和老师在孩子面前出现的频率和时间，让瑶瑶和其他幼儿逐渐熟悉了静静老师和幼儿园，帮助所有孩子顺利度过入园初期的分离焦虑情绪，适应了幼儿园生活。

单纯曝光效应运用于家长工作中，也能获得良好的效果。

新冠肺炎疫情之前，静静老师和本届家长的接触只有短暂的半个学期。疫情刚开始的那段时间，静静老师每天都会请家长报告健康信息。由于疫情时期情况特殊，有的时候经常半夜或者一早要给家长们发信息。为避免家长厌烦，促进家长和老师更好地彼此了解和熟悉，静静老师开展了一系列的家长工作。首先，每周定期和家长进行视频沟通，了解孩子在家的情况，对家长育儿中的困惑，及时给出专业指导建议。其次，静静老师将自己录制的"动起来"等室内小游戏发到家长群共享，号召家长与幼儿一起参与。最后，静静老师还将小朋友的照片制作成电子影集分享给家长，让孩子和家长们在疫情期间也能熟悉彼此。半年内，通过定期、不定期地和家长联系，家长们不仅没有反感静静老师，反而对静静老师越来越认可和信任。通过教师指导，家长掌握了适当的育儿策略和方法。疫情缓解后的返校第一天，静静老师收到了家长联名赠送的"抗疫担当，护幼前行"的锦旗。

静静老师的诸多做法，如打电话、微信语音、分享照片和视频等，让幼儿园老师成为幼儿和家长熟悉的面孔，促进老师和幼儿之间的良好师幼关系，增强老师和家长之间的相互信任、相互尊重，提高了家园共育效果。静静老师在新冠肺炎疫情特殊时期，运用单纯曝光策略，达到了教育目标。

一、高频率地呈现认识对象

为了让幼儿和教师、同伴、班级、幼儿园建立良好的关系，就要增加教师、同伴、班级、幼儿园出现的频率。幼儿入园初期，尽量保证出勤率；带班教师队伍保持稳定，避免频繁更换；幼儿园的环境和生活常规要求保持稳定一致，避免造成幼儿的陌生感和不安全感。在学习和科学探索活动中，多频率、多样化、多地点地呈现幼儿的认识和学习对象，能使幼儿对认识对象产生兴趣、激发好奇心、建立感情，引发学习的强烈的内在动机，进而促进学习和探索的深入。

二、第一次呈现刺激时要保证良好的效果

心理学研究表明，一开始就让人感到厌恶的刺激，无法产生单纯曝光效应，即对一开始就厌恶的事物，频繁曝光也无法扭转人们对它的厌恶。因此，教师第一次出现时，要给幼儿良好的第一印象；幼儿第一次来幼儿园参观时，要使幼儿园强烈地吸引着他们；第一次独立吃饭、穿衣、上厕所时，要让幼儿获得成功、快乐、自豪的心理体验；第一次参加某类活动时，要设法唤起幼儿对该类活动的兴趣。否则，之后再多的刺激也很难引发幼儿积极的情感和主动体验的渴望。

三、避免过度曝光，了解幼儿的真实需求

熟悉原则也有"度"，当"曝光"次数过多时，单纯曝光效应也会消失。对幼儿认识对象的呈现也不能过多，过度曝光、过度刺激只会导致吸引力下降，造成幼儿心理上的反感。因此，保持刺激呈现的合理时间、频率，需要教师通过观察，客观评估幼儿的真实需求，以此为依据，有针对性地运用单纯曝光策略，才能获得理想的效果。

公平相待每个娃儿——马太效应

在美国的一个偏僻乡村里,住着一对相依为命的农民父子。一天,父亲的老同学基辛格前来拜访,他看到朋友生活拮据,就对他说:"我可以把你的儿子带到城里去工作。"没想到朋友摇头说:"不行,绝对不行!"基辛格笑了笑说:"如果我在城里给你的儿子找个对象呢?"他的朋友还是连连摇头。基辛格又说:"可这姑娘是欧洲最有名望的银行家的女儿。"老农犹豫了:"嗯,如果是这样的话……"

后来,基辛格找到欧洲最有名望的银行家罗斯切尔德,说:"我为您女儿找了一个万里挑一的好丈夫。"银行家婉拒道:"我女儿太年轻了。"基辛格说:"可这个小伙子是世界银行的副总裁。"银行家犹豫了:"嗯,如果是这样的话……"

又过了几天,基辛格又找到了世界银行总裁对他说:"尊敬的先生,你应该马上任命一个副总裁!"总裁先生摇着头说:"不可能,这里这么多副总裁,我为什么还要任命一个副总裁呢,而且还是马上任命?"基辛格说:"如果他是罗斯切尔德的女婿呢?"总裁先生:"嗯嗯……如果是这样的话,我绝对欢迎。"

基辛格之所以能够让农夫的儿子摇身一变,成了银行家的乘龙快婿和世界银行的副总裁,根本的原因是他成功地利用了人的一种心理——马太效应。即任何个体、群体或地区,在某一个方面(如金钱、名誉、地位等)获得成功和进步,就会产生一种积累优势,就会获得更多的机会,取得更大的成功和进步。

马太效应源于《新约·马太福音》中的一则寓言。一个国王要远行,为了考验他的三个王子,在国王远行前,他给三位王子每人一锭银子,吩咐他们:"现在你们每人都有一锭银子,在我回来之前用它去做生意,等我回来时你们拿着银子来见我。"过了一段时间,国王回来了,三位王子来见国王。第一位王子说:"您交给我的一锭银子,我用来做了布匹生意,赚了10锭银子。"国王听后很高兴,于是奖励了他10座城。第二位王子报告说:"您给我的一锭银子,我用来做典当生意,又赚了5锭银子。"国王奖励了他5座城。第三位王子从口袋里拿出一块手帕报告说:"您给我的一锭银子,我一直包在手帕里存着,我怕丢失,所以一直没有拿出来。"国王听后,命令仆人将第三位王子的那锭银子赏给第一位王子,说:"凡是少的,就连他所有的都要夺过来。凡是多的,还要多给他,叫他多多益善。"

这则寓言诠释了这样的道理:优秀者把成功的经验积累起来,形成优势。而优势积累得越多,就会获得更多的资源,也就有越多的机会取得更大的成功和进步,这就是强者更强。对于弱者,机会变得越少,发展会更加困难,就会越弱。弱者若想要变得强大,就要付出比强者更多的努力,才有可能拥有和强者一样的资源和优势。

教师掌握马太效应原理,应在幼儿园工作中尽量避免由它造成的消极影响,对每个幼儿给予最需要的支持。

玥玥是班里很特殊的孩子,是唐氏综合征宝宝,班里没有小朋友愿意跟她玩。在集体活动中,玥玥经常发出怪声,干扰了其他小朋友,引来小朋友的不满。尽管静静老师多次对玥玥动之以情,晓之以理,但使出浑身解数也没有办法让她安静地坐在椅子上参与活动。万般无奈之下,静静老师只好安排玥玥坐在角落里远远地看着。

后来,经和家长沟通并与家长达成一致,让玥玥在教育活动时坐在图书区看书,避免打扰其他小朋友参加教育活动。久而久之,即使玥玥对教育活动很感兴趣,想要参与进来,也会引来其他小朋友的不满:"老师,玥玥又来了。"看到玥玥渴望的眼神,静静老师说:"没关系,玥玥想和我们一起听故事呢!"可是小朋友依然很不满地说:"一会儿玥玥又会大喊,我们会听不见老师讲故事的声音的。"

静静老师与大部分幼儿的做法是马太效应的典型表现。特殊的玥玥因其在智力、情感、交往和自我行为管理等方面发展迟缓，在班里没有获得与其他小朋友同样的资源和机会，甚至"为了不打扰其他小朋友正常的教育活动，让玥玥坐在角落，或在图书区安静看书"。虽然静静老师的安排已经征得玥玥家长的同意，也让更多的小朋友受益，但教师对待玥玥的特殊做法，客观上只会使玥玥更加难以融入同伴，更无从实现社会化。这在实质上反映了马太效应中"弱者越弱"的原理。

一次偶然的机会，静静老师发现玥玥在识字方面很有天赋，她能读图书区里的故事书，也能认识班里所有幼儿的名字。为了让玥玥融入班集体，让其他小朋友接受玥玥，静静老师想到了一个好办法：在过渡环节组织"故事会"活动，鼓励玥玥为小朋友们读书、讲故事。最开始，小朋友们还不能接受玥玥站在集体前晃来晃去地讲故事，慢慢地，小朋友们听得很专注，也会越来越期待"明天玥玥会给我们讲什么故事呢？"因为玥玥认识班里小朋友的名字，教师安排她当老师的小助手，帮助小朋友们发图画本、通知书等，不管什么样的任务，玥玥总能准确无误地念出同伴名字，并把物品发到小朋友的手里。

渐渐地，玥玥交到了自己的好朋友。最重要的是，在静静老师的提示下，玥玥几乎能在集体教育活动中全程保持安静地坐在小椅子上，不再打扰其他小朋友了。

静静老师经过细心观察，发现玥玥的闪光点，并针对她的特长，及时给予她有针对性的、个性化的支持。玥玥得到锻炼和表现的机会越来越多，她给小朋友们讲故事，为小朋友们服务：发图画本、通知书等。玥玥逐渐获得了教师和小朋友们的认可和接纳，玥玥也越发地努力了。这反映了马太效应的"强者越强"的道理。

在家园沟通中教师也经常会受到马太效应的影响，这提示教师，要了解家长情况，针对家长给予个性化指导。

通常在开学一个月后，为了更好地加强教师和家长之间的联系，及时听取家长的意见和建议，教师会在班级内推选出2名家委会成员，家委会成员通常是主动、积极配合教师工作的家长。

家委会成员推选的规律，也体现了马太效应的原理。配合教师工作的家长在被选为家委会成员后，会更加配合教师的工作，更积极地参与园所活动。

在日常家园联系中，静静老师在微信群里下发重要通知，需要家长及时回复确认时，静静老师发现洋洋妈妈总是最后回复或者干脆不回复，几乎每次都要单独打电话与洋洋妈妈进行沟通。静静老师在心里把洋洋妈妈列入"落后家长"名单中。

班级开展垃圾分类主题活动，需要家长志愿者到幼儿园做助教。静静老师了解到洋洋妈妈在环保局工作，试着联系洋洋妈妈，询问她能不能来班里为小朋友组织一次教育活动。没想到，洋洋妈妈爽快地答应了，并认真地跟静静老师商讨活动细节和注意事项。洋洋妈妈组织了一场生动有趣的垃圾分类教育活动。静静老师把洋洋妈妈组织教育活动的照片和视频发到家园微信群中，家长们纷纷向洋洋妈妈表示感谢。此后，静静老师发现，洋洋妈妈回复信息的速度很快，还经常主动为班级献计献策。

洋洋妈妈在做助教前，在班级群里总是默默无闻，但在做助教后，得到教师和家长的认可和感谢，她的态度和行为发生了很大的转变，不仅配合班级管理，而且主动献计献策。这体现了强者越强的道理。

实践指南

一、公平、公正地对待每个幼儿

教师应尊重幼儿人格，尊重个体差异，平等对待每个幼儿；积极创造条件，满足幼儿身心发展的不同需求。玥玥因自身因素，无法融入集体活动，但静静老师根据她的特点，为她量身定制了特殊教育方式，使玥玥获得成长的资源和机会。公平并非体现在整齐划一的教育内容，而是使每个幼儿得到最需要的适宜的培养。

二、发现每个孩子的闪光点，给予有效支持

多元智能理论认为，每个幼儿都有自己的优长领域，教师应通过细致的了解，发现每个孩子的闪光点，并及时调整教育策略，提供最适合的支持。静静老师抓住玥玥在识字方面的天赋，采取让玥玥为小朋友服务的策

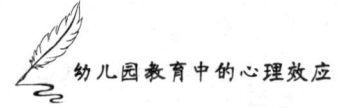

略引导和支持她。在得到同伴的认可和接纳后,强者更强的心态让玥玥更加努力地想得到更多的表扬和称赞,并让其闪光点优中更优。

三、重视给每位幼儿成长的机会

聪明活泼的幼儿往往能得到教师更多的表扬。得到的表现机会越多,锻炼的机会就越多,他的能力就越好;而那些"爱捣乱"的幼儿往往不被接纳,得到的关注较少,获得的学习资源不足,能力就会越来越弱。为了避免马太效应的消极影响,教师应该公平地给每位幼儿提供发展的平台。

四、重视每位家长的价值,形成家园合力

在家园合作中,最初那些积极与教师互动的家长,往往受到教师的欢迎和重视;而默默无闻的家长一般会被忽视,这部分家长由于没有得到教师的重视,更不愿意主动与教师沟通。教师须唤醒每位家长参与家园共育的愿望和主动性,推进良性互动,家园合作为幼儿成长助力。

一触即感的力量——触摸效应

1959年,美国心理学家哈洛做过这样一个实验,把刚出生的小猴放进笼子里,然后用两只假猴子代替它的母亲。其中,一只假猴子母亲是用铁丝做的,并且在它的胸前安装一个奶瓶,给小猴子提供奶水;另一只假猴子母亲是用柔软的绒布做的,摸起来很柔软舒适,可身上什么都没有。原本以为小猴子会一直待在有奶水的铁丝猴子身边,可是结果与猜想大相径庭,小猴子只有在饥饿的时候才会去铁丝猴子身上喝奶,其余时间都依偎在绒布猴子的身边。

为什么小猴子会喜欢待在绒布猴子身边,而不是拥有食物的铁丝猴子身边呢?柔软舒适的触觉对比坚硬冰冷的触觉,更能给予小猴子安全感和爱,所以小猴子更喜欢绒布猴子。可以说,这个实验结果是触摸效应的典型体现。触摸效应指通过触觉来感受和接收一种信号,通过肢体上的触摸使被触摸的人产生生理和心理上的感受;温暖善意的触摸会使被触摸人感受到身体上的舒适和心理上的愉悦,反之则会使被触摸的人感受到身体上的不适和心理上的压力。

心理学家弗尔德对早产儿进行过每天45分钟的抚摸实验。他对20个早产儿每天做3次、每次15分钟舒缓而有力的抚摸。10天后,接受抚摸的婴儿比没有得到抚摸的婴儿平均重47%,睡眠和灵敏性也都有很大改善。到第8个月月末,接受抚摸的婴儿的体质和智力有明显提高。值得注意的是,接受抚摸的婴儿离开保育箱的时间比其他婴儿平均提前了6天。弗尔德说:"抚摸能有规律地刺激生长激素的分泌,进而促进消化吸收功能。"

皮肤是一个多功能器官,可以接受许多感觉信息,肤觉在人类关系中扮演着重要角色。人与人的信息传递中,单纯的语言成分只占7%,声调占38%，另外55%的信息都需要由非言语的体态来传达。有研究发现，胳膊有轻微触碰的陌生人，会更加愿意帮忙捡起掉落的东西，人们提供帮助的比例从63%上升到90%。

另一项实验发现，在电话亭中轻微触碰到胳膊的人更容易把丢失的硬币还给失主。这证明，简单的身体接触能够促进配合、获得帮助。在个体成长的过程中，触摸效应也伴随其一生。在与人交往的过程中，第一次见面的握手就是交往的开始；在开心或是难过时，一个拥抱或许能够抵得上千言万语；成功时一次击掌、一次撞肩，或许更胜过语言表达的激动。这些都是已经融入我们生活的触摸效应。

在幼儿园一日生活中，触摸效应是最常出现的，真诚轻柔的肢体触摸可以为幼儿营造一个舒适有安全感的心理环境，也是成为幼儿最好的合作者、支持者和引导者的有效手段。

龙龙是刚刚转到静静老师班里的。由于某些原因，他中班没有上完，现在直接升入大班让他很不适应，情绪很不稳定，每天来园总是哭闹，排斥进园，进园后也不愿意和同伴、老师交往。为了能让他尽快适应，每天来园时静静老师都会把他抱进怀里安抚他的情绪，和他交流一下在家里好玩儿的事情，然后问问他："你今天想在幼儿园里做什么呢？"帮助他激发对幼儿园的兴趣。晚上离园时静静老师也会在收拾整理的环节和龙龙一起整理衣服，轻轻地把他圈进臂弯，先肯定他当天在幼儿园的表现，然后问一问："龙龙，你今天在幼儿园有没有新的收获啊？发生了什么有意思的事情吗？"

温柔的拥抱和抚触能让烦躁中的幼儿安静下来，拉近幼儿与教师、同伴的关系，增加幼儿对他人的信任感，从而减轻新环境给孩子造成的陌生感和压力感；为孩子创造一个温馨安全的心理环境，让他感受到安全，这样他才能有勇气接纳新身份，更快地适应新环境。

在区域活动中，龙龙表现出强烈的好奇心和探索欲，但也有些不知所措，不知道玩什么、怎么玩。拿起一筐玩具，摆弄一会儿就放回去了；再取一筐玩具摆弄一会儿，又放回去了。当看着别的小朋友玩磁力片，拼出一个又一个造型各异的恐龙时，他眼睛闪烁着光芒，大有跃跃欲试的劲头，却不知如何加入同伴的游戏。这时，静静老师走了过来，拉起他的小手说："龙龙，我可以和你一起玩磁力片吗？"龙龙用力地回握老师的手，回应道："行。"静静老师一边取出一筐磁力片，一边引导他说出自己的想法："你想用磁力片拼什么呢？"龙龙看着别的小朋友拼出来的恐龙，说："我想拼霸王龙。"静静老师说："好，那我们就一起拼一只霸王龙吧。"确定了初步的计划，龙龙开始拼起来，一会儿霸王龙的身体就拼出来了，但是在拼头部的时候遇到了困难，霸王龙大大的嘴巴用什么形状拼呢？他试了正方形，结果不是很满意，又试着用椭圆形，结果还是不满意。龙龙动作开始慢下来，磁力片被拿起来又放下。静静老师一直细心地观察着，当发现玩具筐缺少三角形时，马上取出另一筐磁力片，摸着龙龙的头说："看看这里有没有能用得上的？再试一试！"龙龙抬起头，迎着静静老师鼓励的目光。于是，他又投入地拼起来，不一会儿一只小霸王龙就完成啦。他高兴地拉着静静老师欣赏他的作品。其他小朋友也被他吸引过来，听他用并不是很连贯的语言介绍着自己的霸王龙。

静静老师和龙龙一起把他的作品摆在展示台上，静静老师伸出手并抬起龙龙的手，和龙龙第一次击掌庆祝，赞美道："龙龙，你真是太棒了！你看，小朋友都在认真听你介绍霸王龙。"此时，龙龙眼里闪烁着光芒，看着静静老师拼命地点头。

在发现龙龙的兴趣点后，静静老师创设了充足的活动空间，投放了丰富的操作材料，鼓励龙龙游戏。每次龙龙有了进步，静静老师都会和他一起击掌庆祝，肯定他的成果，鼓励他创新。

龙龙也开始加入同伴游戏了，"恐龙世界""机器人之家"等具有情节性和创新性的游戏活动在龙龙和小朋友之间不断地开展起来，在完成作品时，龙龙的击掌对象也从老师换到了同伴。在这个过程中小朋友接纳了他，他也融入了班集体。

在跟龙龙的互动中，静静老师一直注重肢体语言的运用，通过抚摸、拉手、击掌让龙龙感受到被接纳、被认可，逐渐产生了探索世界的信心和勇气。有效的肢体接触能够拉近师幼的距离，得到幼儿的信任，在活动中轻轻拉一拉孩子的手并告诉他，他的身边一直有你，让孩子有安全感，大胆去尝试；在幼儿遇到困难时摸一摸他的头，给予他鼓励，让他知道你相信他，给他充分探究的机会。孩子只有在情绪稳定、有足够安全感时，才有探究环境的兴趣，才能把周围一切事物当作探索的对象，并在探究中学习。在幼儿获得成功时与他一起击掌庆祝，让幼儿得到充分的肯定，获得成功感和满足感。特别值得一提的是，静静老师善于以温柔的、肯定的、鼓励的和赞美的目光抚慰龙龙脆弱的心灵，这同样产生了积极的抚摸效应。

一、安慰性触摸——营造舒适安全的心理环境

孩子们进入幼儿园是他们真正意义上第一次离开家里舒适安全的环境，来到一个全新且陌生的环境中，孩子们需要独立面对可能出现的各种状况，这是他们最敏感脆弱、缺乏安全感的时候。此时，老师善意温暖的触摸、拥抱，能给孩子营造舒适安全的心理环境。俯下身轻轻地抱一抱情绪不稳定的孩子，让他在你的怀里撒个娇，找到一个可以依赖的港湾。像静静老师那样，她的拥抱对于龙龙来说，就是幼儿园里安全的港湾。当静静老师对龙龙敞开环抱的时候，就已经在触摸龙龙那颗敏感不安的心了。

二、支持性触摸——培养良好的学习品质

在孩子们眼里，老师的行为有着不同的含义，有效的肢体接触能够给孩子带来鼓励和支持，静静老师在发现龙龙的需要时能够拉起他的手，以合作者的身份鼓励他继续游戏。在幼儿需要时，拉起幼儿的手就是在慢慢拉近与幼儿之间的距离，这是获得幼儿信任的起点，从而激发幼儿的游戏兴趣，培养幼儿良好的学习品质。

三、鼓励性触摸——培养幼儿良好的是非观

金无足赤，人无完人，畏惧错误就是在毁灭孩子们的进步。教师应该正视孩子犯下的小错误，引导他们正视自己的错误，同时自己分析问题并改正错误。语言引导当然是一部分,但是正面的肢体触摸,以及触摸中细小的反应,能够更好地结合语言进行引导,培养幼儿正确的是非观。

四、互动性触摸——培养幼儿体验情绪和理解他人

触摸效应不应只局限在老师和幼儿之间,同伴之间的触摸效应有时更加重要,让幼儿能够感受他人的情绪,并能够去关注、关心身边的人。幼儿之间带有情感色彩的适宜的触摸,代表了他们对周围人的接纳、认同、安慰等情感表达。所以,教师应鼓励幼儿大胆地通过肢体触摸表达自己的情感。

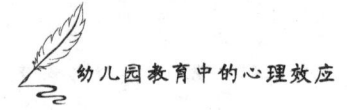

以己度人不应当——投射效应

芭比娃娃在美国销量一直很高，于是公司决定将芭比娃娃销售到日本。鉴于前期的销售经验，美国人认为，蓝眼睛黄头发、胸脯丰满双腿颀长的形象也一定会受到日本人的喜欢。但事与愿违，芭比娃娃在日本的销售陷入困境。公司高层进行了全面反思和缜密分析，认为造成芭比娃娃在日本销售不佳的主要原因，是欧美人与亚洲人审美风格存在差异。美国人偏爱的娃娃的模样在日本"水土不服"，日本人更欣赏亚洲人的模样。于是，公司对芭比娃娃的形象进行了日本化改造，这一次销售量瞬间上升。

美国人以为自己的审美偏好也是日本人喜欢的，陷入以己度人的窠臼中。这个案例反映了投射效应的原理。投射在生活中无处不在。

一段时间以来，兰兰特别崇拜某位体育明星，简直到了痴迷的程度，她感觉偶像朝气蓬勃、满满的正能量，别人也一定跟她一样喜欢这位体育明星，只要见人就自顾自地谈起偶像的各种话题，不管人家是不是愿意听。

苗苗只要情绪不佳，就会用摔门来发泄。一天，苗苗正在兴奋地打游戏，宿舍同学关门的时候发出"砰"的一声。苗苗一下就火了，摔掉键盘，怒气冲冲地对同学说："你是不是对我有意见！"

上述两个小案例进一步说明，投射效应是指将自己的特点归因到其他人身上的倾向，在认知和对他人形成印象时，以为他人也具备与自己相似的特性，继而把自己的感情、意志、特性投射到他人身上，按照自己的思维方式加以理解。比较突出的投射效应表现在，以为自己所爱即是他人所爱，自己所恶即是他人所恶。

投射效应在教师身上时常发生。为避免它的不良影响，教师应时刻注意反思和检视自己的想法和行为,及时调整和修正。

大四班有个叫理理的男孩,最近家中突发变故,爸爸因一场车祸去世了。从被送医院救治到离世仅仅33天的时间。爸爸住院期间,理理每逢周末就跟妈妈一道去医院陪伴爸爸。原来爸爸只要不出差,都喜欢陪理理一起玩游戏,还声情并茂地给理理讲故事,父子俩感情深厚。妈妈一直安慰理理:"爸爸身体好了就回家接着陪宝贝玩。"这时,理理都会充满期待地点点头。但是,爸爸还是走了。妈妈担心年幼的理理接受不了,没有告知理理真相,只是编造各种理由,不让理理再去医院了。

理理依然每天早晨去幼儿园,只是他有个奇怪的行为,那就是他总喜欢早来园、晚离园,往小班跑。虽有老师劝说,但并未奏效。静静老师和同组其他老师都认为理理之所以总是去小班,是希望小班老师给予他更多关爱。于是,大四班老师决定要更加关心理理,让他感受到温暖,这样他就不会再跑去小班了。就这样一个月过去了,理理的行为并没有改变。老师们更加担心了,这样下去可不行啊,对理理的成长会有很消极的影响的!到底是什么原因呢?老师们决定要进一步对理理和家长做深入了解。

教师依据对幼儿一般心理特点的了解,认为理理"早来园、晚离园,往小班跑"是希望获得更多的关爱,基于这样的判断和理解,静静老师尽一切能力"满足"理理的"需求",但事与愿违,理理的行为并未发生改变。这说明,教师对原因做出了错误推断。

令人心碎的真相是:理理认为只要自己回到小班,就会等到爸爸来。一如他上小班时,爸爸每天送他来园,每天接他回家。了解到真实的原因后,静静老师和同班老师与理理妈妈商量决定,为了不影响理理的身心成长,必须引导孩子接受现实。于是,在一个周末,妈妈和静静老师陪着理理去了爸爸的墓地……此后,理理再没有跑去小班,静静老师一如既往地关注着理理,她暗暗下决心,一定陪伴孩子度过这段艰难的时光。

当静静老师了解了事情的真相后,及时调整教育策略,"引导孩子接受现实",收到了比较好的效果。这个案例中,教师起初受到投射效应的影响,把自己的判断作为客观真实,继而采取了相应的教育措施,但没有获得预期的效果。幸而，静静老师和同事们及时反省并进一步探察原因，最终发现了问题所在，进而采取有针对性的措施，真正帮助了理理小朋友。

中班的浩浩是班里个头比较矮的男孩儿，为此，家里最疼爱他的奶奶总是担心浩浩在幼儿园里吃不饱，晚离园回到家后，追着喂浩浩吃东西。浩浩摇着头、摆着小手，连声喊道："不要吃，不要吃，肚子鼓鼓的了。"奶奶一定要浩浩再吃两口才安心。一段时间后，浩浩经常发热、呕吐，医院诊断为胃肠炎，原因是长期消化不良造成的，这使奶奶追悔莫及。

浩浩奶奶同样受了投射效应的影响，以己度人，她感觉浩浩个头小是由于吃不饱造成的，于是把自己所想当成事实，拼命逼浩浩吃东西。奶奶把自己的意识和认知强加于浩浩身上。因为过于主观，没有考虑到客观实际，从而导致错误发生。

投射效应是一种认知心理偏差。为避免由投射效应带来的消极后果，在保教实践中，针对各种教育现象，教师在做分析和判断之前，要尽量全面了解情况，尽可能掌握客观、真实的资料，以保证结论的正确性。

在孩子的成长过程中，有一个很特殊的阶段，你会发现他越发"重口味"了。最近在班里，静静老师经常能听到小朋友三个一群两个一伙地在说着"屎呀、屁呀"的。静静老师每次听到，都赶快制止："这样说话不文明，不可以再讲了。"一段时间过去了，静静老师很迷惑，怎么越管孩子还越来劲儿了呢？静静老师一边查阅资料，一边向理论导师求教，终于明白，满嘴"屎尿屁"大多发生在3～5岁这个阶段，此时幼儿对外界事物产生强烈的好奇心，首先是对自己的身体产生兴趣，开展积极探索：我们的屎尿屁为什么会从身体里出来，这些又是怎么来的呢？此时若成人以淡然的态度泰然处之，巧妙转移孩子的注意力，这段"重口味"很快就会过去。

于是，静静老师以图画书《是谁嗯嗯在我的头上》《你的便便在哪里》《呀！屁来了》《便便去哪了》开展系列教育活动，引导幼儿观察"屎尿屁"，讲述"屎尿屁"，满足幼儿的好奇心和兴趣。静静老师发现，系列活动结束没几天，孩子们似乎对这个话题就失去了兴趣，很少再提起了。

教师认为公共场合谈论"屎尿屁"是不文明的行为，习惯从道德角度评判孩子"不礼貌、没教养"，这是投射效应的表现，是教师把自己的想法投射在孩子身上。而事实并非如此，通过客观全面地了解幼儿之后，静静老师明白了"屎尿屁敏感期"是幼儿认识自己身体的必经阶段，属于成长中的正常现象。基于正确的认知，教师采取了有效策略有针对性地进行了干预，并取得了良好效果。

实践指南

一、观察教育现象，掌握尽量充分的资料

针对出现的各种教育现象，教师不必急于做出判断，而是要通过细致观察、全面调研，了解最真实、客观的情况，为进一步采取有针对性的适宜的教育措施提供依据。静静老师向理理和家人深入了解之后，查明理理流连小班的真正原因，继而采取恰当的干预措施，理理的行为才发生了改变。

二、积累学前儿童心理学基本理论知识，以辩证视角分析问题

对教育现象的解读，需要相关理论知识支撑，因此教师须积累儿童心理学相关知识，以辩证视角对教育现象进行解析。静静老师正是在学习了相关理论之后才明白，幼儿对"屎尿屁"的谈论，只是这一年龄段对新奇事物探索的行为和反应，而教师、家长要做的，就是引导孩子自我解惑；成人的刻意阻止，只会让孩子感觉神秘而禁忌，反而会激发孩子的好奇。

三、尝试运用换位思考，以儿童视角看待其行为

为了避免投射效应，教师须学会换位思考，设身处地地站在幼儿的立场上去分析其行为。在保教实践中，如果教师能站在幼儿的角度上，以幼儿视角看世界，理解幼儿的需要和情感，采取的教育措施也一定是有的放矢的，也必然是适宜的、有效的。

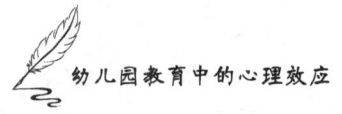
幼儿园教育中的心理效应

最后才是重头戏——近因效应

一个应聘者去参加面试，面试过程中，主考官只是问了几个毕业学校、所学专业之类的简单问题，然后就告诉应聘者，面试结束可以走了。

当应聘者就要离开考场时，面试官叫住他，说："你刚才的回答，评委觉得不怎么样，你对此怎么看？"通常的情况是，很多应聘者对面试官的问题迷惑不解，继而敷衍一下。其实，面试官这样设计面试流程，是想通过最后一个问题，综合考察应聘者的心理素质和临场应变能力。如果最后一个问题回答得精彩，完全可以弥补之前面试中的缺憾；如果回答得不好，可能会由于这最后的关键性问题而前功尽弃。因为，面试官往往对应聘者的最后一个回答印象最深刻。

这个事例反映的是心理学上著名的近因效应。近因是指个体最近获得的信息，或者最新信息或最新出现的刺激物，或者最后出现的事物决定印象的形成，之前的印象会被后来的印象覆盖。

1957年，心理学家卢钦斯根据实验首次提出近因效应。他分别向两组被试介绍同一个人的性格特点。对甲组先介绍这个人的外倾特点，然后介绍内倾特点；对乙组则先介绍内倾特点，然后介绍外倾特点。最后考察这两组被试对这个人留下的印象。结果与首因效应相同，即甲组被试对这个人的外倾特点印象更深刻，而乙组被试对这个人的内倾特点印象更深刻。

但是，当卢钦斯把上述实验方式加以改变后，实验结果却发生了变化。卢钦斯在向两组被试介绍完第一部分内容后，插入其他作业，如做一些数字演算、听历史故事之类不相干的事，之后再介绍第二部分内容。结果发现，两个组的被试都是对第二部分内容留下了深刻的印象，即后呈现的材料给被试留下了更深刻的印象。

这个实验证明，当有两个或两个以上意义不同的刺激物依次出现时，印象形成的决定因素是后来新出现的刺激物，而不是之前出现的刺激物，这即是近因效应。在人们的知觉活动中，如果前后两次得到的信息不同，且中间有无关工作把它们分隔开，那么后面的信息在形成总印象中起作用更大。前后信息间隔时间越长，近因效应越明显。原因在于前面的信息在记忆中逐渐模糊，从而使信息在短时记忆中更为突出。这是近因效应的表现。

在实际生活中，近因效应体现在很多方面，如多年不见的朋友，在自己脑海中印象最深的，往往就是临别时的情景；某人突然出现了异常言行，给他人留下的印象会非常深刻，以致推翻过去形成的对他的一贯印象。

鉴于最新获得的信息比早前获得的信息影响更大，教师可以巧妙结合幼儿的记忆特点和认知风格，运用该原理开展保教工作，可以取得较好的效果。

静静老师一直持续探究，针对不同的幼儿如何采取适宜的有效的保教方法。禾禾是今年新入园的小朋友，开始一段时间，她每天早晨来园总少不了一顿哭闹。虽然在静静老师的细心照顾与耐心沟通之下，情况似乎渐渐好转了；但静静老师在与禾禾妈妈的沟通中发现，禾禾平时在家从来不提幼儿园的情况，问她吃了什么做了什么，她就只是摇头。妈妈了解到，其他小朋友回家后都会或多或少跟家长说说自己在幼儿园的情况，比如吃了什么、玩了什么玩具，而禾禾却不提在幼儿园的任何事情，为此妈妈很苦恼。

静静老师默默记录下禾禾妈妈反映的问题。

小班幼儿的记忆以无意记忆、短时记忆为主，当没有强烈的、新鲜的刺激出现时，记忆就很模糊，首因效应和近因效应都不明显。小班幼儿年龄小，面对一日生活中的各个环节及发生的事件，记不清楚是正常现象，符合小班幼儿认知发展规律。

为了加深幼儿对在园生活的印象和记忆，静静老师每天利用晚离园前的十分钟时间，与孩子们一起回顾这一天做了哪些有趣的游戏，学习了哪些神奇的本领，也会将爸爸妈妈最关心的当日饮食细节再与孩子们回顾一遍，这样既帮助孩子们梳理了一天的在园生活，加深幼儿关于一日生活的"新"经验，还能够愉悦幼儿的情绪，积极引导幼儿每天开心来园。为此，静静老师特别为禾禾设计了"一句悄悄话"的游戏："你记住了咱们现在说的，回去要悄悄和爸爸妈妈说，那爸爸妈妈也可以传回来一句悄悄话，你再说给老师听，好吗？"

禾禾愉快地答应了。在以后的日子里，静静老师与禾禾一起玩起了"一句悄悄话"游戏，禾禾每天都会给爸爸妈妈带悄悄话，告诉爸爸妈妈幼儿园的生活；也带悄悄话给静静老师。静静老师会跟禾禾妈妈及时交流悄悄话的内容，指导其采取各种有趣的方法，提高禾禾的选择性注意力。渐渐地，禾禾不仅喜欢来幼儿园了，也变得喜欢表达了。

静静老师通过离园前梳理一日活动，加深幼儿对在园生活的印象和记忆。这种梳理作为一个新鲜的刺激，促使近因效应的出现。同时，通过"转述一句悄悄话"，训练禾禾的选择性注意力，加深她对幼儿园生活的印象，促进禾禾与爸爸妈妈的沟通。

实践指南

一、引导幼儿尝试总结、梳理，形成新的经验

活动总结是活动结束前的回顾、概括和评价，呈现最新刺激。所以，教师在一日生活和教学活动中，应重视这个环节，比如活动区评价活动、教学活动小结等，以新鲜的、生动的、突出重点的形式，将活动的主要内容进行梳理，支持幼儿对学习内容的理解、认识和记忆。

二、教育行为遵循一致性与逻辑性

鉴于近因效应的负效应，即干扰过去的知识经验、推翻之前的认识，而之前的经验和认识未必是错误的；又考虑到幼儿学习具有一致性、连续性和渐进性特点，教师保教行为应遵循内容、价值取向的一致性和逻辑性，保证近因效应运用效果。

三、依据幼儿性格特点，有针对性地运用近因效应原理

个性特点会影响近因效应的使用效果。性格开朗的、活泼的幼儿容易受近因效应的影响，而对性格内向、孤僻的幼儿并不适用近因效应。心理上具有相对稳定倾向的幼儿，更容易受首因效应的影响。这提示教师，应了解幼儿性格特点，针对不同幼儿使用相应的心理效应。

第二辑

顺性方可导行
——做专业型教师

导语

"顺其性,导其行"说明教师只有遵循幼儿身心发展规律,才能达到唤起幼儿发展潜能,引导幼儿行为的教育目标。这是对教师保教专业能力的基本要求。教师首先了解幼儿"天性",即幼儿身心发展的一般规律和特点,个体幼儿的性格、爱好及智能优势等,在此前提下,有针对性地为幼儿提供有效支持,引导其潜能向积极的、有益的方向发展。本辑涉及的心理效应,主要在幼儿良好行为塑造、学习品质培养和健康积极情绪培育三个方面,给幼儿园教师提供指导和启示。本辑内容同时关照心理效应在家长工作中的有效运用。

第一部分：良好行为塑造

我的眼中你最美——皮格马利翁效应

皮格马利翁是希腊神话中塞浦路斯国的国王，他性情孤僻，常年一个人生活。皮格马利翁特别善于雕刻，他用高超的技艺雕刻了一座美丽的象牙少女像，并给她取名盖拉蒂。皮格马利翁把全部的精力、全部的热情、全部的爱恋都给予了这位美丽的"少女"。久而久之，他竟对自己的作品产生了爱慕之情。他几乎每天都要精心地装扮"少女"，经常看着美丽的"少女"发呆，并用最华丽的言辞夸奖"少女"。他真诚地希望"少女"能够感受到他热烈的爱。久而久之，他的真诚感动了爱神阿佛罗狄忒，爱神赋予"少女"以生命，美女雕像活了起来，并与皮格马利翁结为夫妻。

这个故事反映了"期待和赞美能产生奇迹"，期待和赞美具有改变人的行为的能量。当一个人获得赞美时，他便感觉得到了社会支持，从而变得更加自信，并想尽力达到别人的期待，避免让人失望，从而维持这种社会支持的连续性和一致性。这与罗森塔尔提出的心理效应不谋而合。心理学家罗森塔尔认为，对他人的期望值越高，他们的表现就越好。

罗森塔尔做过这样一个实验：他对一所小学中的6个班的学生成绩进行预测，并把部分学生名单用赞赏的口吻通知学校的校长和有关教师，"这些学生具有更强的发展潜力"，并再三叮嘱对名单保密。实际上，这些名单是他随意列出的。谁知，8个月以后竟出现了令人惊喜的奇迹：名单上的学生，个个学习进步、求知欲强、与老师交流顺畅。原来，这些教师得到权威者的暗示后，便开始对这些学生投以信任的目光，对他们态度亲切温和，即使他们犯了错也相信他们能改正。正是这种期待和信任使学生提高了进取心，变得更加自尊、自信，奋发向上，故而出现了"奇迹"。这是由于教师的期待和爱而产生的效应。

在这个经典实验中，教师受到权威者的影响，坚信列入名单的学生是具有发展潜力的，于是对他们表现出发自内心的真诚期待。也正因如此，隐藏在教师的一言一行中的正面暗示（肯定的言语、鼓励的笑容、安慰的拥抱及嘉许的目光等），学生都能感受得到，并对他们产生了积极影响。

开学第一天，静静老师班里来了一个叫小懿的转园生。当他问候静静老师"老师，早上好"的时候，静静老师面带微笑回应小懿。但是当小懿抬起头的时候，静静老师看到的是一个鼻子和眼睛畸形的男孩子。静静老师张开手臂，环抱着他，说道："你好！宝贝！"忙碌的早入园环节之后，静静老师对小懿的关注比对别的幼儿更多一些。只见小懿走近小朋友们，试了几次，都没有成功加入小伙伴的活动。小朋友都避着他。后来，他找来一本书，自己坐下来静静地翻阅，旁边是小朋友们在热火朝天地玩游戏，小懿就像坐在只有他一个人的世界里。静静老师看在眼里，急在心头，怎样才能帮小懿融入集体呢？

小懿因外貌特别，不被小朋友接纳。幼儿情绪表现简单直接，并不懂如何照顾他人情绪情感，这就需要教师做出正确引导。静静老师本着教师的责任感，对需要特殊教育的儿童给予更多关注。面对小懿难以融入群体的现象，静静老师开始思考解决办法。

户外运动的时候，静静老师发现小懿做武术操的时候特别认真。于是，静静老师俯下身，摸着他的头对大家说："小懿练武术的时候真专注，所有小朋友应该向他学习。老师觉着小懿练得像武术教练一样棒！"听到静静老师的夸奖，小懿腰杆挺得更直了，练得更认真了，一招一式做得像模像样，头上冒出细细的汗珠。

静静老师及时发现了小懿的优势，引导其他小朋友关注小懿、向他学习。这种赞美与肯定给了小懿莫大的鼓舞，激发了他的自尊，使他投入更多的努力。教师的赞许成功地唤起小懿的自我成长潜能。

  这天，入园时分，静静老师播放起武术操音乐，孩子们伴随着旋律都"跃跃欲试"了，可是武术教练每周只来一次，大家对很多动作都不熟练。这可怎么办？经过静静老师和小朋友们的讨论，大家最终达成共识——选一个小教练。于是，静静老师组织了一次特殊活动——竞选小教练。想当小教练的幼儿都要表演一遍武术操，大家根据他们的表现投票，票数最多的就当选为武术操小教练。小选手们一个个摩拳擦掌，做好了准备。静静老师走到小懿跟前道："小懿武术操一直很棒！好好表现噢！"听了这话，小懿的眼睛亮起来了，背也挺起来了，往日的退缩表情不见了。表演结束了，小朋友们认真地投出自己宝贵的一票。最终，小懿票数最多，孩子们觉得他的动作最标准、声音最洪亮。静静老师鼓励其他幼儿："每个小朋友都有自己擅长的事情，我们都可以把自己擅长的事情教给其他小朋友，都可以成为小老师。"

  静静老师通过创设环境，引导幼儿发现需求——一个带领大家做武术操的小教练，并组织小朋友展开讨论，探讨解决问题的办法。在这个过程中，既有个别化教育，又关照了全班孩子的成长；既解决了实际问题，又发展了幼儿学习品质。特别需要指出的是，静静老师适时地向小懿传递了肯定、鼓励和期待的信息，因此小懿发挥得特别好，如愿以偿地当选为武术操小教练。

  自从当上小教练，小懿每天一早入园，主动带领大家做武术操，小朋友们都很崇拜他。有的小朋友还私下向小懿请教，小懿每次都表现得很有耐心。静静老师表扬小懿不但武术操做得好，而且对小朋友特别友爱。小懿表现得更好了，还主动请缨教隔壁班的小朋友做武术操。一时间，他成了受追捧的小明星，北北说小懿长大后肯定会有好多人喜欢他，一定会出名；佳佳夸赞他练武术特别神气、特别帅。渐渐地，小朋友们跟小懿的交流越来顺畅了，经常看到他和小伙伴们一起开心地游戏，说说笑笑、打打闹闹。

  静静老师和小朋友们不断给予小懿赞赏和鼓励，不断给予小懿"武术练得很棒"的强烈暗示，唤醒了小懿自我成长的内驱力，激发出小懿的发展潜能，他很快得到了同伴的认可和接纳，逐渐融入集体生活。

幼儿园教师在家园共育中巧用皮格马利翁效应，能有效调动家长资源，形成家园合力。

通过与小懿母亲交流得知，她怀孕的时候已属高龄，起初的产检结果都正常，可是随着小懿在妈妈腹中越长越大，大夫发现他的面部畸形。但是父母舍不得放弃他，还是决定生下自己的宝贝。孩子的眼睛、鼻子都需要手术，坚强的小懿接受过多次手术，现在已经改善了很多，但还是与正常的五官有差异。小小的年纪就经历了那么多痛苦，静静老师仿佛感同身受，由衷地对他妈妈说："您和小懿爸爸真的太伟大了，小懿在你们的养育下，已经成为一个正直、友爱、意志坚强的男子汉了，相信我们一起努力，会让小懿变得更加乐观自信。"

静静老师还发现小懿的父母接受的是传统教育，他们担心夸奖孩子会让他变得骄傲自大，因此很少夸奖小懿。对此，静静老师给了一个建议：在尽可能的情况下多赞扬自己的孩子。当然，赞扬需要技巧，比如肯定孩子努力的行为和努力做的具体事情，以及鼓励孩子的优势等，这样有利于提升孩子的自尊和自信。

静静老师表达对小懿父母的敬意，肯定他们对孩子的付出，鼓励他们与自己一起支持小懿成长，塑造他健全的人格，还为小懿父母献计献策，指导家长在家庭教育中运用皮格马利翁效应的原理。

决定孩子一生的不是学习成绩，而是健全的人格修养。当今，最该改变的首先是父母的教育观念。父母应该帮孩子建造一个良好的人生平台，让孩子有很好的人格修养，懂得做人，懂得成功的真正含义。

事实证明，从小经常受到赞美和鼓励的孩子长大以后要比从小被打击的孩子有更高的自尊水平，更顽强。我国的传统教育以谦逊为主，即使孩子获得了很大的成就，教师或家长通常只会淡淡地回应几句，更多的是告诉孩子不能骄傲，继续努力。长此以往，导致孩子付出了许多努力而取得的成绩，却总被家长"泼冷水"，把成绩归因于运气好。孩子的发展热情慢慢地就熄灭了。因此，一定要适时地给予孩子鼓励和期望，让他保持进步的动机，朝着目标不断进步。

实践指南

一、善于发现

教师在日常保育活动中要营造信任、平等、温暖的氛围，让幼儿处于积极正向的环境中。更重要的是，教师要注意观察幼儿的表现，发现每个幼儿的优势。每名儿童都是独特的个体，他们的生长发展轨迹也不同，因此教师只有挖掘出幼儿的优点，才能有的放矢地给予赞美。

二、真诚赞扬

儿童是天生的社交家，他们能敏锐地感觉出周围人的情绪和态度。他们能区分出教师和家长给予自己的赞扬和期望是真诚的，还是敷衍的。一旦他们感觉到教师或家长的赞扬有虚情假意的成分，可能会导致幼儿对成人的信任感降低。为此，对幼儿的赞扬必须是基于具体的事实，避免空泛，让幼儿知道自己的哪些行为是受欢迎的，值得赞赏的。

三、适度期望

基于"最近发展区"理论，教师或家长在赞扬之后，要给予幼儿既合理又具有挑战性的期望。静静老师给予了小懿超出了他的现有水平，但通过努力即可达成的期望，而不是难以企及的夸张目标，或超出幼儿理解范围的远期目标。在这种合理的期望引导下，幼儿才有信心、有动力自觉发挥出最大的潜能。

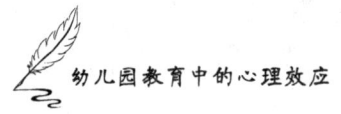
幼儿园教育中的心理效应

如此辛苦为谁玩——德西效应

查理退休后,看中了一栋郊区的小木屋,门前有一片宽阔的草坪,环境安静祥和。查理对退休生活充满期待。哪知道,入住的第一天,就被一群孩子吵醒了。孩子们在门前兴高采烈地玩闹着,查理被吵得头疼不已。于是,他把孩子们叫到跟前,说:"你们让这里变得很热闹,我都跟着年轻不少,这点钱给你们作为酬劳吧。"说着,他给每个孩子25美分表示感谢。孩子们很开心,又能玩,还可以赚钱。第二天,孩子们又跑来嬉闹,查理出来了,这回给每个孩子15美分,并且以诚恳的态度解释道:"我没有什么收入,只能给这么多了。"孩子们勉强接受了。第三天,老人出来给每个孩子5美分。孩子们非常生气,嚷嚷道:"才给这么一点儿啊,知不知道我们多辛苦!""谁玩给您看啊!""对,才不为他玩呢!"孩子们说着就一哄而散了,再也没有出现过。于是查理如愿以偿地迎来了他期待的宁静祥和的退休生活。

这个小故事诠释了德西效应的由来。德西效应指适度的奖励有利于巩固个体的内在动机,但过多的奖励却有可能降低个体对事情本身的兴趣,降低其内在动机。原本孩子们在玩中体验到快乐,由于查理的外部奖励,造成了孩子们为得到奖励而完成"玩的任务"的结果;内部动机转为外部动力,当外部奖励逐渐递减时,孩子们完成任务的动力也一点点消退了。

德西效应源于心理学家爱德华·德西在1971年进行的一次实验,他随机抽调一些学生去单独解智力难题。在实验的第一阶段,抽调的全部学生在解题时都没有奖励。在第二阶段,他将学生分为两组:实验组和控制组。实验组的学生每完成一道难题后,就得到1美元的奖励;而控制组的学生仍像原来那样解题,没有奖励。第三阶段,所有学生自由活动,想做什么就做什么。结果,研究人员发现:无奖励组的学生比奖励组的学生花更多的休息时间去解题。这说明：奖励组对解题的兴趣随着奖励的消失而衰减，而无奖励组在进入第三阶段后，仍对解题保持了较大的兴趣。实验证明：当一个人进行一项愉快的活动时，给他提供奖励，反而会减少这项活动对他内在的吸引力。这就是心理学上的"德西效应"。

"德西效应"给教师的启迪是，当幼儿尚未形成自发、内在学习动机时，教师从外界给予奖励，可能是必要和有效的。但是，如果幼儿已经形成内在的学习兴趣和动机，此时再给予奖励可能会适得其反。因此，教师要特别注意正确使用奖励的方法，不能多用、滥用，以避免"德西效应"。

这个学期，静静老师遇到了石头小朋友，他是一个脾气有点儿急躁的小男孩儿，任何事情都要争第一。在家中，爸爸总会以买玩具作为奖励方式，鼓励他做事情，这使他有了一种做事情就要获得物质奖励的意识。升入中班之后，爸爸觉得他已经养成做事情的习惯了，奖励不像以前那么频繁了，这使得他非常失落。

益智区游戏中，静静老师创设了"勇夺金星"的闯关游戏，将不同难易程度的拼图设置成不同的关卡，让孩子们尝试从简单到复杂的顺序进行拼图游戏，也在游戏中鼓励孩子学会拼图的小方法，目的是支持每个孩子都能获得成功体验。石头小朋友今天来挑战了，他兴致勃勃地挑战了最简单的拼图游戏，闯关完成后开心极了，决定继续挑战。静静老师看着石头玩挑战游戏，发现了他能够先从边边再到内里拼图的好方法。于是在活动结束的时候静静老师请石头小朋友到全班小朋友面前分享他的好方法。石头自豪地讲述着自己是如何先找到边上的拼图块，然后再找相近颜色拼图的方法，孩子们的眼睛都注视着他，并且为他鼓掌，他感觉开心极了。

静静老师按照由简到繁的规律进行活动安排，并在游戏中鼓励孩子学会拼图的小方法，让每个孩子都能获得成功体验，幼儿的内在动机被成功激发了。于是，孩子们出现了主动挑战、兴致勃勃、开心极了的现象。静静老师发现石头从边边再到内里拼图的好方法，给石头展示的机会，让他体验了成就感。

第二天石头小朋友继续来挑战金星，这一次他闯关到了更难的一个关卡，拼图块数的增加让他变得焦躁起来，他挠头跺脚甚至着急地哭起来。静静老师耐心地安慰并鼓励他："并不是每一个关卡都会一次成功，复杂的拼图可能需要更长的时间；可以试试邀请好朋友一起合作，说不定会有不错的效果呢。"石头擦干眼泪，局促地去邀请旁边的轩轩小朋友一起拼图，轩轩痛快地答应了，最后两个伙伴一起完成了更高难度的拼图。静静老师把两个人的照片一起贴到了"金星"榜上。

静静老师让石头明白，不是做所有的事情都一定会成功，每个人都会遇到困难，不仅需要付出更多的努力，还要学会寻求帮助。这样既保护了石头的探究热情，又给出了可行的建议。

在随后几天的游戏中，石头似乎爱上了拼图游戏，在不断尝试与挑战中，在分享与鼓励中他感受到了前所未有的自信感，最终完成了"金星"榜的挑战，成功登顶。

在这样的游戏中，静静老师不是一味地夸赞和奖励石头小朋友，而是让他学会方法，得到认可并获得自信，从而激发了石头持续挑战的愿望，直至完成了目标。

我们看到，在引导石头小朋友从事拼图游戏时，静静老师没有用物质奖励的方法，而是用一些巧妙而有效的教育方法，激发石头对拼图游戏的内在兴趣和动机。首先，拼图的设计由简单到复杂，循序渐进，使石头很快找到拼图游戏的方法和技巧，掌握了拼图的技能，体会到成功带来的快乐和自信。其次，让石头在小朋友面前分享他玩拼图游戏的方法，极大地提高了他的成功感和荣誉感，增强了他的快乐体验，激发了他对拼图更大的热情。最后，当拼图游戏中遇到更大的困难时，老师帮助他找到了伙伴和助手，两个小伙伴在合作中完成了拼图游戏，使石头既完成了更难的拼图，也结交了朋友，同时认识到合作的意义和价值。

总之，静静老师用活动自身的趣味性、挑战性、意义和价值来激发小朋友对拼图游戏的兴趣和内在动机。事实证明，活动自身的吸引力、意义和价值更能激发幼儿对活动本身的持续兴趣，且这种激发也更强烈、更有效、更持久。

在家长工作中，静静老师也会将孩子成长的变化与家长分享，将自己用的好方法与家长分享。例如，将石头成长变化的过程写成故事和案例发给石头爸爸，让他明白并不是一味地买玩具才能帮助孩子养成某种行为习惯，而应激发他的内在兴趣，使他获得成就感。慢慢地，石头变得自信且勇敢，再也不是那个到了超市只会嚷嚷买玩具的小男孩了。

实践指南

一、精心设计活动，提升活动的内在吸引力

无论是幼儿园的活动，还是家庭活动，要提高幼儿活动的主动性、积极性和创造性，就必须从幼儿的身心发展和社会生活的实际出发，精心设计活动，使活动能满足幼儿身心发展需要，契合幼儿的兴趣、愿望和个性，具有生活性、趣味性、游戏性、挑战性，对幼儿有内在的吸引力，让幼儿在活动中体会到发自内心的成功、快乐和自信，而不是一味地依靠物质奖励及外在刺激。

二、培养兴趣，激发内在动机

兴趣是最好的老师，内在动机才是最持久、最稳固的动力，因此教师在教育教学活动中，应注重内在兴趣和动机的激发，着力支持幼儿在活动中感受到乐趣，获得积极的美好的体验，而不是过多关注外在的奖励、表扬和鼓励。同时，教师应关注到幼儿个性化需求，结合每个孩子的特质选择适宜的方式去激发和保护孩子的内在动机。

三、适宜鼓励，慎用奖励

鼓励和奖励作为一种外在刺激，对提高幼儿活动的主动性、积极性和创造性都有一定的作用，但不是一直有效。适宜的鼓励能够让幼儿获得内心的认可，但过度的鼓励会让孩子更加自我。同时，鼓励的方式应是多元化的，在幼儿教育中应更多地以激发幼儿兴趣和内在动力的鼓励或奖励方式进行，让幼儿有获得感、自信感。教师应让孩子逐渐懂得成长每天都在发生，并且让孩子因为自己内在的成长感受到真正的快乐与成功，更加重视内心的体验。

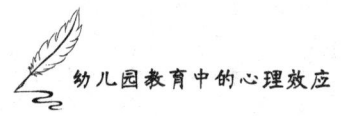

捧杀？棒杀？——奖惩效应

可可上小学一年级了。期中考试之前，妈妈许诺："如果考班级前三名，就给你买一直惦记的名牌运动鞋。"可可一听，来了劲头，很认真地复习，最终考了全班第二名，妈妈兑现了承诺。期末考试快到了，可可问妈妈："如果我考第一名，您给我买什么呢？""那你想要什么呢？"妈妈问。"想要一部新手机，"可可理直气壮地答道。几年下来，可可每次考试成绩好，妈妈都给他物质奖励，奖励的物品越来越昂贵，到后来，可可已经想不出来跟妈妈要哪样物品了，就干脆说："直接给钱吧。"就这样，只要可可考试成绩好，妈妈就给他一笔钱。可可初一进入了新学校，妈妈在学校附近换了一处大房子。初一期末考试，可可成绩很好，正当他满心欢喜期盼奖励之时，妈妈说："家里贷款买房，每月要还贷，等还清贷款一起兑现吧。"可可一听跳起脚来："不行！我考得那么好，凭什么没有奖励？没奖励还学个什么劲儿！"

见了可可的态度，妈妈又伤心又疑惑。伤心的是，可可太不懂事了，自己一向有求必应、全身心地疼爱他，就落了这么个结果；疑惑的是，学习是给父母学的吗？一气之下，妈妈决定要惩罚可可，让他反省自己的错误。于是，从第二天开始，妈妈不再跟可可说话，一连十多天母子俩没有任何交流。可可也觉得很委屈，"妈妈说话不算数，还发脾气"。随着僵持，可可的成绩开始一路滑坡。

这个案例反映了奖惩效应原理。奖励和惩罚只有得当，才能取得积极效果，若不当，则会适得其反，还会出现继发性问题。可可妈妈长期频繁运用物质奖励，使可可逐渐认为，学习是为妈妈而学，学习的动力源自不断升级的物质奖励，自身学习与成长的内驱力被遏制了。发现可可的问题之后，妈妈又运用不当的惩罚策略，即拒绝交流，希望以此引发可可反省自身问题，但适得其反，最终导致母子情感对立，可可成绩急剧下降。

奖励和惩罚是对儿童行为的外部强化与弱化的手段，它通过影响儿童的自身评价，对儿童的心理产生重大影响，由奖惩所带来的行为的强化与弱化被称为奖惩效应。奖励的原则应是精神奖励重于物质奖励，且要适度，否则易造成"为钱而学""为父母而学"的心态，如上例中的可可。而必要的惩罚是控制儿童不良行为的重要手段之一，惩罚要明确有针对性，使儿童明白为什么受罚，如何改过。如案例中的妈妈以"怄气"作为惩罚手段，实质上仅仅只是简单的情绪发泄，因而并未取得预期的结果。

幼儿园教师掌握奖惩效应原理，能在保教实践中取得事半功倍的效果。如果教师希望幼儿的行为向好的方向发展，那么就要给予相应的奖励；如果教师希望幼儿改变不良行为和习惯，那么就要进行惩罚。

子祎小朋友是静静老师做教师以来遇到的分离焦虑最严重的小朋友。9月开学以来，她每天早晨都由妈妈抱着送到班里，然后来一场生离死别般的"大戏"：子祎抱着她的安抚玩具——一只淡紫色的毛绒兔子，一边哭得像个泪人似的，一边嘴里还不停地喊叫："老师别抢我呀，妈妈不要走啊，我要妈妈。"

静静老师先安慰哭闹的子祎，然后陪着她去洗手、叠衣服，做餐前准备。吃饭的时候允许她的兔子陪着她一起"吃"，然后陪她一起玩玩具，分散转移注意力，帮助子祎开心地度过在幼儿园的一天。晚离园前，静静老师请子祎到她身边，当着全班小朋友的面，表扬子祎今天在幼儿园玩游戏投入又开心，帮助老师做用餐小助手，小筷子发得又及时又准确。看着子祎骄傲的表情，静静老师轻轻地抚着她的发辫说："静静老师相信子祎其他事情也能做得更好，咱们是中班的小姐姐了，不能再像小班的弟弟妹妹那样哭鼻子，喊妈妈。"看到子祎认真地点头，静静老师接着说："咱们拉钩钩，子祎明天高高兴兴地来幼儿园好吗？"

静静老师希望帮助子祎改变入园焦虑状态，早日融入幼儿园生活，她对子祎的点点滴滴进步都给出明确的肯定和表扬，这有助于激发子祎积极的行为。接着，静静老师又趁热打铁提出具体期望："不能再像小班的弟弟妹妹那样哭鼻子，喊妈妈，明天高高兴兴地来幼儿园。"这让子祎明白了教师的要求，知道了努力的方向。

第二天早入园，子祎果然做到了，愉快地问老师早安，但跟妈妈说再见时还是勉勉强强的模样。静静老师及时表扬了子祎，奖励她作为领队组织"饭后散步"。接下来的一周，静静老师又跟子祎约定，如果能做到爽快地跟妈妈道再见，则奖励她当小小检察员，监督全班小朋友洗手、漱口。果然，自此以后，子祎小朋友真的每天早早来园，吃过饭就主动挂上检查员的名牌开心地去"工作"了。

静静老师根据子祎的变化，抓住时机，及时提高要求，同时不断提高奖励，以适度期望（爽快地跟妈妈道再见）和明确奖励（用餐小助手、领队、小小检察员）引导、激发子祎的积极行为不断再现。

轩轩和博博是一对双胞胎，也是班里出名的淘气宝宝，尤其两人在一起的叠加效应，令静静老师感觉嘴皮都磨薄了，也未见效果。一次绘画活动中，轩轩和博博用小蜡笔在桌子上乱涂乱画，身上、手上、脸上弄得到处都是颜料，两个小家伙玩得不亦乐乎，面对静静老师的批评，还露出得意的表情。静静老师把小哥俩的画纸、画笔没收了，说："画纸和画笔没有做出贡献，它们很不高兴，它们需要冷静地好好想想要不要再为你们服务了，怎么办呢？你们也想一想。"接下来，在余下的活动中，静静老师并没有重新发给他们蜡笔盒和画纸。

为防止捣乱行为蔓延，影响其他小朋友，静静老师及时把画笔、画纸收起来，阻断幼儿淘气的介质，促使幼儿冷静下来反省、检讨自己的错误。暂时隔离孩子犯错的条件，不仅中断了孩子的不良行为，更为进一步实施教育做好铺垫。

活动结束后，静静老师把轩轩和博博单独叫到一旁，问他们是否想出了好主意。见两个小家伙沉默着，静静老师苦口婆心道："小桌子用途很多，除了画画、玩玩具，我们每天在上面吃饭，在上面乱涂乱画很不卫生，在自己的手上身上乱画就更不卫生了。"两个宝宝惭愧地低下头，见状,静静老师又说:"你们打打闹闹会影响其他小朋友,可能还给别人做了不好的榜样。"此后,轩轩和博博不仅在绘画活动中,在其他教育活动中也很少出现类似的破坏行为。

蒙台梭利说,当一个孩子坚持干扰其他儿童,或破坏其他儿童娱乐,成效显著的惩罚是"驱逐"。这个"驱逐"是指暂时不让他继续参与活动,让他独自待着,静静老师采用了"驱逐法"作为惩罚措施,待幼儿完全冷静下来之后,再慢慢讲道理,指出孩子错误之处和产生的坏影响,让幼儿加深对自己错误的认识。

最近班级里正在开展"光盘行动",为了使班里的小朋友都能做到光盘,静静老师为每位小朋友准备了一张记录表——《今天你光盘了吗?》,清楚地显示每位小朋友在周一到周五每天早中晚三餐的图标,要求孩子们饭后用自己喜欢的方式做记录,画"√"、贴小花等。每到周五下午,静静老师给每天三顿饭都吃得干干净净的宝宝一枚贴画勋章。如果没有做到,出现浪费了,所得勋章也会被酌情减去,这样总计得到3枚贴画勋章即可兑换奖品。静静老师把奖品——"光盘奖杯"放在班里显著的位置,让孩子们每天都看得到,这样幼儿看着会有动力,激励自己争取奖杯。果然,三个星期下来,孩子们都满心欢喜地捧到了光盘奖杯。她相信,这样坚持下去,孩子们一定会养成节约的习惯。不过,下次要换另一种奖励了。

奖励和惩罚是幼儿园教师必须掌握的两项教育策略。奖励能帮助幼儿更深刻地理解"哪些行为是他人接受的、受欢迎的",处罚则是让幼儿明白"哪些行为是不被容忍、被拒绝的"。对幼儿实施奖惩,切忌运用言语的单一方式,务必依据幼儿的心理特点采用多元方式,以获得积极效果。

一、运用物质与非物质结合的奖励方式

在幼儿园中,小红花、小粘贴、小奖章等是常用的物质奖励,教师可以将其与非物质奖励结合运用,一句赞美的话语、一个鼓励的眼神、一个轻柔的肢体动作，如摸摸幼儿的头、拍拍幼儿的肩、给个温柔拥抱等，都可以让孩子感到很开心。如果单纯地使用物质奖励，会让孩子觉得所有的行为都能用来换取某样物品，奖励就失去了意义。

二、对幼儿的努力而不是本应该做的事给予奖励

教师应奖励幼儿的努力，包括幼儿为改正不当行为所做出的努力。无论是否达成目标，只要幼儿切实尝试了、付出了，就值得肯定和鼓励。对于幼儿本应该做到的，教师不应奖励；假如盲目地奖励，会导致幼儿消弭了原本的兴趣，感受不到事情本身的价值，更不可能完成良好行为的内化。

三、惩罚注意针对具体行为，就事论事，切忌给孩子贴标签

孩子在犯错时如果不及时制止，不良行为就可能继续蔓延。对幼儿的危险行为越早惩罚越好，对他们的淘气、调皮、不良行为要及时制止并做出惩罚；惩罚针对具体行为做出，不涉及道德品质评判，更不能给孩子贴标签，如坏孩子等；惩罚必须适度，以幼儿能够承受为标准，不能过于严厉，不能造成幼儿的恐惧情绪。惩罚同样不能只用简单粗暴的言语方式，需要多种策略综合运用。

四、奖励和惩罚运用适度

心理研究发现，当奖惩的比例为5∶1时效果最好。教师在日常带班过程中，要多奖励少惩罚，孩子们往往都是越表扬做得就越好。子祎小朋友就是在静静老师的表扬和奖励下慢慢地克服了分离焦虑。奖励虽好，也必须注意分寸，不能过于频繁，需要适度；惩罚更需掌握分寸，幼儿受到的惩罚越多，会导致其自我效能感越低，逐渐产生对惩罚的心理适应，出现"破罐子破摔"的现象。因此，既要避免"捧杀"，又要谨防"棒杀"。

蚁穴溃大堤——破窗效应

两辆一模一样的汽车,一辆停在加利福尼亚州帕洛阿尔托的中产阶级社区,而另一辆停在相对杂乱的纽约布朗克斯区。停在布朗克斯的这辆,事先被摘掉车牌,顶棚被打开,结果这辆车当天就被偷走了。而放在帕洛阿尔托的那一辆,一个星期安然无恙。后来,有人用锤子把这辆车的玻璃敲了个大洞,结果仅仅过了几个小时,车就不见了。

这是美国斯坦福大学心理学家菲利普·津巴多1969年进行的一项实验。以这个实验为基础,政治学家威尔逊和犯罪学家凯琳提出了"破窗效应"理论。即如果对第一个打破窗户的行为不闻不问、熟视无睹,就会出现更多的人"去打烂更多的窗户"。破窗具有暗示性和诱导性,传递的是负面影响,会引发一系列连锁反应。对于环境中的不良现象、不太严重的问题,我们如果放任其存在,会诱使人们仿效,"不良"将由小变大、由少变多、由量变到质变,直至不可收拾,造成"千里之堤,溃于蚁穴"的恶果。

一栋长久无人居住的房子,人们从旁边走过,只是远远望一望而已。忽然有一天,一群孩子在门前踢球,一不小心,球砸在窗户上,"哗啦"一声窗户玻璃破了。没过几天,又一块玻璃破了。接着,路过的人们慢慢发现,越来越多的窗户玻璃破了,墙上出现了胡乱的涂鸦。又过了一段时间,人们发现,门被撬开了,流浪汉住了进去……

这个故事揭示了破窗效应。生活中,这样的现象比比皆是,一座整洁的小区,某一天墙壁上出现了一则小广告,接着各种"牛皮癣"纷至沓来;商场内,顾客排队等候结账,一人插队,马上就出现第二人、第三人插队;动物园里,一个小朋友无视警告牌,偷偷投喂梅花鹿,更多的小朋友就会争先恐后地抢着喂东西,结果第二天梅花鹿就得病死了。

第一双打破"窗户"的手没有受到惩罚，不知不觉中将出现第二双手、第三双手……在这种公众麻木不仁的氛围中，犯罪就滋生了。因此，必须高度警觉那些看起来是偶然的、个别的、轻微的"过错"，如果对这种行为不闻不问或不及时遏制，就会纵容更多的人"去打烂更多的窗户"，以致到了失控的地步。

破窗效应启示教师，必须第一时间制止和纠正幼儿的不良行为，防止不良行为蔓延或升级。

9月，小班幼儿度过了一个多月的焦虑期，慢慢适应了幼儿园的集体生活。静静老师开始培养幼儿的自理能力，鉴于穿脱衣服对小班孩子是个难点，静静老师利用儿歌引导幼儿学习正确穿脱衣服的方法，很快，大多数孩子都掌握了这项技能，能够独自穿脱衣服了。

随着天气越来越冷，幼儿着装越来越厚，穿脱衣服的难度比之前增加了。在户外活动时，静静老师担心幼儿冻病，就帮自理能力稍弱的可可穿上外套。这时，好几个原本能够独自穿衣服的幼儿，也拿着衣服等着老师帮忙，争先恐后地嚷嚷："老师，我也不会穿衣服！""我也不会穿。""老师帮我穿。"……

可见，幼儿行为具有极大的模仿性和感染性，一个孩子的行为往往会引起很多孩子的效仿。静静老师帮可可穿外套，引发了破窗效应。

见此情景，静静老师停止了对可可的帮助动作，只是在旁边指导着可可自己穿。其他小朋友也停止了要求，纷纷开始自己穿衣服了。

静静老师及时停止帮可可穿衣服的行为，及时制止其他幼儿的盲目模仿，避免了幼儿群体性消极效仿行为的发生。

午饭时分，只要班里有一个孩子说"老师我吃不下了"，而此时若教师说："那就不吃了，放下吧。"紧接着，就会有越来越多的幼儿跟着说"老师，我也吃不下了"，然后理直气壮地放下碗勺。为了避免这样的情况发生，首先，静静老师了解了每个幼儿在家中的用餐情况，包括食量和偏好等；其次，午饭按两次分发，单次配量略减。此后，"我吃不下了"很少发生了。

为避免幼儿由于盲目效仿导致吃不饱或造成食物浪费，静静老师在调查、分析的基础上，采取有针对性的措施，取得了较好的效果。

在家园沟通中，教师同样要切忌破窗效应的发生。

新冠肺炎疫情之下，为防止感染发生，幼儿园安排家长按分区画线要求，排队接孩子。但下午离园的时候，家长都想尽快地接到自己的孩子，有的家长就会偷偷地插队。一开始，静静老师照顾家长面子，不好意思直接制止，但发现如果第一个插队的不被制止，就会有家长接二连三地插队，结果幼儿园门口乱得一团糟。如此既有疫情传染风险，又不利于幼儿人身安全。于是，静静老师再次发现有人插队时，把一张写有"请您排队等候"的卡片折叠好，偷偷塞给这位"特殊"的家长。

静静老师发现了家长插队的现象，为避免影响进一步扩大，及时采取有效制止措施，既保全了家长的面子，又维护了离园秩序。

家园联系微信群是家师交流信息的重要平台。建群之初，静静老师发布群公告：本群仅用于家、园交流有关幼儿成长信息和话题，请各位家长维护本群规定。半个学期过去了，家长们都自觉遵守这个规定。这天，某位家长发布一条儿童物品的购物链接，静静老师当时在班中，没及时发现，中午孩子午休后，静静老师一看微信群，吓了一大跳，一个多小时竟然有五位家长发购物链接，且热火朝天地讨论"物美价廉"的食品、衣物、化妆品等，不亦乐乎。静静老师赶快再次发布一遍群公告，并特别强调："为了更好地支持咱们班所有宝贝成长，拜托各位家长守卫咱们自己的阵地！我代表咱们班每位宝贝谢谢叔叔阿姨们。"发链接的家长纷纷私信给静静教师道歉，并保证以后再也不会做类似的事情了。

静静老师因工作原因，未能及时发现制止"破窗"，产生了一定的消极效应。幸而，静静老师发现后立即采取措施，以情真意切的言语遏止了不良现象的进一步扩大。

按园所规定，为安全考虑，不允许幼儿带玩具、食物入园，特别是贵重物品更不可带入幼儿园。但个别家长找各种各样的理由尝试"破窗"，"孩子今天过生日，就想让孩子戴这个金手镯""不带着这个小熊，妞妞中午睡不着觉""这双系带鞋子是舅舅给买的，小弗特别喜欢，不让穿就哭"……

一旦教师碍于面子，不及时制止，破窗效应就产生了，就会出现第二个、第三个"破窗"，导致教师无暇应对，造成保教资源的耗费；更可能出现家长认为教师厚此薄彼、不公平的现象，小问题可能会演变成大问题。

总之，大问题是由小问题引发的，不良习惯是由一次又一次不当行为积累而成的，群体性错误是由第一个、第二个个体的错误行为蔓延而成的。教师要从第一次"破窗"发生时，就把问题扼杀在摇篮里，将错误拦截于冒头之时，将危机消灭于隐患期。

一、细心观察，及时发现保教实践中的问题

要防止破窗效应的发生，教师须有敏锐的观察力，能及时发现幼儿出现的问题和消极现象。保教工作内容繁复、细碎，教师只有掌握观察技术，细心观察才能及时发现问题。如幼儿不肯把饭吃完、追打小朋友、家长插队等看似都是小问题，若不及时制止、阻断，可能发展为幼儿不良习惯或家园共育不畅等问题，因而都需要教师及时发现，这是防止破窗效应的前提。

二、勤于反思，实施个性化干预策略

当不良行为或现象第一次出现时，教师应发挥保教智慧给予有效纠正干预：发现幼儿吃不下饭，不是简单说教，而是采取分次配餐的方式解决问题；发现幼儿在教育活动中故意捣乱，运用隔离法让幼儿冷静；发现家长插队，递送温馨提示卡；发现家园联系群有不和谐的信息，教师亦柔亦刚、有礼有节地制止事态蔓延。

三、发展幼儿是非辨别能力，避免盲目模仿

幼儿盲目模仿不良行为，主要原因在于幼儿尚未有是非辨别能力，无法判别行为对错。教师须结合生活具体事件、场景，引导幼儿学会分析和判断对错。可考虑运用故事、游戏、榜样示范等方法，丰富幼儿的知识经验，提高幼儿辨别是非和善恶的能力。这样，当某些不良行为出现时，幼儿不会不加分析、不加辨别地模仿，更不会尝试、放纵自己的不良行为。

发出一个声音——手表定律

森林里生活着一群猴子，每天太阳升起的时候，它们外出觅食，太阳落下之时回去休息，日子过得平淡而幸福。偶然有一天，一名游客把手表落在了树下，被猴子"猛可"拾到了。聪明的猛可很快就弄明白了"神秘之物"的用途，于是猛可成了整个猴群的明星，猴子想知道时间，都得向猛可请教，整个猴群的作息时间也由猛可来规划。猛可渐渐建立起威望，当上了猴王。

做了猴王的猛可认为是手表给自己带来了好运，于是它每天在森林里巡查，希望能够拾到更多的手表。功夫不负有心"猴"，猛可又拾到了第二块、第三块表。但猛可却有了新的麻烦：每只表的时间不尽相同，哪一个才是确切的时间呢？猛可不知所措了。当有下属来问时间时，猛可支支吾吾回答不上来，整个猴群的作息时间也因此变得混乱。一段时间之后，猴子们不满意了，于是愤然起来造反，把猛可推下了猴王宝座。但很快，新任猴王同样面临着猛可的困惑。

手表定律即出自《猴子与表》的寓言。猛可有一块手表时，准确知道时间，并借此获得拥戴；但当它拥有两块、三块手表时，反而陷入混乱。手表定律是指当一个人只有一块表时，能清楚地知道时间，但当他同时拥有两只手表时，却无法准确确定时间。可见，两只表并不能告知更准确的时间，反而会使人无所适从。该定律在实践运用中，逐渐获得延展，引申为针对同一个人或同一个组织，不能同时设置两个不同的标准或制度，不能同时采用两种不同的方法处理同一类问题，甚至每一个人不能由两个人来同时指挥，那会造成人们无所适从，不但管理混乱，问题也得不到解决，更会造成智力资源和物质资源的浪费。拿破仑曾深有感触地感叹："宁愿要一个平庸的将军带领一支军队,也不要两个天才同时领导一支军队。"这就是手表定律的体现。

森林中,小象哭丧着脸向虎大王告状:"尊敬的大王,老狐狸给我取了绰号,他叫我'长鼻子'!"

"长鼻子有什么不好!"虎大王笑了,"这个绰号很形象嘛!"

小象见虎大王没有惩罚老狐狸的意思,只得悻悻地回家了。

小象刚走,小刺猬进来了。

"大王,老狐狸叫我'小刺球',您可要为我做主啊!"

"这老狐狸还挺聪明的嘛,"虎大王说,"寡人也觉得你越看越像个小刺球。"

小刺猬灰溜溜地走了,小猴子哭着进来:"大王啊,老狐狸叫我'红屁股',您可要为我做主啊!"

虎大王笑道:"你们猴子的屁股本来就是这样的嘛。"小猴子委屈地离开了。

一会儿,小兔子哭哭啼啼来告状:"大王啊,我不想活了,老狐狸给我取了许多绰号——'长耳朵''短尾巴''三瓣嘴''红眼睛'……"

虎大王笑着说:"这些绰号都很贴切、形象、生动……"

"大王,他还给您也取了绰号呢!"小兔子打断了虎大王的话,"他……他叫您'麻脸大王'!"

"什么?!"虎大王暴跳如雷,立即派卫士将老狐狸捉拿归案,不等老狐狸辩解,便张开血盆大口将他咬死了。

这个故事也体现了手表定律的原理。虎大王放任老狐狸给小象、小刺猬、小猴子和小兔子取外号,自己也跟着嘲笑它们,可当他听说自己也被叫"麻脸大王"时,恼羞成怒,狠狠地惩罚了老狐狸。在这个问题处理上,虎大王采用双重标准,结果,不仅使小象、小刺猬等受到委屈和伤害,而且如若长此下去,虎大王的公正也会受到质疑,权威会受到影响。

手表定律提示教师,在保教实践中一定要避免手表定律的消极影响。

随着舒缓的轻音乐响起,孩子们又开始了美妙的午餐时刻。过了一会儿，轩轩小朋友举起了小拳头。于是静静老师毫不犹豫地接过轩轩的碗，盛了一勺米饭。静静老师刚把碗轻轻地放在他面前，轩轩突然大哭起来。静静老师赶紧上前询问原因，保育员解释道："静静老师，轩轩是想吃菜，您给盛的是饭。"静静老师困惑了："咱们跟孩子们约定的一直是小拳头是饭，小手掌是菜，小钩子是汤啊。"保育员又说："可咱们班的小花老师跟您说的可不一样，小拳头是菜，小手掌是饭。"静静老师恍然大悟，原来是因为班里的两位老师对手势的要求不统一，才出现这样的误会。静静老师先跟轩轩道歉，之后，利用午休时间召开了班务会，对进餐中的手势语的含义再次明确和统一；对其他相关要求再次进行梳理，保证一致性。孩子们再也不会混淆啦！

由于手势约定不统一，造成"菜变饭"事件，幸好静静老师及时查出问题的原因，并积极改正错误。更可贵的是，静静老师主动反思并与团队检视保教行为中的类似情况，及时采取应对措施，有效避免类似情况再次发生。这再次提示教师，应自觉与本班同组教师商讨班级事务，形成统一意见规范，使之成为明确的可操作层面的班级制度。

户外活动时间到啦！孩子们在操场上兴奋地跑来跑去。这时，然然小朋友对静静老师说："老师，咱们一起玩打地鼠的游戏吧！"于是，静静老师对几位小朋友说："请大家去玩具区拿点玩具来吧！"很快，静静老师就和孩子们玩起了打地鼠的游戏。刚开始，孩子们玩得非常愉快，可不知怎么，然然小朋友不开心了，小嘴巴嘬得高高的，一副"谁也别惹我"的样子站在旁边。小朋友们都围着他问："然然怎么不玩了？"然然大声地喊道："我不跟你们玩了，你们都不遵守规则。"康康有些不服气地说："我们怎么不遵守规则了？你说啊。"只听见然然说："打地鼠游戏只要我的锤子碰到你，你就输了，就要下场。"康康小朋友说："刚才悠悠他们可不是这么说的，他们说每人玩五回才换人。"这可怎么办呢？小朋友来求助静静老师了。静静老师微笑着说："我也不知道怎么办啊，大家一起想想办法吧，集体力量更大噢。"于是，小朋友们围成一圈，商量起来。很快，新规则重新制定了，孩子们和静静老师又有说有笑地玩在一起了。

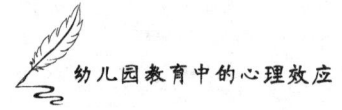

即便是一个简单的集体游戏，如果没有统一的游戏规则，孩子之间也难以避免发生矛盾，产生质疑，不但游戏无法继续，还可能出现更大的冲突。只有制定统一的规则，并且共同遵守，才能愉快地游戏。此外，还应表扬静静老师，她没有包办代替，而是鼓励孩子们遇到问题自己想办法解决。幼儿们对于共同商定的规则，一定会自觉自愿地遵守，游戏也能顺利进行下去。

户外游戏结束后，静静老师带幼儿回到教室，让孩子们先把手洗干净。静静老师排在最后一个，洗完手等待取纸擦手之时，听见闹闹小声嘀咕了一句："不可以到处甩水。"静静老师突然意识到，刚刚自己无意识甩了一下手。为防幼儿滑倒，班规明确规定："洗手之后取纸擦拭，不可甩水。"想到这里，静静老师马上对幼儿说："今天老师犯了错，幸好有闹闹提醒我，我要谢谢闹闹。老师保证改正，请小朋友们继续监督我。"

静静老师一次偶然的"错误"，被小朋友雪亮的眼睛发现了。教师应与幼儿共同遵守班规，时刻注意积极示范，这样才能强化幼儿的正向行为。

幼儿园教育阶段有别于其他教育阶段，在幼儿园中，每个班级有三位老师，要想培养幼儿良好的行为习惯和遵守班级常规，三位老师提出的要求规则必须是一致的，对幼儿行为、作品等的评价标准是统一的，表达是明确的、清晰的，既让孩子明确规则，又让孩子有规可依。这里的要求和标准如同手表定律中的手表，只有保持相同一致，孩子才能明确方向，才会养成良好的行为习惯，才会有利于建立良好的师幼关系。

一、班组教师共同商量，制定统一的、明确的行为规范

在幼儿园中，教师需要制定各种各样的要求，而且每件看似都是小事，但是如果这些小事的要求不统一，就会导致整个班级乱成一团。就像案例中进餐时发生的误会。所以，幼儿园老师一定要统一制定班级的规则和要求，做到三位教师统一一致。针对特殊教育幼儿，教师需预先将调整后的要求告知所有幼儿，避免幼儿产生误解。在对幼儿进行评价时，教师应遵循一致的教育理念，向幼儿输送正确的价值观和是非观。

二、教师带头执行班规，保持言行一致，以身示范

教师以身作则，带头执行班规。教师的言谈举止对幼儿是有力的教育资源，因此教师要时刻注意保持言行一致，践行班级规范和正向价值观、是非观，避免因教师懈怠引发幼儿误解。上例中，如果静静老师没有直面问题，承认错误，幼儿就会形成"老师不准许我们……，老师自己却可以……"的理解，双向标准会造成幼儿迷惑、混乱与无措，长此下去，不利于幼儿正确行为习惯与是非观的养成。

三、家园秉持统一的教育观念和规范，对幼儿的要求保持一致

为使幼儿养成良好习惯，形成正确的是非观，需要家长与幼儿园在教育理念和教育行为上保持高度一致，行为规范建立统一标准。教师可在一日常规制定上与家长共同商议，一经确定即告知所有家长，以利于家师实施一致的教育行为。当家师意见不同时，教师应以高度的责任心和专业精神，主动向家长宣传科学教育理念和教育艺术，形成家园合力，促进幼儿健康发展。

Hold不住的"熊孩子"——飞镖效应

从前有一个人,从魏国到楚国去。他带上很多盘缠,雇了上好的车,驾上骏马,请了驾车技术精湛的车夫,就上路了。楚国在魏国的南面,可这个人不问青红皂白让驾车人赶着马车一直向北走去。

路上有人问他的车是要往哪儿去,他大声回答说:"去楚国!"

路人告诉他说:"到楚国应往南方走,你这是在往北走,方向不对。"

那人满不在乎地说:"没关系,我的马快着呢!"

路人替他着急,拉住他的马,阻止他说:"方向错了,你的马再快,也到不了楚国呀!"

那人依然毫不醒悟地说:"不打紧,我带的路费多着呢!"

路人极力劝阻他说:"虽说你路费多,可是你走的不是那个方向,你路费多也只能白花呀!"

那个一心只想着要到楚国去的人有些不耐烦地说:"这有什么难的,我的车夫赶车的本领高着呢!"

路人无奈,只好松开了拉住车把的手,眼睁睁看着那个盲目上路的魏人走了。

这是出自《战国策·魏策四》中《南辕北辙》的成语故事。这个故事诠释了"飞镖效应"的原理。"飞镖"在古代是一种巧妙的捕猎武器,把它沿着一条弧线飞出去,而它会继续沿着弯曲的弧线折回来,重新回到猎人的手里。飞镖的这种特性被用来比喻"行为举措产生的结果与预期目标完全相反的现象"。寓言中,魏国人无视好心人指点和劝告,依仗"鲜衣怒马""丰厚盘缠"等优越条件,朝着相反方向一意孤行。可以想见,他条件越好,也只会离他要去的目的地越远,因为方向错了。寓言启示我们,无论做什么事，都要首先看准方向，才能充分发挥有利的条件；如果方向错了，有利条件只会起到相反的作用。

无独有偶，第二次世界大战时期，美国政府请来一些社会心理学家，让他们去评价一部电影对美国士兵去英国作战的影响。这部电影叫作《英国的战斗》，它描写了英国人民单独反抗法西斯德国优势兵力所表现出来的勇气和牺牲精神。播放这部电影的目的，是帮助美国士兵对英国及英国人民产生好感。然而，社会学家却发现，看过电影的美国士兵非但没有产生出他们所预期的情感，相反，这些美国士兵对英国的印象变差了。这是为什么呢？原来，为了看这部电影，美国士兵们不得不牺牲掉他们宝贵的睡眠时间而必须提前一个小时起床，所以他们就"恨"屋及乌，对影片中的英国也产生了一种厌烦的情绪。

美国政府本想通过观看电影，激发本国士兵去英国援助作战，结果却引发了士兵们对英国的厌烦情绪。预设的目标没有达到，反而引发负面效果。这再次反映了飞镖效应原理。

"飞镖效应"产生的根本原因在于当事人在考虑问题时犯了简单和片面化的错误。由于把注意力放在要达到的目标上，完全忽视了手段的择优选取，造成手段和目标不匹配，因而对目标的实现产生了很强的干扰和阻碍作用。实际上，许多心理问题严重化的过程，正是"飞镖效应"发生作用的过程。因为当事人在不明了问题产生的原因时，为克服心理障碍所做的不恰当的努力，其实很可能是在"巩固加强"他们的问题。

在现实生活中，教师有没有碰到这样的问题呢？随着幼儿年龄的增长，他们在很多事情上仿佛是故意与教师对着干，教师越希望幼儿按照自己的想法去做，孩子就越要反其道而行之。"熊"孩子为什么爱与教师的干预和管理唱反调呢？教师的付出行为为何产生了与预期相反的结果呢？

区角游戏时间到了，乐乐选择到乐高区拼插机关枪，起初玩得很认真，拼出来的机关枪非常逼真。过了一会儿，他似乎玩得不太尽兴，只见乐乐一手拿着手枪做扫射动作，一手拿出乐高颗粒开始了模仿子弹的发射。不一会儿，乐高区的地上都是散落的"子弹"，还有几位小朋友被乐乐乐伤到了。乐乐得意地大喊道："嘿嘿，你们都没有我厉害！"保育员欣欣是一位新入职的教师，她见状后立即制止了乐乐的行为，并且批评乐乐："不要用乐高颗粒当作子弹发射，不然请你离开乐高区。"然而，乐乐继续高兴地进行机关枪扫射，动作幅度更大，飞出去的"子弹"越来越多。欣欣老师一边捡回所有掉出来的乐高颗粒，一边对乐乐口头批评。可是后面几天，乐乐在乐高区还是继续把"子弹"射得满地都是，甚至愈演愈烈。

分析一下原因，乐乐原本可能只是觉得好玩，但欣欣老师从口头警告到指责和请他离开游戏，在一定程度上引起了他的"叛逆情绪"，继而乐乐任性地我行我素，愈演愈烈。警告和批评并没有起到预期的结果，反而加重了孩子的逆反行为，这正是飞镖效应的体现。事实上，教师只要稍稍改变管教孩子的方式，他们的叛逆行为就会逐渐消失。

欣欣老师带着满脸的无奈找到了静静老师。其实，静静老师也在观察乐乐，她给欣欣老师支了一招："我们可以关心乐乐在玩什么游戏，是不是可以有更好的办法来玩这个游戏。比如说，将机关枪瞄准墙壁上的靶进行射击，而不是对着同伴，这样既不会伤害其他同伴，又不会导致'子弹'掉到外面。如果乐乐的情绪比较激动，就避免和他对着干。"静静老师走到乐乐面前说："乐乐，你今天拼插的这个是什么呀？"乐乐举起"枪"自豪地说："是会发射子弹的机关枪！老师，您快看，我的机关枪打坏人打得很准。"说着，乐乐带着静静老师来到他的"战场"。静静老师夸奖道："乐乐，你拼的机关枪很酷，但是子弹都掉到地上了，老师觉得这点应该改进一下就更好了。你看，把乐高当子弹，别的小朋友就没法玩了，也会伤害到小朋友呀。"这时，乐乐意识到自己的行为已经影响到其他同伴，于是蹲下捡起地上散落的乐高。静静老师表扬道："乐乐将子弹全部收回来啦，要重新设计你的机关枪，老师非常期待你的新作品哦！"其他小朋友听到老师的话后，也纷纷蹲下身来，帮助乐乐捡地上散落的"子弹"。现在，乐乐已经开始每天琢磨拼插新型机关枪了。

在静静老师看来，在欣欣老师的一番教育后，乐乐情绪更加激动，应避免和他对着干，情绪一旦发生对立，教育行为的效果肯定大打折扣，甚至无效。此时，教师可采取的做法是，请幼儿先进行别的游戏，或是做些容易冷静下来的事情，然后再心平气和地与幼儿沟通。静静老师引导乐乐捡起地上散落的乐高玩具时，适时对他加以表扬，别的同伴也来帮着他一起捡玩具，乐乐也会觉得自己做了一件对的事情，给同伴做了良好的榜样。

欣欣老师的指责和批评引起了幼儿的"情绪逆反"，从而使事情向相反的方向发展。事实上，逆反是成长过程中不可忽视的一种行为，也是幼儿自我调节能力弱的一种表现。面对有逆反行为的幼儿，教师应该首先去了解幼儿的需求和想法，积极回应他们的合理需求。一味地批评和惩罚，这种做法会对孩子的成长产生消极影响。只有成人教育方式转变了，幼儿的这种逆反心理或行为才有可能获得好转，社会情感能力也会逐步提升。我们发现，当静静老师在平等关系中与乐乐自由谈论时，他们的沟通交流很顺畅。经过引导，乐乐意识到自己的行为带来了不好的影响。

幼儿时期是儿童成长过程中第一叛逆期，随着自我意识的发展，一些幼儿开始会与大人对着干。作为教师，要正确看待这个阶段幼儿的成长变化，看到这是他们自我意识发展的表现。应该充分地理解幼儿，尊重他们的选择和意愿，同时尽量创造条件，让他们尝试独立地完成自己想做的事情。但千万不能过分放纵，要把握好度。

实践指南

一、了解并掌握幼儿学习与发展的知识

作为教育者需要了解儿童心理发展的特点，掌握有关知识，以恰当的和适宜的教育方式对待幼儿。静静老师没有一味地埋怨乐乐不听话，而是蹲下来，听一听乐乐内心深处最真实的想法，去理解他的行为，并加以巧妙的引导，使事情最终顺利解决。

二、呵护幼儿心理，尊重幼儿人格

正视幼儿心理上的独立性、自主性、地位平等和人格尊重需求，是处理问题的关键。部分教师喜欢发号施令，无视幼儿的独特想法和探索热

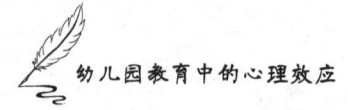

情。却不知，幼儿已经慢慢地形成了自己独立的想法，一旦他们认为没有受到尊重，就很容易产生偏激情绪，致使他们"反着来""对着干"，产生逆反行为，成为大人眼中的"熊孩子"。

三、把握教育幼儿的时机和分寸

当出现"飞镖效应"的时候，教师千万不能急于批评和指责，应该先让幼儿平复情绪。通常情况下，孩子的脾气都是来得快去得也快，等到幼儿情绪平缓之后，再来"私下"分析问题、讲道理，这样幼儿会更容易接受。等幼儿消极行为消失后，教师再进行适当鼓励和公开表扬，就会起到事半功倍的效果。

第二部分：学习品质培养

同心齐力可断金——蚂蚁效应

英国动物学家做了一个实验，他把一盘蚊香点燃后放进了一个蚁巢。一开始，蚂蚁都惊恐万状，茫然无措。但大约20秒后，有蚂蚁迎险而上，朝火喷射蚁酸，意图灭火。但一只蚂蚁能喷射的蚁酸量很少，一些"勇士"葬身火海。但它们仍然义无反顾地前仆后继冲过去，仅仅不到1分钟，火就被扑灭了。活下来的蚂蚁立即将牺牲的同伴移送到一块"墓地"，并盖上一层薄土，安葬了"战友"。

这位科学家惊叹于蚂蚁的勇敢智慧之余，又进行了第二次实验。这次他把一支点燃的蜡烛放到原来的那个蚁巢。尽管这次"火灾"更大，但蚂蚁因有了之前的经验，并未出现慌张、混乱，而是有条不紊地迅速做出分工，进行协同作战。不到1分钟，烛火被扑灭了，无一只蚂蚁牺牲。

在洪水暴虐之时，面临凶猛的波涛，蚂蚁会迅速形成如篮球一样大小的蚁球，随波漂流，蚁球外层的蚂蚁有些会被波浪打落水中，但只要蚁球能靠岸或能碰到大的漂流物，蚂蚁们就得救了。待蚁球靠岸后，蚁群像登陆的战士一般，一层一层地打开，井然有序地冲上堤岸，此时，岸边会留下一个不小的蚁球，那是蚁球里层的牺牲者，它们再也不会爬上岸了，但它们的身体仍紧紧地抱在一起。

蚂蚁在面临灭顶之灾时表现出的团结、智勇、慷慨赴死的非凡品质令人震惊。蚂蚁中每个个体都会为了集体的生存和幸福而义无反顾地付出。

单个一只蚂蚁的力量确实微不足道,但一群蚂蚁齐心协力,可以发挥巨大的能力,甚至能战胜自然灾害和抵御人为灾难。蚂蚁团结协作展示出异常巨大能量的现象被称为蚂蚁效应。

《幼儿园教育指导纲要(试行)》指出幼儿社会领域发展重要目标之一为"乐意与人交往,学习互助、合作和分享""爱集体、爱家乡、爱祖国"。《3—6岁儿童学习与发展指南》指出,教师应吸引和鼓励幼儿参加集体活动,萌发集体意识,提升幼儿的集体荣誉感。鉴于此,幼儿园教师应经常组织多种形式的集体活动,支持幼儿发展团结协作的意识和能力。

在表演区,小朋友正在表演小蝌蚪找妈妈。问题出现了,小演员们要么忘记自己扮演的角色,要么无法进入角色。静静老师让大家把遇到的问题都提出来,于是,孩子们七嘴八舌地说:"台词记不住""角色分不清""上场顺序不对""表演得不太像"……

此时幼儿已经具有一定的表演活动的经验,知道一些基本的故事表演的规则,能够通过观察发现表演中存在的问题。幼儿基于自己的兴趣开展表演活动,只是因为前期的策划做得不够充分,造成表演无法继续下去。针对这种情况,静静老师引导幼儿一起把发现的问题先梳理出来,这是解决问题的前提。

孩子们你一言、我一语分享着自己的看法。"有什么好办法来解决这些问题呢?"幼儿想到了很多解决方法。"台词记不清楚,我们可以把表演剧本画出来。""不认识字,怎么画剧本呢,都不知道画哪部分。""楠楠认识字,我们可以请楠楠帮忙呀,他给我们说,我们来画。""这样,我们就不会忘记台词了,也知道上场顺序了。""角色分不清,我们可以制作头饰,戴上头饰就很快分清扮演的是什么角色了。""再准备一些表演服装,这样就更像了。""我们没有服装怎么办?""可以做呀。""谁来做?以前是老师给我们准备的,怎么做呢?""先看看图书中服装的颜色,我们再找材料。""我们需要绿色、黑色、黄色、白色的布来做衣服。""哪里去找布呢?""咱们都回家去看看,谁家有谁带来。""我看见我奶奶用针把布缝在一起,我奶奶家有针和线,我明天带来。""谁来做这些道具呢?""请美工区的小朋友帮忙吧。""什么时间来制作这些道具呢?""区域活动时间呗。""表演得不像,咱们可以看看视频里小动物的语言、动作,跟它们学一学。""想一想我们见到妈妈时的心情,就会表演了。"

幼儿讨论之时,老师一直微笑地关注着,适时给孩子们递上"支架"。如当幼儿为不认字发愁的时候,静静老师说:"咱们班哪个小朋友识字呢?"当幼儿提出分不清角色时,静静老师建议:"要是有个标记,是不是就能记住了呢?"当幼儿打算做服装时,静静老师提出:"这是个大工程,需要大家分工协作,最好先按照需要分分工。"……

商量好后,孩子们开始有条不紊地忙碌起来,各自开始按分工收集材料进行相应的制作,有的负责设计款式,有的负责头饰,有的负责服装,有的制作剧本,还增加了道具的制作。参与表演的幼儿积极地排练、相互创编动作、相互指导,最终在孩子们相互帮助和配合下,节目成功排练好了。他们又开始讨论如何进行表演展示,商量表演的时间、地点、邀请人员、需要做的准备等。静静老师召开筹备会,跟幼儿一起讨论安排海报组、音响组、服务组、演出组、宣传组人员。在近乎整个班的幼儿的齐心协力准备下,话剧《小蝌蚪找妈妈》展演获得成功。

这无疑是一次成功的表演活动,成功不仅仅表现在话剧的展现上,更主要的是幼儿在团结协作中体会到集体智慧、合作的力量。同时,幼儿懂得了分工协作的重要意义。幼儿园同伴群体是宝贵的教育资源,是幼儿成长环境的重要组成部分。静静老师注重发挥同伴的群体作用,引领幼儿共同探究和学习,借助表演这样一个契机,吸引全班幼儿参与到活动中。幼儿对于自主发起的活动,兴趣较高,能够积极发现问题、分析问题和解决问题。幼儿通过分工合作和共同努力,成功地展演,收获了成功的喜悦。

在家园沟通中,也可以运用蚂蚁效应原理来更好地开展保教工作。家庭是幼儿园重要的合作伙伴,教师应本着尊重、平等、合作的原则,争取家长的理解、支持和主动参与,帮助家长提高教育能力。

开学之初,小班心怡的家长和静静老师沟通,由于爸爸妈妈高龄生下心怡,对她呵护有加,希望教师对她多照顾。没过几天,静静老师发现心怡胆子比较小，老师提问或请小朋友展示、发言时，能看出她已经懂了，但叫到她时，她会冲着老师微笑，不作声。针对这一情况，静静老师和心怡妈妈进行了交流。心怡妈妈说："幸好您告诉我，在家时她都会和我们分享幼儿园生活，情绪也很愉悦，这一情况我们没有料到。我们该怎么帮助孩子呢？"静静老师说："孩子的成长离不开我们共同的努力和配合。建议您，利用生活契机多给孩子历练的机会；每天的亲子互动，不仅仅由孩子一个人唱独角戏，家长跟她一起，让孩子感觉展示是一件平常的、愉快的事情。待她有明显改善了，请您告诉我，我会在幼儿园给孩子创造机会的。"

静静老师重视家园共育，争取运用家长力量推进幼儿成长，同时运用专业知识给家长个性化建议，得到了家长的理解和支持。

这之后，心怡妈妈很认真地每天都落实教师的建议，并将落实效果跟静静老师进行分享。一段时间后，心怡妈妈告诉静静老师："和她说好了，今天心怡愿意当着全班小朋友的面发言了。"听到这个消息，静静老师非常欣喜，家师协作要见到成果了。提问时，心怡慢慢举起小手，当老师叫到她的名字时，她的脸上洋溢着笑容，可仍然只是笑，不作声。

静静老师又赶快将这一情况反馈给心怡妈妈，鼓励妈妈："今天心怡已经有进步了，敢于举起小手了，咱们多鼓励她。"一周过去了，心怡妈妈说心怡准备好了。这次，心怡给小朋友讲了一个小故事。静静老师带头给她鼓掌："心怡的声音像小百灵一样动听。"心怡也开心得合不拢嘴。从那以后，心怡渐渐地勇敢起来，在新年联欢会上，她还参加了舞蹈表演。

在家园的共同配合下，孩子的成长和进步较为明显。幼儿的教育不能仅靠教师或家长单方的力量，只有家园有效协作，才可能助力幼儿顺利成长。针对心怡胆小、不敢当众讲话的问题，静静老师及时争取家长力量，形成家园合力，家师共同贡献智慧，帮助幼儿解决问题，体现团结协作的巨大能量。

**实践指南**

一、结合具体情境，指导幼儿学习交往的基本规则和技能

利用一日生活情节，适时地指导幼儿学习交往的基本规则和技能。当幼儿不知道如何加入同伴游戏，或请求不被接受时，建议幼儿拿出玩具邀请大家一起玩，或者扮成某个角色加入同伴的游戏。当幼儿与同伴发生矛盾或冲突时，指导幼儿用协商、交换、轮流合作等方式解决冲突。

二、抓住契机、创造机会引发幼儿合作行为

为幼儿提供需要大家齐心协力才能完成的活动，给幼儿创造机会，让幼儿在具体活动中体会合作的重要性，学习分工合作。在活动过程中，教师要善于发现幼儿感兴趣的事物，借此激发幼儿的主动性，鼓励大家一起发现问题、分析问题和解决问题。教师要根据幼儿特点，安排幼儿承担不同的任务，让每个幼儿都有所成长，都能体验成功感。

三、协同家庭资源，形成教育合力

与家长密切协作，指导、提高家长的育儿水平；顺畅家师沟通渠道，使教师采取的保育措施在家庭得到延续和巩固，形成家园合理促进幼儿的学习与发展。此外，教师还应主动争取社区密切合作，与小学相互衔接，综合利用各种教育资源，共同为幼儿的发展创造条件。

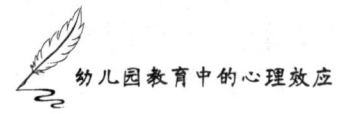
幼儿园教育中的心理效应

跳一跳,够得到——篮球架效应

有这样一个故事:很久很久以前,一位导师带着一群寻宝者踏上远行之路。路途遥远且艰辛,走到半途时,许多人就想要放弃。导师想,必须鼓舞众人的士气。于是他悄悄施法术,幻化出一座城市说:"大家看,前面就是一座大城池!宝藏就在离城不远的那一边。"众人抬头一看,果然前方出现一座大城池,便又重新鼓足劲头,继续前行。就这样,众人历尽千辛万苦,终于寻得珍宝,满载而归。

这个故事说明,当目标过于远大,给人遥不可及的感觉时,那么人们往往连争取的勇气都没有,更不可能采取实际行动。而在目标不太遥远或任务难度适中的时候,人们就会积极努力地争取达到它、完成它。这反映的是篮球架效应的原理。

国际篮联规定篮球架的高度是3.05米,是现代篮球之父奈史密斯精心设计的。如果篮球架的高度过高,人们很难把球投进篮筐,就会失去参与的兴趣;如果篮球架的高度过低,随便就能"百发百中",没有了挑战,也难以激发人们参与的兴趣。正是这个"跳一跳,够得到"的高度,才使得篮球这个项目具有非凡的吸引力。心理学把生活中人们以高度的热情去追求"跳一跳,够得到"的目标的现象称为"篮球架效应"。

篮球架效应最早由管理学家埃得温·洛克提出。他指出,要想成功,就得制定一个奋斗目标,不过目标并不是不切实际地定得越高越好。每个人都有自己的优势和特长,只有依据它去制定适宜的目标和实施目标的步骤,才可能取得成功;在实施目标时,只有当每个步骤既有未来指向性,又富有挑战性,才是最有效的。

篮球架效应对幼儿园教师的启示在于:首先依据学前教育理论和幼儿

心理发展特点，明确适宜的幼儿发展目标；其次把目标分解为次目标，再将次目标分解为具体的活动任务；每个小任务幼儿都可以通过适当的努力就能够完成，即所谓"跳一跳，够得到"。如此既保障了幼儿的成长发展，又保护了幼儿的学习热情。

静静老师入职不久，业务主任安排新入职教师每人准备一次展示课。业务主任在辅导时强调，教育活动目标一定要依据《3—6岁儿童学习和发展指南》和《幼儿园教育指导纲要》的要求，并结合所带年龄班幼儿的心理特点设定。刚过实习期的静静老师还是一头雾水。于是，她懵懵懂懂地从网上找到一节幼儿园艺术教育活动课——《画螃蟹》。

活动一开始，孩子们拿到纸就画起来，几个在园外学绘画的幼儿画得还算像模像样，而大部分孩子只是乱涂一通。月月拿着自己画好的螃蟹给老师看，静静老师一看，哎呀，这只螃蟹怎么生了无数条腿啊！静静老师试着引导月月："你看看，螃蟹应该有几条腿啊？"月月非常认真地数起图画中的螃蟹腿来，其他孩子也高举着自己的画作，蜂拥到静静老师面前问自己画得好不好。秩序一下就乱起来了，那些没有获得静静老师关注的幼儿，纷纷下了座位乱窜、打闹，活动就在一片混乱中结束了。静静老师尴尬至极，此时她想起了主任的建议和叮嘱，不得不承认自己搞砸了。

可以看出，由于静静老师教育目标和教育内容设定缺乏针对性和适宜性，导致幼儿无法达到教育目标。对于刚刚升入中班的幼儿，画螃蟹并呈现出细节是很具有挑战性的任务，若没有前期经验的铺垫，教育目标很难达到。这就需要教师认真学习指南和纲要，反思并调整教育目标和教育内容。

第二天，静静老师带了两只小螃蟹投放到自然角，孩子们争先恐后地来观赏小螃蟹、照顾小螃蟹。聪明的京京说："快看呢，螃蟹的大夹子一边一个，就像老师之前说过的'是对称的'。"静静老师肯定道："京京观察得好细心！就是对称的。"京京又发现："螃蟹的腿也是对称的。"琪琪认真地数着螃蟹腿，大叫道："真的是八条腿！"接下来的几天中，孩子们讨论的话题都是围绕螃蟹展开的。静静老师知道，这些前期经验的铺垫为后续教育活动的顺利展开及教育目标的达成奠定了基础。静静老师调整了教育内容，把绘画改为用图形拼摆螃蟹。展示课上，梳理经验环节使孩子们兴致高涨，积极与教师、同伴互动；动手操作时孩子们专注又大胆，充分发挥想象力……静静老师第一次感受到职业成就感。

静静老师为幼儿奠定前期经验，并依据中班幼儿发展水平适当调整了教育目标、降低了任务难度，孩子们稍稍努力一下就完成了。孩子们不但乐此不疲地参与活动，更大胆发挥想象，勇于创造。因此，教育活动目标设定和教育内容的选择必须遵循"在现有水平之上有一定的挑战性，使幼儿跳一跳、够得到的原则"和"既贴近幼儿的生活，选择幼儿感兴趣的事物和问题，又利于开拓幼儿的经验和视野的原则"，只有这样，教育活动才是适宜的，才能真正助力幼儿学习和成长。

为预防幼儿在升入小学后体能测试不达标，幼儿园决定在大班体育活动中重点进行连续跳绳训练。教师发现，单纯的技能训练效果并不理想，幼儿很快就感觉无比枯燥，很难坚持下去。为了激发孩子的兴趣，静静老师请来已升入小学的跳绳高手，他们是一年前从这所幼儿园毕业的。这些小高手给孩子们表演花样跳绳，孩子们第一次发现跳绳是件很有趣的事情。"太帅了！好酷噢！我要是能跳成这样就好了！"静静老师说："对呀，他们曾经和你们一样，甚至当时还不如你们能跳呢。只要你们每天坚持练习就能赶上他们。"

借着小朋友的热情和渴望，静静老师要求他们先从鞭绳开始练习臂力，之后教会他们一个一个地连续跳，督促他们每天练习，还鼓励家长每日打卡监督幼儿跳绳，这样坚持练习一段时间，大部分幼儿可以连贯跳10个以上，个别幼儿可以坚持跳30多个。这个数字很难再提高，因为幼儿体力跟不上。教师认识到，幼儿需要加强体能锻炼，而体能训练最安全且简单的方法就是跑圈，于是教师安排幼儿每天户外围着小院子跑圈。待幼儿都能完成连续跳绳50个之后，教师开展趣味跳大绳活动，孩子们组队开展活动，在合作、竞赛中体验到乐趣。

在支持幼儿达成跳绳目标时，教师把看似无聊、枯燥的任务，通过多彩、有趣的组织形式展开。教师从激发热情入手，再通过臂力练习、技巧练习、体能提高等逐项增加难度，使幼儿在不断体验成功的喜悦中焕发出主动探索和尝试的热情，以及乐于接受挑战的信心，最终达成一个个有难度的教育目标。

在家长工作中，教师也要根据家长的实际情况适时调整指导策略。

静静老师下乡支教第一年时，与幼儿家长沟通遇到了问题。尽管静静老师每次通过微信给家长群发送信息，都特别注意语言的清晰和条理性。但仍然有一部分家长不明白，要么问个不停，要么干脆不理睬。针对这个问题，静静老师对比了自己和其他老师编辑的内容，发现了问题：有经验的老师给家长发的信息内容简单，用的都是平常生活的大白话。静静老师恍然大悟，城区幼儿家长和乡村幼儿家长在知识水平上存在一定差距，教师在交流中应尽量选择家长可以听懂的话语。家访中，她又了解到部分幼儿因爸爸妈妈在城区打工，幼儿一直跟爷爷奶奶生活在一起，而爷爷奶奶书读得少，信息闭塞，接受新事物较慢，对现代通信工具运用不熟练。从此之后，静静老师每次编辑短信时，都特别注意使用直白的生活化语言，家长也能清楚了解信息的意思了。

静静老师发现城乡家长认知差距，注意语言贴近家长的现有理解水平，家长"跳一跳，够得到"后，很少再出现"要么问个不停，要么干脆不理睬"的情况。《幼儿园教育指导纲要》中明确指出，幼儿园活动中教师要从本地本园的条件出发，结合本班幼儿的实际情况，制订切实可行的工作计划并灵活地执行。这就要求，教师通过调研详细地掌握幼儿、家长的情况，根据他们的特别情况随时调整教育策略和教育方法。

实践指南

一、教育目标和内容要适当高于幼儿现有发展水平

教师给幼儿安排的学习目标和内容是适宜的，幼儿才会激发内驱力，热情地去追求；假如超出幼儿的承受力，幼儿便会失去追求的兴趣。如中班幼儿在缺乏与螃蟹相关的前期经验铺垫的情况下无法达成目标。因此，

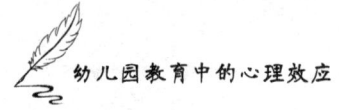

教师要全面了解幼儿现阶段发展水平和教育需求，设定"跳一跳，够得到"的教育目标。

二、为幼儿递送支架，助力幼儿跳起来

首先，教育活动选择幼儿感兴趣的事物或问题；其次，给幼儿创造各种条件，助力幼儿自主探索，幼儿会有新的发现，形成新的经验。静静老师带来两只小螃蟹供幼儿观察，"钳子有两个，而且是对称的，一共八只脚"这些信息是幼儿自己通过观察发现的特征，因而印象深刻，在之后的拼摆活动中能抓住螃蟹的特点，准确地再现螃蟹的形象。

三、把"大目标"分解为"小任务"，按难度从低到高的顺序安排活动

教师提出教育目标时，既应符合幼儿的现实需要，又须有利于其长远发展。因此，教育目标既有长远目标，又有阶段目标，更应将目标分解到幼儿园的教育活动中，遵循由易到难的原则，将目标分配到幼儿园一日生活各个环节来达成。

四、肯定幼儿每一次"跳一跳"的勇气和尝试，引导幼儿梳理经验

每一次只要幼儿出现"跳一跳"的努力，教师要及时给予肯定和鼓励，无论是否"够得到"；"够得到"时引导幼儿梳理经验，"够不到"时帮助幼儿反思问题，激发幼儿大胆探索、勇于实践的勇气。

静待花儿开——毛竹效应

大自然中有一种神奇的现象，在毛竹生长过程中，在最初的近1500天里仅仅长高3厘米。然而从第五年开始，毛竹以每天约30厘米的速度迅猛地生长起来，它像被施了魔法一般，在不到半年时间里就会蹿到30多米，成长为可用之材。原来，栽种后的五年里，毛竹并不像人们表面看到的那样无所作为，它把所有的努力用在了土壤之下，用在了伸展根系上，直至几百平方米。

毛竹的生长规律反映了成才是一个需要历经积累沉淀的厚积薄发的过程。培育植物必须遵循其成长规律，违反规律的做法一定会受到惩罚。揠苗助长的故事就是典型的例证。

宋国有一个农夫，他担心自己田里的禾苗长不高，就天天到田边去看。可是，一天、两天、三天，禾苗似乎一点儿都没有向上长。他在田边焦急地转来转去，自言自语地说："我得想办法帮助它们生长。"思来想去，终于有了办法。他急急忙忙奔到田里，把禾苗一棵棵地向上拔一大截。从太阳升起一直干到太阳落山，弄得筋疲力尽。他回到家里，气喘吁吁地说："今天可把我累坏了，力气总算没白费，我帮禾苗都长高了一大截。"他的儿子听了，急忙跑到田里一看，禾苗全都枯死了。这就是揠苗助长的故事。

这个故事出自《孟子·公孙丑上》，孟轲借用这个故事，向他的学生们说明违反事物发展的客观规律而主观地急躁冒进，就会把事情弄糟。植物生长有自身的规律，只有遵循规律培育，才能得到理想效果。农夫违反了自然规律，"帮助"禾苗成长，结果禾苗全部枯死了。人的成长也具有自身规律，培养只有依循规律、因势利导，才可能达到教育目标。这提示我们幼儿园教师,在保教实践中务必要遵循幼儿身心特点,耐心地支持孩子成长、陪伴孩子成长、等待孩子成长,切忌揠苗助长、急功近利。

硕硕是静静当主班老师第一年遇到的孩子,升中班第一天,他给静静老师的印象很深刻:硕硕身材消瘦又矮小,细细的眼睛看起来有点儿木讷。那天,硕硕爸爸表现出很不放心的样子,不停嘱咐老师,如厕问题、喝水问题、穿衣服等。那担心的程度,让人感觉硕硕像从未上过幼儿园,而是刚刚送来的插班生似的。

组织入园活动时,静静老师发现硕硕完全不在状态,他漫无目的地满屋转悠。小游戏结束后,所有幼儿都已经认识了带班的老师。静静老师走到硕硕身边,蹲下来问他:"你知道我是谁吗?"他冲着静静老师笑了笑,但是不说话。这时其他小朋友争先恐后地说出"静静老师",可他却依然微笑不说话。静静老师慢慢地清晰地告诉他:"我叫静静老师。"之后每天的区域活动,硕硕只转着圈地溜达,老师拉着他在各个活动区里玩玩具,他都不感兴趣。你说你的,他说他的,硕硕完全沉浸在自我的世界里。老师经常给他制造一些与小朋友互动的机会,给他安排一个能力强的小伙伴带着他玩儿。尽管全班几乎每个小朋友都和他一起玩儿过,可他却分辨不清谁是谁。室内活动中,老师会按照对待普通幼儿一样请他坐下,配班老师会多用心关注他,但是硕硕也就能坐两三分钟;户外活动时,保育老师拉着他的手,怕他磕着碰着或走丢了;生活中,如厕、喝水必须靠老师提醒,有时候尽管老师亲自带着他去洗手、喝水,水龙头还没打开他就已扭头走开了。

根据硕硕的表现,静静老师已经发现了些许端倪,他在交往、游戏、自理等方面比同龄儿童发育迟缓。静静老师对他实施个性化支持策略,如为他创造与教师、同伴互动的机会,生活上特别照看等。

这一天,老师照常带他去小便,他不尿。老师问他:"你不尿吗?"他摇摇头。老师刚给他提起裤子,他就尿了裤子。老师赶快给他换裤子,刚刚换好又尿裤子了。老师又找出一条裤子给他换上,并嘱咐他说:"硕硕赶快去把小便尿干净吧,因为这是咱们的最后一条裤子了。"硕硕并没尿出来，可不到5分钟，他又把尿排到裤子里了。静静老师通过观察和分析，发现硕硕对小便是有意识的，只是他控制不好。

通过硕硕的表现，可以看出他是一个有特殊教育需要的幼儿，需要教师给予特别的关注，采取个性化保教策略给予有效支持。当然，这需要在全面了解硕硕的情况下才能进行。

静静老师又找到硕硕小班时的带班教师，多次交流后，静静老师对他的情况有了较多的了解。静静老师决定从专业角度向家长反馈孩子的问题，目的是让家长意识到幼儿的问题，希望硕硕通过专业机构早发现、早干预、早治疗，及时得到康复训练。通过跟孩子的父母沟通发现，家长完全不承认孩子存在特殊情况，还认为老师没有依据乱下结论，甚至跟老师发生语言冲突。虽进行多次沟通，皆以失败告终。

家长拒绝承认孩子的"特殊之处"，是教师经常遇到的情况。此时，教师不能放弃，应本着职业责任感，为了孩子的成长，运用专业知识说服家长理性、客观地直面孩子存在的问题。这是实施个性化教育的前提和基础。

直到现在，硕硕每天都尿裤子，经常出现裤子不够换的情况。这一天，硕硕爸爸又一次给孩子送裤子的时候，把孩子叫到楼道里噼里啪啦地打了一顿。静静老师试图与孩子爸爸沟通，硕硕爸爸情绪非常激动，哭着说："小班就经常这样，我就觉得他还小，怎么上了中班还这样，他是不是真的有问题呀，怎么就跟傻子一样。从小就是我带他，放在手里怕摔了，放在嘴里怕化了，我都不知道该怎么办了。"见此情景，静静老师先稳定家长的情绪："硕硕换了一个新的环境，要让他有一个适应的过程，您说对吗？但是您今天打孩子是不对的。给您一个建议，您现在试着放放手，让妈妈试着带带孩子，父母对待孩子的管教是一样的，您也让妈妈付出多一些，试一试。"之后，静静老师和班里其他老师讨论了一下，大家决定跟硕硕妈妈沟通一次。但结果并不理想，硕硕妈妈觉得小孩尿裤子很正常，孩子只是不爱说话不爱表达，是性格使然，没什么大不了。

在硕硕爸爸无法冷静的时候，静静老师寄希望于另一位家长，这是可取的做法。虽然沟通的情况并不理想，但依然要肯定静静老师"争取到家

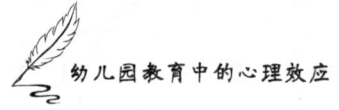

长支持,形成教育合力"的努力。

静静老师决定把硕硕爸爸妈妈同时请来幼儿园,在睡眠室一起悄悄观察孩子在半日活动中的行为表现。家长终于发现硕硕与其他幼儿的显著差异,不得不接受事实,妈妈着急了,带着孩子去了儿研所,硕硕被确诊为中度发育迟缓。针对硕硕的情况,静静老师和家长一起制定了一个方案,让孩子半天时间在幼儿园和普通小朋友一起活动,下午半天由家长带他去特殊教育机构参加康复训练;针对其语言发展能力不足,静静老师向硕硕妈妈推荐适宜的图画书,每日硕硕妈妈都在微信上打卡亲子阅读;静静老师每周推荐给硕硕妈妈亲子游的地点,让硕硕多出去走走,而硕硕妈妈每周基本都打卡组团带娃出游,周六、日周边游,寒暑假长途游;静静老师建议硕硕妈妈给孩子报了一个幼儿美术班,让孩子通过艺术绘画,以无声的方式去表达内心世界。随着硕硕上了大班,静静老师经常会和大班老师沟通,得知在大班的下学期,他有了明显进步,尤其是在生活自理能力和语言表达能力上有一定突破。静静老师一直关注着硕硕的成长,不断鼓励家长并实时给出专业建议。硕硕上学前班时,不仅在语言上有很大的进步,开始会讲故事,还会用自己的方式去表演,绘画很棒,甚至在小学一年级时参加一项高级别绘画大赛并取得了优秀的成绩。此外,硕硕在班里交了几个好朋友,每天和好朋友一起上学下学,各个方面获得显著的进步,完全适应了小学的学习和生活。静静老师下定决心,为使硕硕的成长之路更顺畅,自己会一直关注他并准备随时提供支持。

静静老师知道,鉴于硕硕的情况属于特殊教育领域,硕硕若想得到有针对性的保教,必须争取家长的支持和配合。在两位家长都拒绝接受教师的建议时,静静老师安排家长来园,通过亲身观察孩子在园的常态表现,经与其他同伴的比较,家长终于发现孩子的"特殊",开始直面问题。接着,静静老师又与家长一起制定了个别化教育方案,依据孩子成长情况不断给予支持。

在这个故事中,当静静老师发现硕硕存在一些特殊情况(语言不流畅、生活技能欠缺、交往能力弱等)时,并没有急于求成,而是通过耐心调查、观察和分析，对硕硕的问题进行梳理，之后积极争取资源（幼儿同伴资源和同事资源）帮助硕硕小朋友。在效果不理想的情况下，又调整策略调动家长资源，尽管遭遇家长多次逃避、拒绝，静静老师仍未气馁，最终运用智慧的方法（请家长亲历半日活动，直观感受孩子与同龄伙伴的差异）帮助家长直面现实。接下来，静静老师引导家长寻求专业机构支持，从专业角度给出可行性建议，并随时调整指导策略。在这个案例中，静静老师一直支持和陪伴着硕硕和家长。我们不敢想象，假如静静老师把目光紧紧盯在孩子的"差异"上，一味向硕硕提出与其他孩子同样的要求，那会出现什么样的后果。

实践指南

一、平等对待幼儿，接纳每一个幼儿，使其得到安全感和归属感

静静老师发现硕硕在活动区的状态时就积极地与他互动，帮助他融入集体，创造硕硕与其他幼儿一起游戏的机会，让其尽可能地融入集体，让幼儿感觉到被无条件接纳、被平等对待。同时，其他幼儿看到教师的行为，也会渐渐地学着平等对待这个特殊的同伴。

二、秉承因材施教的原则，针对不同的幼儿实施相宜的保教策略

针对发育迟缓的幼儿，教师更应该细心观察并全面了解其现有的发展水平，就具体问题展开具体分析。从第一眼看到硕硕，老师已经感觉到他的"特别"，针对特殊幼儿，静静老师给予更多关注，通过多观察、多采集资料（如向小班老师了解情况，与家长交流其在家情况等），尽量全面评价幼儿，并以此为依据实施适宜的保教策略，保障保教行为更富有成效。

三、以平和心态看待幼儿成长，对幼儿给予支持、陪伴和等待

教师以更多爱心、耐心、细心和更强的责任心为幼儿营造成长环境，多提供支持。我们发现，幼儿在面对一些问题时很恐慌和不知所措，硕硕把这种情绪表现在生活细节中。静静老师以理性的心态接纳孩子的"小状况"，同时积极找原因，想办法为孩子提供支持。

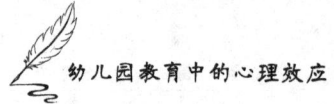

四、以专业态度和专业知识争取家长力量，建立顺畅的交流通道

面对家长回避问题，静静老师运用专业智慧，成功地与家长建立交流通道，并利用毛竹效应激励家长在改变幼儿的道路上坚持下去，为家长提供幼儿教育的丰富资源，给幼儿赢得独特的发展空间。

生活即教育——邮票效应

两千多年前，叙拉古的国王命令金匠打造了一顶纯金皇冠。皇冠送来后，国王怀疑有假，便请被誉为"数学之神"的阿基米德前来鉴定，但要求他不许损害皇冠。阿基米德尝试了许多办法，都未能成功。这一天，一筹莫展的阿基米德来到浴室，想泡个澡缓解一下压力。他把胳膊完全放进水中全身放松，这时胳膊又浮到水面上。他站了起来，浴盆里水位下降；再坐下去时，浴盆中的水位又升上来；他躺在浴盆中，水位变得更高了，他感觉自己变轻了；他再站起来后，水位下降，他则感觉到自己重了。他想这一定是水对身体产生向上的浮力才使得自己感觉轻了。他猛然醒悟：不同材料的物体，虽然重量相同，但因体积不同排去的水可能是不同的。这一发现，令他高兴得差点跳起来，他马上飞奔到家，分别用石块和木块放入浴盆做实验，最终证实了推断，发现了著名的浮力定律，即阿基米德定律。当然，他成功帮国王鉴定了皇冠的真伪。后来，他在著名的《论浮体》一书中详细地阐述该定律：放在液体中的物体受到向上的浮力，其大小等于物体所排开的液体重量。从此，人们对物体的沉浮有了科学的认识。

难以置信，著名的浮力定律的发现，其灵感源自一次泡澡。人们发现，推理的材料越贴近生活，推理就越容易。与人的某种具体活动情景相联系的推论，正确率相对较高。人们在向他人验证或证明某一现象时，利用具体、形象、贴近生活的情景再现，远远比抽象笼统的言语阐释更容易让人接受。这就是邮票效应的核心原理。

邮票效应源于1972年心理学家的一个实验：他让一批人扮演邮局的拣信员，在他们的面前分别摆上几个贴了50里拉和40里拉面值邮票的信封，有的封了口，有的没有封口，并且告诉他们这样一个规定："如果信封封口了，则说明它上面应该贴有50里拉的邮票。"那么，基于这个规定，他们应该翻看哪几个信封才能做出判定呢？结果发现，24个被测试中有21人做了正确的选择——翻看了那些封了口的信封和贴有40里拉邮票的信封。

这个实验反映出的一个规律，即推理的材料具体，推理就比较容易；对于抽象材料，推理比较困难。可见，邮票效应对人的推理具有很强的影响作用。

教师掌握了邮票效应原理，在保教实践中能获得意想不到的效果。将深奥的哲理寓于鲜活的生活化情节中，幼儿可以在轻松、愉悦的体验中，领悟、体会和发现新的知识。

在中班建筑区"母鸡萝丝的家"活动中，教师运用邮票效应原理完满地达到了教育目标。

幼儿听了故事《母鸡萝丝去散步》，对母鸡萝丝的家非常感兴趣。在过渡环节中热烈讨论幸运的"母鸡萝丝"是如何躲过狐狸跟踪的，还在建筑区热火朝天地搭建起了"母鸡萝丝"的家。

但他们很快就遇到了问题，奇奇向静静老师寻求帮助："母鸡萝丝的家是二层的，可是我们不会搭楼梯，怎么才能上二层啊？"静静老师想帮奇奇调动起在生活中的原有经验，说："你肯定走过楼梯的，想想楼梯是什么样的呢？"他重重地点头，一边用小手比画着一边回答说："嗯，楼梯就是一层一层的。"静静老师说："对呀，楼梯就像你说的那样，一层一层的，那就去试着搭一个一层一层的楼梯吧。"听静静老师说完，奇奇马上又投入到搭建中。但是过了一会儿，当静静老师走到建筑区，发现积木仍然散落一地，奇奇看见静静老师走过来，忙说："我们还是搭不好楼梯，您快来帮帮我们吧。"

幼儿对楼梯是熟悉的，然而若通过亲手搭建楼梯，仅仅一般意义上的"熟悉"是不够的，他们需要在教师的引导下通过观察实物、提炼经验，形成图式之后再动手操作。

为了让孩子们更真切更具体地了解楼梯的构造，静静老师决定带领孩子们亲自去看一看、走一走幼儿园里的楼梯，让他们身临其境去感知、现场观察楼梯的构造。走在楼梯上，形形说："我知道了，楼梯是一阶比一阶高的。"奇奇说："对，楼梯是越来越高的！"为了让孩子们了解得更全面，静静老师特别带孩子们观察楼梯的下面。奇奇说："哇，原来楼梯的下面还有这么大的空间呢，就像地下室一样。"涛涛说："静静老师，您快帮我们给楼梯拍个照片，我想贴在建筑区，要是谁不会搭楼梯了就可以看看。"在涛涛的提议下，静静老师把楼梯的正面、背面和拐角分别拍了照片，并贴在了建筑区适宜的位置。

孩子们一边看着照片讨论楼梯的样子，一边忙活着搭建楼梯，没过多久，一栋带有楼梯的二层鸡舍就搭建成功了。他们有的扮演狡猾的狐狸，围着刚刚搭建好的鸡舍转，有的扮演母鸡萝丝，躲在二层的鸡舍里不出来。

建筑区充满了笑声，孩子们的脸上洋溢着开心的笑容，心里充盈着满满的成就感。

中班幼儿具有典型的具体形象性思维特点，需要具体的活动情境与活动形式。所以，当孩子们不会搭建楼梯，第一次向静静老师求助时，她首先引导孩子调动原有经验，引导他们通过已有认知经验开始尝试搭建。当发现孩子们没有搭建成功时，静静老师带领幼儿实地去走一走、看一看，观察和感受楼梯的构造，帮助孩子把楼梯的正面、背面和拐角分别拍了照片，并贴在了建筑区适宜的位置，孩子们对楼梯有了感性的具体的认识之后，开始规划、设计、架构起来，最后成功地搭建了母鸡萝丝家的楼梯。

孩子们在没有老师的直接指导下，仍然成功地搭建了带有楼梯的二层鸡舍。这说明，幼儿操作与探索的学习方式和具体形象的思维特点，决定了具体形象的和贴近生活的教育，更能让幼儿理解复杂的大千世界的万物万象。

从想到给"母鸡萝丝"建造个家，到尝试搭建，再到成功建成。孩子们的学习品质获得了发展。孩子们主动构想、迎接挑战，体现了学习的内在动机；全身心投入的状态，体现了孩子的学习兴趣和快乐；在较长时间里积极想办法、筹划,体现了孩子的坚持性、计划性及解决问题的灵活性;遇到困难依然不舍不弃,坚持下去,孩子的抗挫力也得到了锻炼。静静老师欣喜地发现,通过搭建母鸡萝丝的家,孩子们获得了自我效能感,他们自觉地把解决问题的积极品质和经验迁移到其他的活动中。

静静老师在进行"珍爱生命,爱惜自己"的主题教育中,又一次运用了邮票效应原理,取得了特别理想的教育效果。这次,静静老师考虑到幼儿对动物的天然青睐,选择了图画书《五个丑家伙》。癞蛤蟆、老鼠、蜘蛛、蝙蝠和鬣狗这五个特别丑的家伙,从最开始的抱怨、沮丧,到举办"博饼音乐会",找到各自的角色,大声喊出口号:"我们有音乐,我们有薄饼,我们还有我们自己!"静静老师跟幼儿一起读故事,一起表演,孩子们懂得了只有尊重自己、接纳自己,并忘我地投入快乐的事情,才会明白生命的价值和意义。

静静老师运用童话故事为幼儿提供具象经验,使幼儿体悟到深奥的人生道理。幼儿的学习方式和特点决定了教师保教策略的风格,幼儿的学习是以直接经验为基础,在游戏和日常生活中进行的。试想,假如仅仅给幼儿讲"珍爱生命,爱惜自己"的道理,如何能达到教育目标。

一、尊重幼儿的学习方式和学习特点,帮助幼儿建立直接经验

珍视游戏和生活的独特价值,最大限度地支持和满足幼儿通过直接感知、实际操作和亲身体验来获取经验的需要。当幼儿在建筑区活动中不会搭建楼梯时,尽可能地让幼儿主动去探索,通过亲身观察楼梯构造的方法来解决搭建中所遇到的问题,幼儿通过这种具体、鲜活、贴近生活的活动,获得直观经验。

二、发掘游戏和生活资源,为幼儿创设丰富的支持环境

创设丰富的教育环境,为幼儿提供主动探究的机会。教师可以提供丰富多彩的生活化的低结构材料,可以带领幼儿参与生活实践,可以借助童话阅读和角色表演来丰富幼儿的生活经验,支持幼儿在体验中感知和领悟经验。在生命主题教学活动中，静静老师借助《五个丑家伙》童话故事的阅读与表演，让幼儿领悟到珍视生命、爱惜自己的道理。

三、重视在真实情境中，培养幼儿积极的学习品质

教师应在真实的生活情境中、游戏活动中帮助幼儿逐步养成积极主动、认真专注、敢于探究和尝试、乐于想象和创造的学习品质。在建筑区活动中，幼儿两次向静静老师求助如何搭建带有楼梯的二层鸡舍，静静老师两次不同的指导策略收获不同的效果。这恰恰证明，教师应该为幼儿提供具体、可操作的机会，让幼儿通过与环境和材料互动来获得经验，成为生活、学习、游戏的主人，这样的贴近生活的教育对幼儿学习品质发展尤为重要。

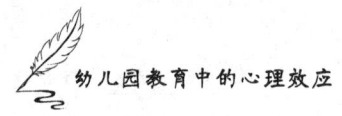
幼儿园教育中的心理效应

天生我材必有用——瓦拉赫效应

奥托·瓦拉赫是伟大的化学家，诺贝尔化学奖获得者。瓦拉赫的成长过程并非一帆风顺，他的成才之路很富有传奇色彩。早在读中学时，瓦拉赫父母为他选择的是一条文学之路，但是一个学期结束，教师为他写下了这样的评语："瓦拉赫很用功，但过分拘泥。这样的人即使有着完美的品德，也绝不可能在文字上发挥出来。"于是，父母安排他改学油画，结果发现，他既不善于构图，又不会调色，对艺术的理解力也不强，成绩在班上是倒数第一。学校的评语更令人难以接受："你是绘画艺术方面的不可造就之才。"面对如此"笨拙"的学生，绝大多数老师认为他已成才无望。幸运的是，瓦拉赫遇到了他的伯乐——化学老师，他发现瓦拉赫做事一丝不苟，具备做好化学实验必备的品格，于是建议瓦拉赫学化学，父母接受了化学老师的建议。自此，瓦拉赫智慧的火花一下被点燃了，他在化学方面的超人潜质被彻底发掘出来了，成为在化学方面公认的"前程远大的高才生"，成绩一路遥遥领先。最后，他因在化学上的杰出贡献，于1910年被授予诺贝尔化学奖。

瓦拉赫的故事告诉我们，每个儿童都拥有自己的智能强项和优势领域，只有发现并挖掘其潜质，给予他有效支持，才能使其与生俱来的可能性变成现实性，才能成就这个孩子的人生；相反，如果追求"取长补短"，不仅造成孩子优势的耗费，更导致教育资源的浪费。

半个多世纪后，加德纳的多元智能理论的出现，进一步证实了瓦拉赫效应。加德纳认为，每个人都至少具备语言智力、数理逻辑智力、音乐智力、空间智力、身体智力、人际交往智力、自我认知智力、自然主义智力和存在主义智力中的一种优势智能。每种智能核心表现和可能达到的终极状态见表1。

表1 每种智能的核心表现及终极状态

智能	核心表现	终极状态
逻辑—数学	对数字或逻辑的敏感和推理能力，有能力掌握复杂的推理	科学家 数学家
语言	对语音、节律和意义的敏感性；对不同语言功能的敏感性	诗人 新闻记者
自然主义	对不同种属间差异的敏感性；与生物进行互动的能力	生物学家 环保主义者
音乐	产生和欣赏节奏、音高和旋律的能力；欣赏不同的音乐表现形式	作曲家 小提琴家
空间	准确感受视觉—空间世界的能力；对人的最初知觉进行转换的能力	航海家 雕塑家
身体运动	控制身体运动和灵活掌控物体的能力	舞蹈家 运动员
人际	辨别他人的情绪、气质、动机和需求并做出恰当反应的能力	心理治疗师 推销员
内观或自知	对自己情绪的感知和区分能力，并以此指导行为；对自己的优势、弱点、需求和智力的了解程度	详细的、准确的自我认知

资料来源：格里格，津巴多. 心理学与生活[M]. 19版. 王垒，等译. 北京：人民邮电出版社，2016.

瓦拉赫的化学教师观察到他在化学方面的天分，为他创造了有利于他发挥潜能的条件和环境，从而使其发展的可能性得到了完全的实现。

小雨的经历跟瓦拉赫的成长过程有很多相似之处，她的伯乐是父亲。

小时候小雨学习成绩并不好，经常被老师批评，甚至还会被勒令叫家长来学校。细心的爸爸发现小雨非常喜欢钻研玩具，于是就给她报了乐高课，想训练她的思维能力。刚刚过去一个月，小雨觉得没意思，不想去上课了。爸爸转而引导她发展其他特长，但小雨每次都半途而废、无功而返。正当妈妈无奈又绝望之时，爸爸偶然发现小雨对金融知识特别感兴趣，喜欢看金融类电视节目，还自己从图书馆借阅金融类书籍，谈论起相关话题总是兴致盎然、充满自信。这一发现，让父母重新燃起希望，于是父母帮孩子找来相关的书籍，联系相关领域的朋友指导孩子，带小雨参加相关论坛，经常向小雨讨教相关知识，甚至拿出一定数额的积蓄让孩子去操作理财产品。就这样，小雨持续地、乐此不疲地探究"金融世界"，高中阶段，甚至帮亲戚朋友炒股买基金。高考时，小雨报考金融专业并被知名高校录取。

  这个故事诠释了瓦拉赫效应原理。瓦拉赫效应指的是每个人的发展都是不均衡的，都有着自己的强项和弱点，只有发挥强项才会获得顺利发展，实现最好的自我。小雨的父母一直希望能了解到女儿的优势智能，经历多次尝试，终于发现她在金融领域的兴趣和天分，并及时给予支持，包括"帮孩子找来相关的书籍，联系相关领域的朋友指导孩子，带小雨参加相关论坛，经常向小雨讨教相关知识，甚至拿出一定数额的积蓄让孩子去操作理财产品"等，使小雨的优势获得充分的发展。更重要的是，小雨在学习过程中是"投入的、津津有味且乐此不疲的"，我们有理由相信，小雨的优势会得到更顺利的发展。

  在幼儿园工作中，教师自觉运用瓦拉赫效应开展保教实践，会取得积极的效果。

  静静老师踏入幼教大门的第一年就遇到了轩轩小朋友，一个既活泼可爱又令静静老师很头疼的小男孩儿。每当下午静静老师带班的时候，小朋友"状告"轩轩令老师应接不暇，"罪状"也是十分齐全，打人、骂人、抢玩具、扯男孩儿衣服、揪女孩儿头发等。几乎每天静静老师的耳朵都被轩轩干的"坏事"充满着。静静老师尝试很多办法来改变这种状况，如耐心说服、严厉批评、角色转换等，他都会做鬼脸来敷衍，完全听不进去。静静老师又尝试和他的家长交流，希望找到原因，对症下药。几次谈话之后了解到，轩轩家长对他万般宠爱，造成他肆意作为。对于其淘气捣乱的行为，家长认为孩子目前年龄还小，等大点儿就会懂事了。静静老师认为，假如目前轩轩不改变，小伙伴对他持续排斥的态度将给他造成心理阴影。静静老师尝试改变策略，不再执着于改变他的"特殊行为"，转而了解和发现他的兴趣或优长。

很多时候我们发现，幼儿越是被制止某种行为，越会发生该种行为，简直就像故意"对着干"一样。静静老师现在就遭遇了轩轩"对着干"的情况。静静老师由最初执着于改变轩轩的问题行为，转而去发现他的优势领域，希望通过扬长而避短，静静老师的做法很富于实践智慧。

一次绘画活动中，轩轩的表现令静静老师刮目相看。老师请小朋友依据《我是霸王龙》这一故事，用图画描绘霸王龙和小翼龙的延伸故事。轩轩画得特别投入、特别专心，画笔下的霸王龙的外形特征都把握得很准确，高大的个头、锋利的牙齿、前腿短、后腿长，就连霸王龙身上凹凸不平的皮肤都画得惟妙惟肖，简直和图画书中的一模一样。静静老师像发现了新大陆一样惊喜万分。她请轩轩在全体小朋友面前展示自己的绘画并讲述自己创编的故事。轩轩落落大方地讲起来，他生动形象的绘画和声情并茂的讲述，赢得了小朋友们钦佩的目光和热烈的掌声。静静老师给他贴恐龙贴，告诉他老师很喜欢他此时的样子，还给了他大大的拥抱。静静老师第一次感觉他强硬的态度变得温柔起来，静静老师和轩轩的距离拉近了。

通过一次绘画活动，教师发现了轩轩的特长，轩轩在获得教师的赞美和同伴的认可之后，他倔强的"外壳"变得柔软了，与教师、小同伴之间的心理距离不再遥远。"关系先于教育"，只有建立友好又温暖的关系之后，教师的保教行为才可能收到积极效果。

自从发现轩轩的画画天分后，无论是美工区里还是在班级画画活动中，老师都请轩轩当小助手，帮助小朋友们发水彩笔、油画棒、白纸，帮助静静老师一起收拾桌面，清理桌面不小心留下的画笔痕迹。班里需要布置墙面环境的时候，轩轩也是静静老师的小助手，他想象力丰富，心灵手巧，在一次绘画比赛中代表园所获得区级一等奖。渐渐地，轩轩就像变了一个人，能主动帮助班里的其他小朋友，大家开始愿意和他做朋友了。轩轩的"罪状"也越来越少了。静静老师及时把轩轩的改变告诉轩轩的父母，也给他们提出育儿的专业建议。家长还专门给轩轩报了画画班，现在轩轩不但在各种绘画比赛中都获得了较好的成绩，而且跟小朋友相处也越来越

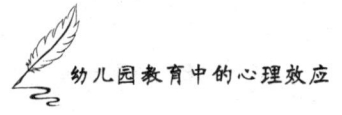

融洽了。

　　通过轩轩的教育故事，静静老师深深感受到，教师理性客观地分析孩子的"长处""短板"有多么重要！静静老师在意识到，一味地试图改变他的捣乱行为暂时难以见效的时候，马上改变策略，尝试观察轩轩的"闪光点"，在发现轩轩绘画特长后，及时给他支持，包括肯定他的能力（请他在全班小朋友面前展示作品、讲述故事），为他营造发展的环境（请他做小助手、参与墙面布置、争取家园协同资源等）。

　　每个孩子都有自己的长处。作为教师，在工作和生活当中，要善于发现孩子的优点，并根据孩子的特点，有的放矢地实施保教，充分调动孩子学习的积极性和主动性。当孩子有些许进步时，教师应及时给予表扬和鼓励，增强其信心，巩固其积极行为。

　　在家园共育中，教师同样可以运用瓦拉赫效应的原理，达成家园协同，助力幼儿成长的理想效果。

　　辰辰小朋友来自离异家庭，由爸爸抚养他。由于爸爸在异地开出租，一个月回家一次，辰辰由爷爷奶奶照顾。奶奶腿脚不利落，基本上接送、生活起居都由爷爷负责。辰辰缺乏规则意识，经常招惹小朋友。每次老师尝试跟辰辰爷爷沟通孩子的问题时，辰辰爷爷总是说："静静老师，我知道我们家孩子淘气，您说的这些情况我也都知道，我们也没有特别好的办法，我也管不了，他也不听我和他奶奶的话，他爸偶尔回来也嫌他烦，直接把手机丢给他了事。"静静老师很为辰辰的未来担忧，一直思考如何改变这种状况。

　　静静老师是一位非常负责任的年轻老师，辰辰的问题她看在眼里，急在心头，她主动思考如何为辰辰提供帮助。为此，她亟须找到一个适宜的突破口。

　　一次晚离园时，静静老师跟同班老师说，她想在门前的大花池子里种花种草，由于一冬天的闲置，里面有很多的干土，还长满了干草，必须先松土和除草。辰辰爷爷听到了，主动说："种地可是我的强项，虽然我没文化，大字不识几个，但是跟土地打交道可是我这个农民最拿手的，您要怎么弄，跟我说，我来帮您。"第二天一早，爷爷戴着手套，扛着铁锹、锄头来园了，半天的时间就把花池子收拾出来了。接下来，根据季节适合种什么、怎么种、浇多少水合适、生虫了怎么办等问题，静静老师都会向辰辰爷爷请教，只要爷爷不忙，都会及时跑过来帮忙。到了秋天，园子里瓜果蔬菜样样丰收。

辰辰爷爷也成了班里的常客，经常在活动中给孩子们讲解种植知识，辰辰表现得非常积极，帮助爷爷挑水、拔草、施肥、给豆角绑架，和爷爷一起担负起小菜园的照顾任务。其他小朋友有问题也会向辰辰请教，渐渐地辰辰变得很受欢迎，他越来越自信开朗了。静静老师和辰辰爷爷沟通辰辰表现的时候，辰辰爷爷也愿意接受静静老师的教育建议，愿意改变自己的教育方法了。有了家园教育合力，辰辰的进步特别大，在班里能够帮助同伴，成为老师的小助手，放学回家还能主动帮助爷爷奶奶做力所能及的家务活儿。

起初，静静老师跟辰辰爷爷交流辰辰的问题时，辰辰爷爷一味强调自己"无能为力"，这是一种消极态度。于是，静静老师剑走偏锋，通过用辰辰爷爷之长，建立起与其顺畅交流的通道，继而跟他交流辰辰的情况并获得他的支持。更意外的收获是，由于"自己人效应"的影响，辰辰在幼儿园受到欢迎，辰辰获得了归属感，他的能动性被激发出来。又因辰辰在种植方面表现得很内行，"其他小朋友们有问题也会向辰辰请教""辰辰变得很受欢迎"，辰辰感受到被认可、被接纳，自尊心获得了满足，辰辰越来越自信、开朗了。

实践指南

一、尊重每一个孩子，接纳孩子的差异

教师应尊重和接纳幼儿的身心发展规律和个体差异，因材施教，促进每个幼儿富有个性地发展。静静老师接纳轩轩、辰辰的特点，及时有针对性地调整保教策略，给予他们支持资源，推进他们的优秀潜能向现实性发展。

二、用欣赏的眼光看待幼儿，发现孩子的闪光点

教师应具备耐心，观察幼儿、了解幼儿，发现、欣赏与发展幼儿优长。即使轩轩平时表现出一副完全不在乎老师的态度，静静老师依然关心和接纳轩轩，用欣赏和发展的眼光看待轩轩，一旦发现了他在绘画上的天分，马上抓住契机，不断给予鼓励和支持。

三、针对孩子优势智能，创造条件给予支持

教师从专业角度，遴选适宜资源，给孩子营造有效支持环境，成就孩子先天发展的可能性。静静老师发现了轩轩有画画的特长，在班级布置环境、校园手抄报大赛上为轩轩提供展示和锻炼的机会，及时和家长沟通，为轩轩提供更专业的学习机会。

四、发挥家长特长，实现家园协同助力幼儿成长

在家园合作中，教师巧用瓦拉赫效应，发挥家长特长，有利于融洽亲师关系，顺畅家园交流通道，形成家园合力。静静老师发现辰辰爷爷是个淳朴的爱劳动的"热心肠"，于是发挥他的种植优势，成功建立起感情联结，使辰辰爷爷听得进自己的建议，最终形成聚力，帮助辰辰更好地成长。

挣不开的"枷锁"——习得性无助效应

在印度,经常看到这样一幅画面:一头身材庞大的象心甘情愿地由一根细细的绳索拴在柱子上。总会有人问,为什么大象不挣开呢?原来,印度人是这样训练大象的——在它还是小象的时候,被一根细绳索牢牢拴在一根柱子上,任凭它怎么挣扎,都难以解开束缚,而且越挣扎,绳子勒得越紧。一个星期以后,小象挣扎的次数减少了,可是它稍微恢复了一点体力,仍然想要摆脱束缚,但结果仍是徒劳的;渐渐地,小象不再挣扎了,它开始习惯了在绳子的束缚下慢悠悠进食。再过段时间,主人确定小象不会再试图挣扎了,才会把绳子完全解开。等再把小象绑在柱子上的时候,即使绳子变得非常松,只要小象稍一用力就可以摆脱,但小象也不会再做这样的尝试了。小象成长为大象,却再也没有试着挣脱,而是心甘情愿地由一根细细的绳索束缚着,直到老去。于是,我们就看到了一开始的画面。

为什么小象长成了大象,仍没能逃脱束缚它的枷锁呢?

个体由于经历了挫折与失败后,再度面临问题时会产生一种无能为力、自暴自弃的心理状态和行为表现。大象由于在年幼时一直无法挣脱束缚,一次次尝试,一次次失败,小象彻底失去了勇气。即便它长大了,具备轻而易举挣脱绳索的能力,却也不再努力尝试了。因为多次的失败造成小象自暴自弃的心理,而事实上,它并不是"真的不行",而是陷入了"习得性无助"的状态。这种心理让人们自设樊篱,把失败的原因归结为自身不可改变的因素,放弃继续尝试的勇气。

1967年美国心理学家塞利格曼和同事用狗做了一项实验,演示了形成绝望心境的过程。他们将狗分为3组,在实验的第一阶段,把3组狗分别放在接着电线的箱子里，每个箱子上有一个开关。他对第1、2组的狗施加电击，区别在于，当第1组的狗碰到开关时，电击就会停止。而第2组的狗不论如何触碰开关，电击都不会停止。第3组的狗为对照组，不接受电击。在实验的第二部分，他把狗放置在中间用木板隔开的箱子里，但是木板很低，狗可以轻轻跳过去；同样，他给狗实施了电击。第1组和第3组的狗很快学会跳过木板来逃避电击。第2组的狗不但不逃，反而倒在地上开始呻吟和颤抖，它本来可以主动地逃避危险，却绝望地接受痛苦。

电击　　无电击

狗明明只要跳过木板就可以逃过电击，为什么它却不跳过去呢？开始时这些现象让实验者大为不解，直到塞利格曼提出，狗的这种"无助"行为实际上是在之前的实验中"习得"的。当动物了解到自己的行为对遭受电击的结果毫无帮助，就会消极地接受电击，不做任何尝试和努力。塞利格曼称这一现象为"习得性无助"。随后大量实验又证明了习得性无助不仅会出现在动物身上，同样会出现在人的身上。

教师在与幼儿交往时，如果发现幼儿在还没有开始尝试时，就喜欢说"我不会""我不懂"，教师就应该考虑背后的原因是什么。如果这项任务对于幼儿来说的确有难度，那么产生这种畏难情绪是情有可原的。但是如果幼儿面对任何任务都开始说"不"，那幼儿的习得性无助就开始形成了。教师要给予有效干预，帮助幼儿摆脱它的消极影响。

中班上学期，静静老师班里转来一名四川男孩润润，他给人的第一感觉就是胆子特别小，跟人交流时小手不知道该放哪儿；更不会用眼睛直视对方，眼神总是暗淡地恍惚着，有时干脆趴在桌上恨不得把头埋起来；老师让他跟小朋友排队去室外游戏，他就蹲在原地不动。静静老师从润润姑姑处了解到，润润在老家一个私立幼儿园上小班时，由于比较调皮，挨过老师打，当时吓得尿了裤子；爸爸妈妈在外打工，他和姑姑一起生活，每逢周六、日姑姑上班，只能把他一个人留在家里；加之和其他小朋友接触少，润润开始变得沉默寡言了。这之后，静静老师更加关注润润，尽量给他表现的机会，只要他表现出一丝丝的改变，马上当着全班宝宝的面表扬他，带头给他鼓掌。

润润由于曾经的不愉快经历（被老师打到尿裤子、被小朋友排斥等），变得胆小自卑，即便换了环境，面对新的老师和新的伙伴，润润仍然表现出惊惧和不安，表现出习得性无助的状态。幸而静静老师发现了这一情况，为润润创造锻炼的机会，并及时给予正强化。

这一天，润润来到积木区，想用纸杯子搭点儿什么，可搭了一会儿就没了兴趣。当看见峰峰搭了五六层高了，他露出羡慕的眼神，静静老师看出来他也想和峰峰玩儿，只是不敢主动跟峰峰说。于是，静静老师走到峰峰跟前："峰峰，你想搭什么？"峰峰说："我要搭大山。""你能让润润和你一起搭吗？""来吧！"于是两个人玩了起来，静静老师则在一旁偷偷地观察他们。两个人一块儿搭建，搭到第四层开始偏向一边了，再试着往上搭一层时，纸杯纷纷掉落下来。两个小家伙并未气馁，又重新搭建，就这样，连着好几次搭了又倒，倒了又搭……这时，静静老师走过去，峰峰说："老师，我们搭的山老是倒，怎么办呢"？静静老师说："平时你们看到的山是什么形状的呢？"峰峰一边比画一边说："是三角形的。""你们说大山为什么会那么稳当？""我知道了，您说过地基要稳，山的下面要稳，底部要多搭些。"静静老师赞许地点头："你们再来试一试吧！"于是两个人又开始搭建，时不时就听到峰峰说"歪啦歪啦"，两个人一起把歪的摆正。就这样在调整中搭建，十来分钟的时间，两个人终于完成了他们心目中的大山，真的挺高，甚至比他们两个人都高。看着自己的作品，润润的小脸洋溢着光彩，眼睛亮亮的。讲评时，静静老师让全班的孩子欣赏这座大山，让他俩讲搭建的过程。小朋友给他们竖起大拇指，静静老师带头为他们鼓掌。

就这样，润润在一次次的支持和鼓励下开朗起来，自信起来，他能主动跟小朋友交流，还交了几个好朋友，每天很早就高高兴兴地来幼儿园，活动中也总是开开心心的。静静老师相信在积极且持续不断的关怀和支持下，润润一定会找回信心的。

针对幼儿习得性无助问题，教师可以通过个性化的干预得到改善；越早干预，效果越理想。在静静老师的支持和鼓励下，润润从不敢正视别人的目光，到尝试跟小朋友一起游戏，再到在合作中体验到自我的力量，重新燃起主动探索的信心，最后在不懈努力之下完成任务，润润体验到成功的喜悦。

一、评价过程，而非结果

教师评价往往是幼儿最敏感最在意的环节。幼儿的心理特点决定了幼儿以教师评价为导向塑造自我印象，教师要多称赞幼儿在活动过程中表现出的认真、努力、坚持、探究和创造等品质，而不是只注重是否完成一件作品、质量如何。此外，教师应更多地用期望来代替消极评价，让幼儿感到被接纳，进而明确努力的方向。

二、分析原因，找到问题源头

针对存在习得性无助的幼儿，教师首先分析原因，找到问题最初源头。如静静老师针对润润的表现，找到家长了解过去的情况；在对原因进行全面分析之后，及时在活动中实施有针对性的干预策略。教师应避免单纯说教，只有在活动中不断给予幼儿支持，使其体验成功感，才能让幼儿有获得感，才可能改变"我不行、我不会"的状态。

三、安排活动符合幼儿特点

教师为幼儿制定合理发展目标，将这一目标细化成小目标，并分解到具体活动中，保证幼儿经过努力就可以达到"跳一跳，摘果子"的状态。小目标的实现难度不大，孩子很容易就产生尝试的勇气，就会积极主动地去探索。一个一个小目标的完成就会形成良性循环，再逐步提高目标的层次，幼儿就会不断地为实现更高的目标而努力。

四、指导家长形成合理教育期待

家长往往对孩子抱有很高的期望，追求成龙成凤的终极目标。教师指导家长观察、分析幼儿优长，设立合理的教育目标，以客观、理性的态度看待幼儿成长，避免由于过高期待导致的高标准、严要求，避免家庭因素导致幼儿习得性无助的问题。

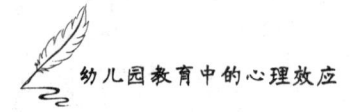

第三部分：健康积极情绪培育

因小失大不值得——费斯汀格法则

卡斯丁先生早上洗漱时，随手将自己的高档手表放在洗漱台边。妻子怕被水淋湿了，就拿过去放在餐桌上。他的儿子到餐桌上拿面包时，不小心将手表碰到地上，手表摔坏了。卡斯丁见自己心爱的手表摔坏了，非常生气，就狠狠地对着儿子的屁股打了几下，然后又黑着脸骂了妻子一通。妻子委屈地辩解是怕水把手表打湿了，而卡斯丁却说他的手表是防水的。于是二人激烈地争吵起来。一气之下，卡斯丁早餐也没有吃，直接开车去了公司，快到公司时突然记起忘了拿公文包，又立刻转回家。可是家中没人，妻子上班去了，儿子上学去了。卡斯丁的钥匙留在公文包里，他进不了门，只好打电话向妻子要钥匙。妻子慌慌张张地往家赶时，撞翻了路边水果摊，摊主拉住她不让她走，要她赔偿，她不得不赔了一笔钱才脱身。等拿到公文包再赶回公司，卡斯丁已迟到了15分钟，他挨了上司一顿严厉批评，心情坏到了极点。下班前又因一件小事，跟同事吵了一架。妻子也因迟到被扣除当月全勤奖，儿子这天参加棒球赛，原本夺冠有望，却因心情不好发挥不佳，第一局就被淘汰了……

这是社会心理学家费斯汀格的经典故事，反映了著名的"费斯汀格法则"，即生活中的10%是由发生在你身上的事情组成的，而另外的90%则是由你对所发生的事情如何反应所决定的。换言之，生活中有10%的事情是我们无法掌控的，而另外的90%却是我们能掌控的。为避免对这90%也失去控制，我们就得在10%向90%转化之间加一个安全阀或正能量场，那就是积极心态。试想，卡斯丁在手表摔坏的10%发生后，假如换一种反应，如抚慰儿子，"不要紧，手表拿去修修就好了。"或者，卡斯丁不跟妻子吵架，那么后面一系列糟糕的90%，诸如忘记带公文包、挨上司批评、妻子被扣全勤奖、儿子棒球赛被淘汰等就不会发生了。一切的糟糕后续都是因卡斯丁对10%事件的不理性处理衍生出来的。

掌握并运用费斯汀格法则原理，教师解决幼儿园保教实践中的问题会更顺利、更有成效。

十一长假的第一天，静静老师跟家人开车去景区的路上，一个电话打破了美好的悠闲时光。静静老师手机上显示是自己班里"欣欣爸爸"，静静老师的轻松一下被紧张覆盖了。电话那头传来一个极度暴怒的声音："欣欣受伤这事你们是什么态度？"静静老师一听这样严厉的问话，头"嗡"的一下，脑海里迅速回忆起关于欣欣小朋友在幼儿园的细节：前一天下午，静静老师参加教研活动，回班时幼儿都已被接走了，同事告知欣欣在户外活动回班时，在楼梯边摔了一跤，脸上擦破了一点儿皮，保健医已经检查过了，说不碍事，养几天就没事儿。静静老师虽然没有亲眼见到欣欣，但想着既然保健医已经做了检查，并没有建议去医院，应该是不严重的；且离园时自己特意去欣欣摔倒的地点"侦察"了一番，楼梯下都铺着软软的红色地毯。当天晚上，静静老师赶快和欣欣家长通过微信做了沟通和解释，欣欣的家长并没有特别的反应，静静老师以为事情已经解决了。可刚过了一个晚上，家长的态度出现180度转折。

这个案例中，"在楼梯边摔一跤，脸上擦破了一点儿皮"是已经发生的事件，属于不可掌控的10%，后续90%的性质，就看家长和老师对该事件的处理态度。我们发现，静静老师已经做出常规的处理，通过查看欣欣摔倒的地方印证保健医的判断，又于"当天晚上赶快和欣欣家长通过微信做了沟通和解释"，家长的态度似乎比较平静。但一个晚上的时间，家长态度大转折。那么事件发展将走向哪里呢？

静静老师想，不能等到七天假期结束再跟家长接触，那样可能会出现更大的风波，必须马上着手处理。静静老师当即下车，跟园所负责人电话沟通，商定先安抚家长的情绪再寻求进一步解决办法。静静老师和负责人到超市购买营养品去看欣欣。她们拎着礼物走进欣欣的家门时，欣欣妈妈坐在沙发上冷漠地看了一眼，一声不吭，气氛十分尴尬。静静老师赶快走到欣欣跟前，蹲下来温柔地问候欣欣，细心查看她受伤的小脸，右脸下方有一大块挫伤，已经呈现深红色，要结痂了。静静老师正准备抱起孩子时，欣欣爸爸强硬地道："孩子受伤的事，这是最后一次；孩子爷爷非常生气，说不能让孙女就这样受委屈，你们幼儿园必须赔偿两万块钱。"听到这话，静静老师心里感觉很委屈，但还是面带微笑地轻声说："非常理解家长的心情，孩子在幼儿园受伤，我们更心疼。我们今天来是想看看孩子的情况，和您沟通一下看看有哪些更好的解决办法。只要为孩子好，对于合理要求，我们一定尽力满足。"欣欣爸爸则强调："女孩脸上万一留了疤，以后多影响形象！两万算少的，必须赔。"双方一时难以达成共识，静静老师温和地说："现在是假期，做什么决定也得等到上班以后了，咱们还有时间慢慢商量。"

　　静静老师以诚挚的态度（放弃休假、带上营养品登门看望）、温暖的举动（查看伤口、拥抱欣欣）跟欣欣和家长交流，但没有收到预期的效果。静静老师尽管心里委屈，但仍然以理性态度面对家长，表现得体适度，态度有理有节，展现了幼儿园教师的专业素养。为事件的"90%部分"向良性发展打下基础。

　　此后，静静老师在假期的每一天都通过微信、电话了解欣欣伤口恢复情况，发送避免留印记、疤痕的小常识和注意事项。假期结束后，静静老师对欣欣一如既往地关爱，针对她挑食，想尽办法让她多吃一点；每天给她编出不同的发辫，欣欣晚离园时得意地向妈妈显摆，"瞧，老师给我编的，多漂亮！"静静老师一视同仁地在家园微信群中发包括欣欣在内的每个幼儿进步和成长的照片、小视频等。之后，静静老师请欣欣爸爸来幼儿园做进一步沟通。静静老师向欣欣爸爸介绍了幼儿在园一日生活情况，让他了解教师工作内容的繁杂和紧张。随着谈话的深入，欣欣爸爸的态度慢慢缓和起来，不好意思地说："我开始就是看着孩子受伤又着急又心疼，才对您那个态度，真太不好意思了；两万块钱的事您就当我没说，我都没脸再提了，您多担待吧。"静静老师一颗悬着的心终于落下来了。

虽然面对面沟通效果不尽如人意，静静老师并没有消极等待或绝望放弃，而是在6天假期中持续表达对欣欣的关爱，让家长感受到教师的真心；教师一如既往地对待欣欣，表现出教师的职业素养，有效拉近教师与家长的心理距离，原本似乎存在的矛盾双方的界限变得模糊了。静静老师接着又让家长了解教师的工作性质和内容，使家长能够设身处地换位思考，随即问题比较顺利地得到解决。

幼儿在幼儿园发生一些磕磕碰碰，实属难免。可家长一着急就失去了冷静，认为孩子出现的意外状况都是因教师照顾不周造成的，质疑、愤怒、焦虑等负面情绪急剧倾泻。一些家长要么找教师声讨，要么向园长告状，要么打举报电话，导致家师关系紧张。此时，教师需要像静静老师一样，在10%不可控情形出现之后，及时采取一系列正向措施积极应对，使事情得到完满的解决，避免了90%不可控事件的发生。

实践指南

一、以"问题应对方式"，而不是"情绪应对方式"处理问题

无论是幼儿问题还是家园问题，若想顺利解决，避免精力的无谓消耗，须跨越情绪宣泄阶段，采用合适的应对方式，冷静地调研和判断，找到解决问题的最好方案。在10%不可控情况已经出现之时，争取90%部分可控。如果静静老师在听到家长的强硬言语之后，为自己辩解，势必发生争执，事情会越发向不可控方向发展。这样不但消耗家师双方的时间和精力资源，更会对幼儿造成消极影响。

二、以幼儿视角、家长视角换位思考

"人心换人心，黄土变成金。"其原理是换位思考。教师站在儿童视角，理解其行为问题，如分离焦虑、调皮淘气等，才可以客观理性地分析原因，并在之后给予有针对性的引导；教师站在家长立场看待家师沟通问题，能理解家长的言语和行为，以平和的态度处理问题。静静老师正是尝试换位思考，理解并包容家长的愤怒和蛮横，理智处理问题，不但减少10%不可控事件发生，而且能使90%可控事件向良性发展。

三、培养自我积极心理品质，为幼儿和家长树立榜样

无论作为社会属性的教师，还是作为一般个体，都应注意不断地修炼"智慧和知识、勇气、仁慈与爱、正义、修养与节制、心灵的超越"等心理品质，努力成为心态健康和积极向上的人。教师以积极心态应对"好的""不好的"生活工作事件，不仅可以保持自我身心愉悦、情绪平稳，更为幼儿和家长树立榜样。

恰好才是最好——超限效应

一次，鲁定公问颜回："先生，您听说过东野毕很擅长驾马吧？"

颜回答道："确实擅长，不过他的马将来必会跑掉。"鲁定公很奇怪，东野毕擅长驾马是众所周知之事，颜回却说他驾的马必会跑掉，是何用心，"原来君子也会诬人啊！"颜回没有辩白就离开了。

过了三天，有人来报告鲁定公："东野毕驾的马不听使唤，挣脱缰绳跑了。"

鲁定公一惊，急召颜回。

待颜回来到，鲁定公向他请教："前天，寡人问先生东野毕的事，您说他驾的马必将跑掉。不知您是如何预先知道的呢？"

颜回答道："以前，舜帝善于使用民力，造父擅长使用马力。舜帝不穷尽民力，造父不穷尽马力，因此在舜帝的那个时代，没有避世隐居或是逃走的人；而造父手下，也没有不听指示逃离的马。但现在东野毕在驾马的时候，当经历险阻到达远方之后，马已经筋疲力尽了，他却仍然对马责求不止，无体谅之心，一味穷马力而奔波，马自然不堪忍受而奔逃。"

颜回又说："臣曾听说，鸟被逼急时就要啄人，兽逼急了就用爪子乱抓。从古到今，没有能使其手下处于极点，而自己没有危险的啊！"鲁定公听了颜回的话感到非常受益。

东野毕跑马的故事反映了超限效应的原理。超限效应是指刺激过多、过强或作用时间过久，引起事情向相反方向发展的现象。如故事中的"马"，超量负荷，选择奔逃，彻底"撂挑子"了。在教育场境中，教师或其他成人对幼儿刺激过多过强，会引发幼儿不耐烦或反抗的情绪，继而产生事与愿违的后果。

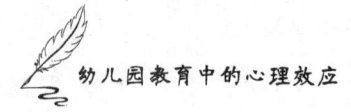

学龄前教育是帮助幼儿形成良好行为习惯和奠定正确是非观的重要时期。超限效应启发幼儿园教师的言语或行为必须保持适度，否则过犹不及。

对幼儿错误行为进行矫正时，当众批评最好不要超过一次，针对幼儿记忆和认知特点，可考虑再进行单独谈话；当众采用同样方式重复批评，往往效果适得其反。如果一次批评或谈话效果不佳，教师要考虑转变批评方式、改变教育策略。切忌喋喋不休、穷追猛打式的批评，这样只会导致师幼关系变得更紧张。

在引导幼儿建构良好习惯时，教师同样要避免引发超限效应，否则会出现过犹不及的后果。针对幼儿某种良好行为进行表扬时，同一种行为不适合多次表扬，不适合以同一种方式表扬，教师要考虑多种教育策略融合使用来达到理想目标。如口头赞美、提供成长资源、创造锻炼机会等，都可达到表扬和鼓励的效果。

睿睿特别不喜欢吃蔬菜，只要有菠菜、西红柿、菜花等出现，睿睿都会特别细致地挑出来，一点儿都不碰。每次保育的芳芳老师发现，就对他说"睿睿，挑食是不对的，蔬菜很有营养"，但是睿睿就是一口不吃。于是芳芳老师开始抓住一切契机，激发他吃蔬菜的兴趣，表扬别的小朋友时，要说一句"洋洋真棒，今天吃了很多蔬菜，睿睿可不能挑食，要向洋洋学习"；在参观小菜园时，要说一句"你们看小菠菜长得绿油油的，很有营养，睿睿可不能挑食，要吃蔬菜身体才能棒棒的噢"；户外活动中，也不忘说一句"睿睿，爱吃蔬菜，跑得快噢"；体检的时候，仍然要说一句"吃蔬菜能长高高噢"……那段时间，睿睿看到芳芳老师，就要躲到别的同伴身后。睿睿挑食的行为并没有改善，他反而开始偷偷地把蔬菜挑出来扔到脚下，或者想各种办法藏起来，如藏在小手绢里，或吃饭时说要去厕所，然后把攥在手心里的蔬菜偷偷扔掉……

芳芳老师本着对孩子的关爱，希望帮助睿睿改掉挑食的毛病，但不厌其烦的说教和提醒，一味强调睿睿挑食，还在所有小朋友面前说他挑食不好，用其他小朋友和他做对比，这样只会让他出现逆反的情绪，甚至造成扔蔬菜这样的后果。芳芳老师无意中运用了超限效应的原理，不但没有取得积极效果，反而对睿睿造成心理压力，孩子不但躲着芳芳老师，而且想出各种办法跟老师斗智斗勇。

集体阅读活动中，静静老师带来了图画书《小水滴的旅行》。首先，静静老师声情并茂地给幼儿讲述一遍。在幼儿对故事的大概情节有了初步了解之后，静静老师结合图片，只呈现故事中最核心的内容，引导幼儿根据画面表达出自己的看法，大致说出故事的情节，体会"大自然中的水循环"的过程。考虑到大班幼儿注意力的特点，为防止引发超限效应，接下来的环节，静静老师拿出提前准备好的可爱的小水滴头饰，"孩子们想不想跟小水滴一起来一次旅行啊？"答复当然是肯定的。于是，静静老师把头饰分发给每一位小朋友，大家依照故事情节，开始了一场热闹非凡的旅行。整个过程中，孩子们表现得很热情、很投入，还创新了部分情节，孩子们在不知不觉中完成了大自然中水循环的科学知识的内化过程。

静静老师在教育活动中很好地把握"度"，幼儿选择性注意的时间有限，如果采用单一方法开展教育活动，幼儿会感觉枯燥，缺乏注意力参与的活动注定是无效的活动。因此，在教育活动中，教师须依据主题内容，结合幼儿年龄特点，采用适宜的多种策略，才能达到理想的效果。在本次阅读活动中，静静老师综合运用阅读、谈话和角色扮演，使幼儿在愉悦轻松的氛围中达成教育目标。

在与家长交流沟通时，也应防止超限效应的影响。如当教师与家长沟通幼儿在园表现行为问题时，如果第一次并没有获得家长的足够重视，"急性子"教师总想着为了孩子无论如何也要说服家长给予关注，于是会反复地多次找家长沟通，家长却越来越不耐烦，还可能会造成双方摩擦或矛盾。如果首次沟通效果不佳，作为专业工作者，教师必须及时反思，调整沟通方式。

实践指南

一、深入了解并掌握幼儿心理特点，以采取适宜适度的教育策略

为给予幼儿适宜适度的保教支持，教师需通过不断的理论学习掌握幼儿心理发展规律；在一日生活环节中细致观察幼儿，熟悉幼儿的兴趣，切实了解幼儿成长中的真正需求。如幼儿的学习与发展是通过直接感知、实践操作和亲身体验完成的。这就要求，教师在保教中避免采用单一策略，应该多种策略结合使用，避免出现超限效应。

二、多领域教育活动结合，完成教育目标

教师通过分析教育内容的特点，将五大领域活动整合运用，有效调动幼儿探究、参与的积极性和主动性。《小水滴的旅行》系列活动中，静静老师将艺术（制作头饰）、科学（水三种形态实验）、社会（角色游戏）与语言（阅读与谈话）结合起来，不断变化的活动形式激发幼儿兴趣，使其在感知、操作和体验中获得经验。

三、把握好"限"，有"度"且适"度"

"超限"和"不及"都会对幼儿成长造成阻碍，如果"过度"就会产生"超限效应"；如果"不及"，又达不到既定教育目标。因而需要有"度"且适"度"。"度"并非由教师设定，而是由幼儿心理发展规律决定，但需要借助教师的慧眼来发现。这就需要老师真正地去读懂幼儿，从儿童视角出发，了解"度"在哪里。

谁都不作"出气筒"——踢猫效应

张先生在公司受了老板的批评，生了一肚子气回到家。一进门，看到自己的两个孩子正开心地在沙发上跳来跳去，把家弄得乱七八糟、一片狼藉，张先生把孩子大骂一顿。孩子觉得委屈又窝火，看到地上打滚的猫，就狠狠地一脚踢上去。猫被踢疼了，"嗖"地逃开，它窜到街上，正好有一辆卡车开过来，司机赶紧转动方向盘避让，撞到路边的大树上。

我们看到，事件的开始是张先生被老板批评，这是"坏情绪"的最初由来，之后坏情绪被转移到孩子身上，孩子又把自己的委屈发泄到猫身上，猫窜到街上引发更大的混乱。这个故事诠释了一个典型的心理学效应——踢猫效应原理。"踢猫效应"指人的负面情绪一般会随着社会关系链条依次传递，由地位高者传向地位低者，由强者传向弱者，无处发泄的最弱小的个体便成了最终的牺牲品。踢猫效应反映的是坏情绪的恶性循环。

在现实生活中，当人们遭到批评，更经常采用的应对策略不是问题应对，即冷静下来思考，分析遭遇批评的原因；而是采用情绪应对策略，感觉委屈、沮丧、生气，急于找到发泄怨气的出口，于是寻找比自己更弱小的对象作为情绪转嫁目标。事实上，这不仅于事无补，反而会激发更严重的问题。近年来，以幼儿为对象的伤害案件屡屡发生，这是踢猫效应的极端表现。虽然犯罪嫌疑人均得到应有的法律制裁，但受到伤害的幼儿留下的身体和心理上的创伤很难修复。可见，如果不及时纾解情绪，会造成难以预料的恶劣后果。

人的情绪可能会受到环境或一些偶然因素的影响，当一个人的情绪变坏时，潜意识会驱使他选择比自己更弱的人发泄。受到强者情绪攻击的人，不自觉地会去寻找自己的出气筒。这样就形成一条坏情绪传递链条，最终的承受者,即"猫"是最弱小的群体。幼儿因其生理和心理特点,是事实上的弱势群体,是需要保护和爱护的对象。然而,在幼儿园中还偶见这样的现象……

晚上7点钟左右,小张老师接到恒恒奶奶打来的电话,她气冲冲地喊道:"你们怎么不给我家恒恒吃饭?孩子晚饭吃很多,跟恶狼似的,一看中午就没给吃饱。我们家可是按时交伙食费的,一分都不少,凭啥不给我们孩子吃饱啊?"小张老师解释道:"午饭时,老师和保育员都会看管孩子用餐,不会让孩子饿着的。"可是,恒恒奶奶还是坚持说:"那孩子为啥晚饭吃得跟大人一样多,就是中午饿着了,不是自己的孩子就不心疼。饿坏了谁负责?"小张老师感觉特别委屈,放下电话后马上就联系保育员,责怪保育员没有看管好幼儿用餐。第二天午饭时,保育员盛了满满一大碗饭菜,放到恒恒面前,说:"你奶奶不是怕你饿着吗?今天老师给你盛的饭菜必须全部吃完,敢剩下一点儿,你试试?"恒恒愣愣地看着保育员,眼泪无声地流下来。

由于恒恒"晚饭吃很多,跟恶狼似的",奶奶武断地认为老师午饭没给孩子吃饱,于是气势汹汹地质问教师,此时,"情绪"从奶奶身上流向了教师;教师被冤枉,"特别委屈",又向保育员倾泻情绪;而保育员呢?她干脆找到事件的"始作俑者"恒恒"算账"。在这个过程中,每个人都急于发泄不满,只顾转嫁情绪,导致恒恒成为情绪的最终受害者。

试想,假如恒恒奶奶看到孩子"像恶狼一样吃晚饭",没有武断地认为老师不给孩子足够的食物,而是第二天到幼儿园了解情况,就不会满腹怒气地给带班老师打电话兴师问罪。假如小张老师在接到恒恒奶奶电话后,先安抚恒恒奶奶的情绪,并许诺通过调查了解恒恒在园用午饭的真实情况,之后帮其分析"晚饭吃得像成人一样多"的真正原因,并给出可行性建议,问题会获得圆满的解决。事实上,小张老师只感觉受了委屈,没有尝试通过调查了解情况以解决问题,而是把责任推给保育员,责怪保育员失职;而保育员没有反省自己,反而把情绪转嫁到恒恒身上。一件本不算严重的事件,最终演变为单纯的情绪发泄。事件发展中至少有三次"假如"可以避免怒气的传递，遗憾的是，"假如"并没有变为现实。

巡班的园长刚好走进来，看到这个情景，赶快来到恒恒面前，牵起恒恒的小手，带他去洗漱间把小脸、小手洗干净，待孩子情绪稍稍平复下来，园长蹲下来抚着恒恒的头，柔声细语地说："保育员阿姨跟恒恒开玩笑呢，恒恒不用当真的。饭菜要好好吃，这样很快会长高高，就能玩你喜欢的攀爬墙咯。"恒恒一听攀爬墙，来了精神，挣脱园长的手，自己跑回座位吃起饭来。园长又来到保育员面前，请她先去打扫洗漱间，自己代替她照看孩子吃饭。园长计划下班前找时间跟带班教师和保育员好好谈谈，坚决不允许这类事情再发生；同时以此事为案例，开展系列师德教育活动。

幸运的是，这个遗憾在园长处获得了及时的弥补。园长及时安抚了恒恒，避免了怒气继续发酵，伤害持续发生。更令人欣慰的是，园长打算以此为契机开展全员师德教育活动。我们相信，师德教育能有效改善保教工作者的教育情怀和保教行为。

家长育儿过程中，经常体现踢猫效应，这要求教师善于运用该效应及时对家长进行有效指导。

秋天的早晨天气凉飕飕的，熙熙手里拿个大冰激凌，一边吃一边和姥姥往幼儿园走。走到班级门口，姥姥怒气冲冲地把吃着冰激凌的熙熙推进屋里说："真是气死人了，老早就起来了，穿衣、洗脸磨磨蹭蹭，还非要看一会儿动画片才上幼儿园，好不容易从家里出来了，走到超市门口又死活不走了，非要个冰激凌，不买就在门口哭，也不怕冷，气得我拍她几巴掌……"熙熙一边吃冰激凌一边说："姥姥第一名来接我啊。"姥姥气呼呼地说："我才不接你，下午你也别去我家了，让你爸爸妈妈接你！"说完转身走了。姥姥的话惹得熙熙哇哇大哭起来，静静老师赶忙安慰道："熙熙，姥姥最爱你，但是刚才她有点儿生气，她下午气消了一定第一个来接你！"任凭静静老师怎么安慰，熙熙就是不停地哭，手中的冰激凌都化成汤，也始终不松手……

接下来，熙熙早饭吃得一塌糊涂，把爱吃的吃掉，不爱吃的故意扔进别人的盘子里；活动区游戏的时候，不时地有小朋友告她的状："老师，熙熙抢我的玩具""老师，熙熙把我们刚搭好的积木给推翻了"……之前静静老师很了解熙熙，知道她比较任性，特别是在姥姥的面前表现愈发严重。今天她的种种表现，也完全是由于早上和姥姥之间的"小矛盾"引发的任性情绪。于是，静静老师果断采取了"冷处理"的方法：静静老师双手按在熙熙的肩膀上，语气坚定地说："熙熙小朋友，你是一个明白道理的孩子，现在需要你做的事情是自己坐到靠窗的'思考凳'上，想一想你做的事情。"5分钟后，熙熙的情绪安静下来，静静老师跟她聊起来：早晨吃冰激凌的危害、不上幼儿园就看动画片的后果、不该不好好用餐、不该跟小伙伴捣乱……熙熙也认识到了自己不对，答应下午向姥姥道歉，然后跑着和小伙伴玩去了。

事后，静静老师又和熙熙姥姥沟通了任性的问题与危害，介绍正面管教的方法，熙熙姥姥也表示一定听从老师的指导，家园协调一致帮助熙熙。

姥姥因为熙熙早上的"不良表现"而"怒气冲冲"，于是以"我不接你，你也别去我家"来威胁熙熙并发泄怨气。熙熙娇嫩的身心无法承受这份打击，于是以捣乱行为来继续表达坏情绪，诸如往小朋友的盘子里扔自己不爱吃的食物、抢小朋友的玩具、毁坏小朋友的作品等。面对这样的情形，静静老师并没有以简单的方式严厉地批评熙熙，造成坏情绪的强化，而是以独特的智慧解决了问题。首先，静静老师先冷静下来，及时阻断了坏情绪；其次，果断地采取了"冷处理"的方式，在这个过程中，她仍不忘安抚熙熙，用双手拍拍熙熙的肩膀，先肯定她懂道理，再引导她反思自己的行为；待熙熙反省后，再指出她错在哪里，如何改正；最后，静静老师跟熙熙姥姥交流帮助熙熙克服任性的方法，并达成共识，建立了家园协同保教机制。

一、为自身健康，教师需要注重情绪管理

联合国教科文组织对健康的定义是：身体健康、心理健康和良好的社会适应能力。生气、愤怒、沮丧等消极情绪对人的身心健康的损害已被医学证明。因此，教师需要注意自身情绪管理。建议教师加强积极心理学理论学习，尝试在工作中不断实践和练习；掌握基本的情绪管理技巧，如睡眠放松法、运动减压法、兴趣转移法、倾诉释放法等。面对生活、工作中的种种不如意，教师应注重调节，及时拦截消极情绪，避免再现踢猫效应。

二、为幼儿营造健康人文环境，教师需要重视师幼双方情绪管理

幼儿园人文环境是对幼儿身心发展产生影响的重要因素。依据我国《3—6岁儿童学习与发展指南》中对幼儿健康领域发展目标的要求，教师首先应该为幼儿营造温暖、轻松的心理环境，让幼儿形成安全感和信赖感。如教师应保持良好的情绪状态，以积极、愉快的情绪影响幼儿；以欣赏的态度对待幼儿；幼儿做错事时要冷静处理，不厉声斥责，更不能打骂。

三、教师以身作则，引导幼儿学习恰当表达情绪和调控情绪

教师可能遭遇各种人生苦恼，如身体上的不适、感情上的磕碰等；更可能面对工作中纷繁复杂的状况，如师幼关系不畅、亲师沟通不顺等。此时，如果教师以平和、冷静的情绪从容应对，就不会向幼儿宣泄情绪，而是选择用恰当的方式表达情绪，为幼儿做出榜样。当教师发现幼儿不高兴时，应主动询问情况，帮助他们化解消极情绪；允许幼儿表达自己的情绪，及时给予引导，如幼儿发脾气时不强硬压制，而是待其平静后再告诉他哪些行为是可以接受的。教师以身作则是幼儿成长最直接的支持资源，幼儿在不知不觉中会效仿教师行为，因而教师应逐步提高以身示范的自觉意识。

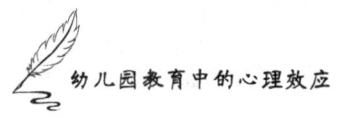
幼儿园教育中的心理效应

勇于担当承大任——尤人效应

女孩儿在网店买了条牛仔裤。货送到了，女孩满心欢喜地试穿，嘿，真是太漂亮了，就是有点儿长。退货比较麻烦，干脆自己改短一下吧。女孩儿跟奶奶说："您帮忙把裤子改短两厘米吧。""我在忙啊，去找你妈妈。"奶奶答道。女孩儿又跟妈妈说："您帮忙把裤子改短两厘米吧。"妈妈正在看电视剧，不置可否地把她推开。女孩儿又跑去找姐姐："帮忙把裤子改短两厘米吧。"姐姐说："等我把手头的报告写完就帮你。"女孩儿把裤子留在客厅，回房间学习了。过了一会儿，奶奶忙完了家务，把裤子截短了两厘米；妈妈看完电视剧，把裤子又截短了两厘米；姐姐报告写好了，把裤子再截短了两厘米。

第二天，女孩儿满怀期待地穿上牛仔裤。天啊！发生了什么？女孩儿又委屈又生气，她把奶奶、妈妈和姐姐都埋怨一遍：奶奶不爱她，妈妈不关心她，姐姐不在乎她……奶奶、妈妈和姐姐也觉得好委屈，明明好心好意按她要求做的，怎么遭到责怪了呢！继而，奶奶认为妈妈也有错，妈妈认为姐姐更有错，姐姐索性道："自己动手岂不是没这些事儿了。"

这场裤子事件中，女孩儿怪罪帮她忙的人，"奶奶不爱她，妈妈不关心她，姐姐不在乎她"；而奶奶、妈妈和姐姐除了责怪女孩儿不懂事，不知道体谅人，还互相埋怨。我们发现，女孩儿、奶奶、妈妈和姐姐都没有自我反省，分析自己在这个事件中的过失和该承担的责任，而是一味地归咎于他人。这是尤人效应的典型体现。

尤人效应指人常常把失败归结为别人的过错或者环境的影响，而很少从自己身上找原因。把成功归结为自己的才能和努力，把失败归咎于"运气不佳""问题本身就无法解决"等外部因素。既看不到别人的优点，也看不清自己的弱点。这是源于个体总是倾向于以有利于自身的方式来进行自我知觉。

日本心理学家在1000个人中做过一项测试，询问每人遇到的3件不愉快的事是什么原因造成的，结果有991人认为是由他人造成的。

这是人们心理上的自我保护机制，"不是自己的错，就可以维护自我的高自尊水平。"

美国心理学家拉塔纳把一群人分别分成1个人一组、2个人一组、3个人一组、10个人一组，然后举行拔河比赛，测量每个人在拔河中贡献的力气。实验证明，2个人一组时，人用的力气比1个人一组的要小，只用了93%的力气；3个人一组时，每人用了83%的力气；10个人一组时，每人只用了39%的力气。看起来，参加的人数越多，每个人所使的力气就越小。

集体活动中，尤人效应更经常显现。当需要大家共同分担责任时，最容易出现推卸责任的情况。当一群人拔河的时候，拔河即便失败了，责任是分散的，那么就很容易将原因归结在其他参加人的身上。必须指出的是，埋怨指责是无效的合作方式，一个人如果长时间习惯于将失败他向归因，不能理性分析自我的问题，就无法进步、成长。

鉴于尤人效应的负面作用，教师应重点注意，一旦幼儿出现类似的情绪或心理状态，应及时给予引导，支持幼儿获得正确的自我认知，从而避免幼儿形成怨天尤人的思维定式。

积木区的活动开始了，辰辰、萱儿、潼子、默宝一起商量搭建水关长城。活动前，萱儿先画好了图纸，然后组织辰辰、潼子和默宝开始搭建起来。由于是萱儿选择的搭建主题，她兴致高昂，细致地看图纸，主动协调同伴，指挥大家搭建城楼、拐角、台阶，还不时地踏上去试试是否结实安全。而辰辰一直独自搭建小城堡，不理会长城的事儿；潼子和默宝则在萱儿的指挥下，一块一块地搬运积木，之后就等在旁边。活动时间结束了，水关长城没有完成。

在讲评环节，萱儿作为代表分享并展示本组的建构作品。静静老师肯

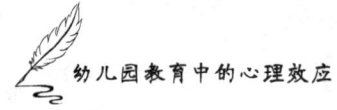

定了他们的计划性、分工合作,萱儿脸上洋溢着自豪的笑容。当谈到作品时,萱儿道:"都怪辰辰,他只顾搭建小城堡,不跟我们一起,我们人数太少了,就没完成。"

静静老师抓住这个教育契机,向其他幼儿问道:"你们怎么看?同意萱儿的意见吗?"

幼儿七嘴八舌展开了讨论:

"辰辰也没闲着啊!"

"小朋友应该一起合作完成长城,辰辰可以明天再搭他喜欢的。"

辰辰小声道:"他们都不和我搭建城堡,我的也没完成。"

"潼子和默宝在那里站着,时间就浪费了。"

潼子说:"我们得听萱儿的指挥呀,她是小队长。"

……

面对幼儿们众说纷纭,静静老师适时地不断抛出问题:

"若想在一定的时间完成一件工作,一个人的力量能完成吗?"

"大家合作完成一件事情,都需要做什么准备呢?"

"实施中若发现问题,该如何处理呢?"

经过讨论,孩子们终于明白了:开始工作之前,小组每个人要表达出自己的想法,其他成员要认真听,商量好了、确定了就进行分工,分工要按每个人的兴趣,如辰辰想搭建城堡,可以安排辰辰负责城楼部分,潼子和默宝本来就了解计划的细节,也知道要搭建什么,就不用等号令,搬运后就参加搭建,这样不会耽误时间。萱儿表示,她下次一定要听一听成员的意见,大家一起开心游戏。

静静老师肯定了孩子们的解决办法,之后说道:"合作时出现问题,小朋友之间不要互相埋怨,这样会伤害感情,没有一点儿好作用。老师希望以后小朋友一起游戏时,遇到问题就一块想办法解决,不再互相责怪。想一想,谁喜欢被别人埋怨啊?总是埋怨别人,那就没人愿意跟他玩儿,他一个人还能做成什么呢!"

在幼儿园中,这种现象很普遍,幼儿出现一点小问题和小障碍,就互相指责,"都是他教我的、不是我弄的、他先推我的……"静静老师变问题为资源,抓住教育契机。通过递进式提问,让幼儿明白在合作中需要有责任心,互相支持和帮助,这样才能把一件事情做成。若总是埋怨指责,只能让自己失去伙伴,最终将一事无成。

在家园沟通中也要注意避免尤人效应的负向作用。

一天早晨,静静老师正在班级里接待幼儿来园,陪幼儿做晨间游戏。洋洋走进来:"老师,天天的妈妈在门口批评硕硕呢。"

听到这话,静静老师赶紧赶到门口,听到天天妈妈的声音:

"你才是帮倒忙的孩子呢!"

"你这么小就跟小霸王似的!"

"你个子高就欺负人呢?"

……

静静老师先把吓蒙了的硕硕带进教室里安顿好,然后跟天天妈妈了解情况。原来硕硕前两天跟天天说:"我们不想跟你在积木区游戏,你总是帮倒忙。"结果天天很不开心,跟妈妈诉说自己的委屈。

静静老师说:"硕硕的话造成天天的不愉快,您一定很心疼也很担心吧。"天天妈妈点点头。

"若是我告诉您,硕硕小朋友主动把自己的笔借给别的小朋友,户外活动他会把自己的手套给别人戴,您还认为他是个帮倒忙、欺负人的孩子吗?硕硕妈妈要是听到您这些话,会不会跟您一样心疼自己的孩子呢?假如他妈妈也过来跟天天说同样的话,那会怎样呢?"天天妈妈沉默了。

这件事情引起了静静老师的重视,静静老师在家园联系群中发送了两条信息。一是《3—6岁儿童学习与发展指南》中幼儿社会性发展内容:"合作,遇到困难一起克服;有同伴发生冲突时能自己协商解决;不欺负别人也不允许别人欺负自己。"二是给家长的建议:当孩子之间发生矛盾或冲突时,指导他尝试通过协商、交换、轮流玩、合作等方式解决冲突。

第二天,天天妈妈带了一个小蛋糕给硕硕,诚心表达歉意,并嘱咐天天跟硕硕好好玩。

面对天天妈妈的做法，静静老师并没有指责她，而是通过换位思考让她意识到自己的错误，及时制止了事态的扩大和恶化。同时，她及时指导家长正确引导孩子的人际交往和社会性发展。

一、引导幼儿明确责任，培养责任感；做错事情勇于担当

教师应结合幼儿园一日活动的各个环节，引导幼儿明确责任，发展幼儿责任意识，使幼儿逐步建立责任感；引导幼儿整理物品、收拾玩具、做班级值日生、做小助教、照顾班里小动物和小植物等；引导孩子学会履行诺言，言而有信；做错事情要勇于面对。

二、结合具体情境，引导幼儿换位思考，学习理解别人

教师应通过教育活动或一日生活环节，指导幼儿情绪认知和情绪管理。当幼儿发生争抢玩具等不友好的行为时，教师引导幼儿思考："假如你是那个小朋友，你有什么感受？"在幼儿出现互相指责时，教师引导幼儿思考："若你被埋怨，你会怎么想？"让幼儿学习理解别人的想法和感受。

三、利用生活和游戏情境，指导幼儿学习交往的技能

教师可以利用相关图书、故事，结合幼儿交往经验，与幼儿讨论哪些行为受大家欢迎；为幼儿提供需要大家齐心协力才能完成的活动，让幼儿在具体活动中体会合作的重要性，学习分工合作，尝试通过协商解决与同伴发生的矛盾或冲突。

第三辑

别出机杼显智谋
——做智慧型教师

导语

  幼儿园教师保教智慧体现在保教实践中教师依据自身对保教现象和相关理论的感悟，深刻洞察并敏锐机智、高效便捷地应对各种保教情境。幼儿园教师角色与保教工作的特点要求，需要不断生发、锤炼教师实践智慧，确保教师在呵护每个幼儿心灵的前提下，有效支持幼儿成长。为此，本辑心理效应主要在幼儿良好行为塑造和学习品质培养两个方面，为幼儿园教师提供指导和启示。同样，本辑仍然关照了心理效应在家长工作中的有效运用。

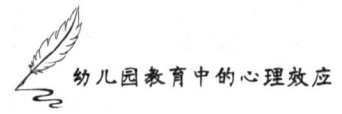

第一部分：良好行为塑造

先得寸，再进尺——登门槛效应

很久以前，有位农民以帮财主打理庄稼为生。一年到头吃尽辛苦，财主却以庄稼收成不好为由，没发给他一点儿酬劳，就直接赶走了农民。一天晚上，农民实在饿得厉害，忍不住敲开了财主家的门。农民恳求财主家仆人，让他靠近灶头取一会儿暖，仆人见农民冻得瑟瑟缩缩的模样，就答应了。过了一会儿，农民从怀里掏出几块石头，恳求仆人把炉灶借给他，让他做一顿"石头汤"。仆人很好奇，又觉得借炉灶也没什么损失，便答应了。"石头汤"熬得差不多了，农民向仆人借点儿盐，仆人二话没说给他拿来了盐。于是农民又开始煮起来，煮了一会儿，农民看着仆人，说道："如果有点儿菜叶，那就更好喝了，能不能再借我一点点儿菜叶呢？"仆人本就对"石头汤"很好奇，觉得几片菜叶也不是什么大事儿，就找来菜叶给了他。这时农民瞥见旁边砧板上有一些肉末，就又开口向仆人借，仆人一开始心里不情愿，但又觉得这么多东西都借了，也不差这点儿肉末，就同意了。农民将菜叶和肉末一股脑放到了"石头汤"里，便吃到了入冬以来最丰盛的一餐。

这个故事诠释了登门槛效应原理。登门槛效应说的是，人一旦接受了他人一个微不足道的要求，为了避免认知上的不协调，或想给人前后一致的印象，就有可能接受更大的要求，像登门槛那样，一级台阶一级台阶地迈过去。故事中，"进门取暖"是小要求，仆人感觉几乎没什么代价，没有戒备，就答应了，于是农民踏过了第一级台阶；接着，农民拿着自己备好的"石头"，请仆人把炉灶借给他用时，仆人觉得也没有损失，就同意了，于是，农民踏上了第二级台阶；再后来，农民向仆人借菜叶、肉末时，即便仆人不太情愿，但想到自己已经帮了农民那么多，干脆好人做到底吧，也就满足了农民的请求。

美国心理学家弗里德曼和弗雷泽通过"无压力屈从——登门槛技术"实验提出了登门槛效应。

实验者让助手到两个居民区，劝人们在房前竖一块写有"小心驾驶"的大标语牌。在第一个居民区，他们向人们直接提出这个要求，结果遭到很多居民的拒绝，接受的仅为被要求者的17%。在第二个居民区，他们先请求各居民在一份赞成安全行驶的请愿书上签字，几乎所有的被要求者都照办了，因为这是很容易做到的小要求。几周后，实验者再向居民提出竖牌的要求，结果接受者竟占被要求者的55%。

在现实生活中，人们通常都会拒绝难以做到的高请求，但一般不会拒绝容易做到且对自己无关紧要的小要求，一旦他同意了这个小要求，那么在他的心里，为了保持前后一致，很大可能会接受更高的要求。有研究进一步发现，这方面的概率存在76%的可能性，即每100个人一开始答应了一个没有任何理由拒绝的小要求，接下来76个人可能会接受更大的要求，并且不需要任何说服手段，这是因为个体需要在行为和态度上与之前保持一致，从而达到认知上的协调性。

掌握"登门槛效应"原理，教师将其应用到保教工作中，能有效助力幼儿成长。

静静老师今年接新的中班，发现有个叫小乖的男孩儿挑食特别严重，蔬菜一口都不动。为此，静静老师跟家长多次沟通，小乖妈妈表示自己也无能为力，看来在改正小乖偏食的问题上，争取家园合力是指望不上了。这天，静静老师跟小乖说："咱们班认养了一只小兔子，特别可爱，想不想跟老师一起去看看？"小乖的眼睛一下亮了，使劲儿地点点头。蹲在兔窝门口，小乖跟小兔子玩起来，静静老师递给小乖一根胡萝卜，小乖喂给白兔，兔子"咔嚓咔嚓"的咀嚼声吸引着小乖，"老师，它嘴巴小小的，吃得好香。"就这样，小乖几乎每天下午都跟老师一起喂兔子，投喂的食物换成生菜、白菜、芹菜和菠菜。小乖把兔子当成好朋友，每天都催着老师带他喂小白兔。有一天，静静老师问："为啥那么喜欢小白兔啊？""它可爱。""哪里可爱呢？""白白的毛毛、红红的眼睛，吃东西咔嚓咔嚓。""那小乖知道兔子怎么会这么可爱吗？老师告诉你，因为它爱吃蔬菜，营养充足啊，小乖要不要试试？"当天午饭时，静静老师请小乖尝了一小块胡萝卜，小乖尽管不太情愿，也还是吃下去了，一边吃一边自言自语道："白兔爱吃胡萝卜。"后来，静静老师不露声色地变换小乖盘子的菜量和品种，小乖每吃一口菜，老师就说一句"小白兔也爱吃这个"，这时小乖就露出笑脸。就这样，经过近一个月的时间，小乖终于习惯吃蔬菜了。

　　案例中，静静老师运用登门槛效应，有效干预幼儿偏食问题。她先请小乖跟她一起看小兔子，小动物跟幼儿之间有天然的情感联结，这是一个既简单又愉快的要求，小乖很痛快地接受了建议；接着，教师不露声色地交给小乖容易完成的任务——投喂胡萝卜，小乖自然而然地执行了。加之教师有意地言语引导，使之后的"吃一小块胡萝卜"的任务显得不再突兀，小乖没有明显的抗拒。就这样，小乖一步一步地顺理成章地接受了各种各样的蔬菜。

　　小轩升入大班后，仍然不喜欢整理床铺和内务。每次午睡起来，都不肯叠被子，想各种借口推脱，一直到保育员过来帮忙，才勉强装装样子。小柜子也总被塞得乱七八糟，每次一打开柜门，各种东西稀里哗啦地落下来。为使小轩掌握必要的整理技能，为顺利升入小学，早日适应学校生活，静静老师决定帮助小轩改正这个不良习惯。于是，静静老师跟小轩妈妈商定一起帮助小轩。她们在家中和幼儿园安排小轩承担简单的事情——给绿萝浇水，家里的绿萝每星期天浇水一次，班里的绿萝星期一浇水一次。小轩接受了任务，从一开始需要家长和老师提醒，到后来主动"工作"。一天，妈妈特意买了一套小猪图案的餐具，安排小轩每天晚饭时负责摆餐具，对小猪的喜欢让他毫不迟疑地答应了。此后，小轩每天晚饭都主动把"小猪"请出来,渐渐地,若家人在他之前摆好了餐具,他就特别提醒:"这事儿归我管!"一段时间下来,小轩妈妈很惊喜地告诉静静老师:"小轩变得勤快了,也有责任心了。"接着,静静老师指导他收拾自己的小柜子,小轩不再表现出之前那般的抗拒情绪,小手很麻利地整理起来。就这样,三个月过去了,小轩能主动地、独自地按时给绿萝浇水,摆餐具,收拾柜子,午睡起来将被子叠好,把床单展平。

静静老师争取家园合力,以循序渐进的方式帮小轩设计了个性化干预方案。从最简单的任务做起(每周一次或二次给绿萝浇水),待小轩习惯了轻轻松松地完成小事情,跃过第一级台阶,再逐渐变换目标,增加难度,使小轩在不知不觉中发生着改变,直到他养成了自觉自愿地整理柜子和床铺,拥有了自我服务的意识和基本技能。

登门槛效应也可以反向使用,当幼儿拒绝接受较高的要求时,教师可以适时地提出较低的要求,这时幼儿能够很容易接受。

室外自由活动时,滔滔一直在玩喜欢的滑梯。快到午饭时间了,静静老师把孩子们集中起来,打算带队回教室去。滔滔不肯离开滑梯,嚷嚷着:"就玩一小会儿。"他这样说着,脚下不停,一趟一趟地爬上滑下。静静老师想,慌乱中难以避免危险,又影响班级整体安排。于是,静静老师请另一位带班老师陪着孩子们回班里。自己来到滑梯边,对滔滔说:"午饭时间要到了,我们明天再玩。现在老师给你两个方案,要么再玩一次跟老师回教室,要么再滑三次跟老师回教室。"当然,滔滔不出意外地笑嘻嘻选择了后者,之后就乐颠颠地跟静静老师回教室去了。

当孩子不愿按照要求做出某种行为时,反登门槛效应的运用可以让孩子自愿做出行为,更重要的是,在这个过程中,孩子是心甘情愿和心情愉悦的。

一、降低门槛、目标递进,唤起幼儿主动探究的热情与行为

教师以低门槛唤起幼儿发展的主动性和自主性,以递进目标不断吸引

幼儿发展。从容易的任务开始，一步步地激发幼儿，使幼儿亲身体验自己的力量和成长的快乐。幼儿是热情的渴望学习者，只要引导得当，成长是顺其自然发生的。小乖从陪伴小白兔到投喂小白兔再到尝试吃蔬菜，最后习惯吃蔬菜的过程，是一个逐步从被动到主动发展的过程。

二、在幼儿行为塑造中，紧密结合幼儿心理特点，善于利用生活契机

对于幼儿成长中表现出的各种现象，无论是正向的或是不良的，教师切忌急于求成，切忌简单说教；否则，既可能扼杀了幼儿发展的主动性和内驱力，又可能造成不良行为的加剧。因此，教师应依据幼儿心理特点，层层递进实施引导。静静老师联合小轩家长形成家园合力，利用生活环节对小轩的问题实施干预，获得积极效果。

三、巧用反登门槛效应，处理幼儿园常见问题

教师发挥实践智慧，巧用、反用登门槛效应，解决保教一线中常见的问题。幼儿不肯上床、该起床了又赖着不肯起来、区域活动结束不愿离开、室外游戏不肯回班、独占玩具不肯与同伴分享等，看似是小事儿，若处理不当会耗费教师很多精力。若掌握登门槛效应并能灵活运用，教师可以轻而易举地解决问题。

迟来的礼物——延迟满足效应

马上要到新的一年了，牛牛比以往更期盼着新年的到来，因为幼儿园要举办盛大的新年活动，每个小朋友都可以通过自己的努力得到新年礼物。终于到了活动的那天，老师告诉小朋友，可以通过完成游戏任务积攒小星星来换取自己想要的礼物。哇，10颗小星星居然可以换幼儿园特制的勋章，这可是牛牛梦寐以求的。牛牛特别努力地去完成游戏，终于获得了10颗小星星。但是幼儿园当天准备的勋章很快就被分完了，牛牛要么换其他玩具，要么只能等到第二天再兑换勋章。"怎么办呢？我太想现在就拿到新年礼物了，可是我也很想要勋章。"想来想去，牛牛做出了抉择："老师，我要等明天再来换勋章。"就这样，新年当天，牛牛眼巴巴地看着小朋友拿到新年礼物。第二天，老师拿着漂亮的勋章来换给他的时候，牛牛高兴得眼泪都快流出来了。

牛牛面对的确实是令人纠结的两难选择：一方面，他如果想得到梦寐以求的礼物，就必须要抵制住诱惑，承受"艰难"的等待；另一方面，牛牛无须等待，即刻就能得到其他的礼物。在面对诱惑的时候，牛牛表现出了很强的自我控制能力，熬过了"漫长"的等待，得到了对他来说最好的礼物。这个故事很好地诠释了延迟满足效应。延迟满足效应是指为了长远的更大的利益而自愿延缓或者放弃目前的较小的利益，并且在等待中表现出恰当的自我控制能力。

20世纪60年代，美国斯坦福大学心理学教授沃尔特·米歇尔在幼儿园进行了一个著名的关于"延迟满足"的实验。研究人员找来数十名幼儿，让他们每个人都单独在一个只有一张桌子和一把椅子的小房间里，桌子上的托盘里有这些儿童爱吃的棉花糖。研究人员告诉他们可以马上吃掉棉花糖，或者他们也可以等研究人员回来时再吃，如果那样还可以额外再得到一颗棉花糖作为奖励。他们如果想马上吃掉棉花糖，就可以按响桌子上的铃，研究人员听到铃声会马上返回。对这些孩子们来说，实验的过程颇为难熬。有的孩子为了不去看那诱人的棉花糖而捂住眼睛或是背转身体，还有一些孩子开始做小动作——踢桌子、拉自己的发辫，有的甚至用手去打棉花糖。结果，大多数孩子坚持不到3分钟就放弃了。"一些孩子甚至没有按铃就直接把糖吃掉了，另一些则盯着桌上的棉花糖，半分钟后按了铃。"大约1/3的孩子成功延迟了自己对棉花糖的欲望，约15分钟后，他们等到研究人员回来兑现了奖励。

米歇尔认为，这个棉花糖实验对参加者的未来有很强的预测性。"如果有的孩子可以控制自己而得到更多的棉花糖，那么他就可以去学习而不是看电视。""将来他也会积攒更多的钱来养老。他得到的不仅仅是棉花糖。"

我们姑且不去讨论棉花糖实验是否如米歇尔说的那样能有效地预测孩子的未来，但是无可厚非的是，延迟满足确实是个体有效自我调节和成功适应社会的行为发展的重要特征，是一种为了更有价值的长远结果而主动放弃即时满足的抉择取向，属于人格中自我控制的部分，对处于发展期的幼儿形成良好自控力有着积极作用。

延迟满足效应经常会用在幼儿园的保育活动中，以帮助幼儿养成良好的行为习惯和培养幼儿的自我控制能力。

在幼儿园的一日生活中，幼儿们的活动环节和活动时间是有一定顺序和时间的，如早饭—区域角—教育活动—户外活动—午饭—午睡—午点—教育活动—户外活动—收拾整理—离园，各个活动之间转换的时间是过渡环节，有时这样的顺序也会因为幼儿兴趣点或实际需要而进行调整。由于升入大班的幼儿已经有了初步的时间概念和自我管理能力，老师会鼓励他们根据自己的需要共同商讨制订一日的计划和制订每个人自己的过渡环节计划。

有一天，静静老师往区域角投放了一些新的玩具和材料，很多孩子都将这个区域角计划到了自己的过渡环节里。但是静静老师发现这次的新玩具很多是拼插玩具，拼插游戏的过程和收纳整理都很占用时间，小朋友们在过渡环节的时候花费在区域角的时间太久，会导致不能及时喝水和如厕。于是静静老师和孩子们一起商量起来，"老师发现，你们都很喜欢这个玩具，每次过渡环节都会去玩。但是我却发现有的小朋友嘴巴干干的，这是怎么回事啊？"青青说："因为没有喝水。"静静老师惊讶地问道："为什么不喝水呢？""因为去喝水的话，就没时间玩新玩具了。"静静老师说："哦，原来是这样啊，可是得喝足够的水才能让我们的身体更健康啊，有没有什么好方法，既可以让小朋友们有时间喝水和上厕所，还能有充足的时间玩玩具呢？"孩子们都大胆地表达自己的意见，"我们可以快点喝水快点上厕所。""静静老师，能不能把游戏时间延长呢？"

静静老师示意小朋友们安静下来说："那这样好不好，每次过渡环节如果你们能先把喝水、上厕所、洗手这些事情做完，静静老师就把玩玩具的时间延长五分钟，这样你们就可以有充足时间玩玩具了，好不好？"孩子们高高兴兴地答应了。

之后的过渡环节中，孩子们都先完成生活活动再去区域角，静静老师按约定将过渡环节的时间延长了五分钟。

学龄前幼儿的自我控制能力和解决问题能力还处于发展阶段，他们难以自行权衡事情的利弊，往往需要教师利用各种策略加以引导。上述案例中，过渡环节时间的延长就是对孩子们等待的一种奖励，也是延迟满足效应的应用。教师跟孩子们共同商定规则，这有利于幼儿自觉遵守；教师和幼儿进行充分的沟通，让幼儿们了解到延迟可以获得更多的游戏时间，帮助他们抵御玩具的诱惑，从而提高幼儿的时间规划能力和自我控制能力。

特色专室活动中，6个小朋友在做火勺专室里兴致勃勃地工作着，在大家的努力之下，一共做了37个小火勺。孩子们高兴地把火勺打包，要分享给班里的其他小朋友。回班之后，孩子们都拥上来想要看看小火勺，你争我抢地要尝一尝。欣茹马上把火勺藏在了身后，"不能抢不能抢！"静静老师接过了欣茹手中的小火勺，对孩子们说："这是做火勺专室的小朋友们辛苦劳动得来的，可以分给大家，但是大家需要等一下，他们辛苦了一上午,特别特别累,需要让他们先休息一下,等他们休息好了,就给我们分小火勺,好不好?"然后静静老师将小火勺放在了饭桌上,孩子们虽然散开了,但是一双双眼睛却还盯在小火勺上,甚至有几个小朋友跑回来围在饭桌四周对着小火勺指指点点,还用小手往自己鼻子的方向扇了扇,好像能闻到小火勺的香味。但是没有一个小朋友伸手去拿小火勺,静静老师微笑着把孩子们的表现都记录了下来。等欣茹她们收拾整理了大约十分钟后,静静老师帮忙组织起小朋友们,6个小朋友分享了自己做小火勺的经验,然后给每个小朋友分了一个精巧的小火勺,小朋友们高兴地对欣茹她们说"谢谢",便愉快地品尝了起来。

在本案例中,为了让幼儿懂得尊重他人的劳动成果,静静老师运用了延迟满足的原理。孩子们经过等待才能得到小火勺,但在延迟的过程中,孩子们表现出了较强的对诱惑的自我控制能力。他们能够认真听完同伴的经验分享,表现出了对同伴的劳动成果的尊重。对幼儿的这种锻炼,也能够延伸到家庭养育活动中,如要等辛苦做饭的人坐到饭桌前才能开始吃饭、等到节日的时候才能得到期盼的礼物等。

实践指南

一、了解幼儿,循序渐进地运用"延迟满足"策略

延迟满足需要建立在了解幼儿的基础上,如果一个孩子从来没有被"即时满足"过,那么如何让他理解"延迟满足"的意义呢?教师需要去了解幼儿目前的状态,并以此来确定让幼儿等待的时间长短,了解幼儿是否有能力做好等待时的规划等。教师要逐渐提高要求,帮助幼儿最终达到根据社会和自我需要去约束和调节自己行为的目标。

二、评量需求,确定满足的程度

作为幼儿最信任的人,教师要学会对幼儿提出的要求进行考量,从而决定满足的程度——及时满足、延迟满足还是不能满足。在合理的延迟满足锻炼中,孩子的自控能力会不断提高。每个幼儿都是独立的个体,有自己的思想,一味按照成人的意愿来要求他们:有的事情要"等一下,不要

着急",而有的时候却一直被催促"快点,不要磨蹭"。要求不一致,幼儿会不知所措。作为教师不应该帮助幼儿做决定,他们有权利知道需要等待才能获得满足或不能得到满足的原因。

三、兑现"满足"是延迟满足的关键

延迟满足的关键是兑现"满足",延迟只是策略。当幼儿遵守规则后必须兑现"满足",如果未履行承诺,就会造成幼儿的心理落差,降低他们的安全和对教师的信任。例如,有一天对孩子说:"今天的时间不够了,明天我们再来玩滑梯吧!"到了第二天约定的时间,一定要主动带着孩子去户外玩滑梯。久而久之,孩子自控能力就逐渐增强了。

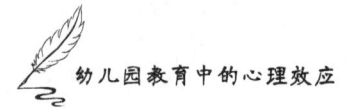
幼儿园教育中的心理效应

对拖延说"不"——最后通牒效应

美国谈判专家柯英要和日本某企业进行一次重要的谈判。柯英刚下飞机，日本企业两名谈判代表已等候在出口处。这两个人热情地接过柯英的行李，把他送去酒店。在路上，日本职员彬彬有礼地询问柯英："您准备哪一天回去，我们好预定送您的汽车。"柯英受到如此礼遇，自然地取出回程机票给日本人看。

令他没有想到的是，因为无意中泄露了行程，他让自己在谈判中陷入了被动的局面。到日本的前十天里，日本方面每天只是招待他到各个名胜古迹参观游玩，对有关谈判的内容只字不提。直到柯英回程的前两天，谈判才正式开始。到了最后一天，双方的谈判才真正进入主题，当谈到最重要的问题时，接柯英去机场的小轿车已经等在门口了。于是，最后的谈判只好在车里进行，直到柯英临上飞机时，才最终达成谈判的协议。当然，谈判的结果对美方非常不利，日本人因为巧妙运用了最后期限的技巧，大获全胜。

这个故事中，日方谈判代表巧妙地运用了最后通牒效应，让柯英没有更多的时间充分准备资料进行谈判，最终日本获得最有利的条件。在生活中，许多人都有这样的心理：对于那些不需要马上完成的任务，都习惯于在最后期限即将到来时才去努力完成，心理学上将这种现象称作"最后通牒效应"。这种心理效应可能反映了人类心理的某种做事不积极的倾向，即人们在从事一些活动时，总觉得预备不足，能拖就拖。人们在"最后通牒效应"的影响下，离完成时限越近的任务，人对它的关注度及投入的精力就会越大；对于那些迫近最后期限的工作，人往往更会激发自己的潜能，调动全部智慧，保证工作能够按期完成。

教师掌握最后通牒效应原理，在保教工作中恰当地运用，能够使幼儿园一日生活中的很多问题得到有效解决。

为了帮助幼儿养成良好的卫生习惯和生活常规，班里有这样一个规定——要求幼儿吃完午饭后要做完擦嘴、漱口、在固定活动区玩手头玩具、散步这几件事，之后再上床睡午觉。这天，静静老师组织幼儿散步时，发现涵涵急急忙忙地放下手头玩具，慌手慌脚地跑到小镜子前擦嘴，然后着急地对老师说："等等我，我还没漱口呢！"说完，她又急急奔去盥洗室漱口，这时静静老师只能和其他小朋友排队等着涵涵一起散步。在接下来的两天里，静静老师特意观察涵涵，发现她吃完午饭后会直接去选择手头玩具，很专注地一直玩到教师组织幼儿排队散步，她才会去擦嘴和漱口。这就使得教师和小朋友排好队等待她，而涵涵在慌张中可能出现摔倒、擦伤的安全隐患。

幼儿拖拉往往有多种原因。而涵涵是因不懂安排时间，又被玩具吸引，所以不能按常规进行活动，并非态度上藐视规定，故意为之。这种情况下，简单的说服教育肯定起不到作用，只有像静静老师这样，找到真正的原因，及时给予正确的支持和引导，才能解决问题。

为了解决涵涵做事拖延的问题，静静老师重新帮助涵涵梳理了在吃完午饭后要做的几件事情。然后找涵涵单独交流起来："你看，当表的时针指到10时，你就要把自己要做的事情都做完。"（中班的涵涵不认识钟表，表的时针指到10时，代表11：50）之后，静静老师与涵涵一起为午饭后的时间重新做一个计划，并细致向涵涵解释每个时间节点要完成的任务。在确定涵涵完全理解计划内容之后，静静老师说："老师希望从明天开始，涵涵能按照计划执行。"涵涵面露愧色："静静老师，以前总是让所有小朋友都等我散步，是我不好，我以后吃完饭第一件事就去擦嘴，再去漱口，最后再玩玩具。"第二天午饭后，涵涵果然按着自己的计划去擦嘴、漱口……做事的效率提高了，也不用小朋友等着她散步了。

做事拖延是很多孩子成长中都可能存在的问题。涵涵之前没有合理管理自己的时间，总是对擦嘴和漱口这两件事情一拖再拖，导致其他小朋友都要等着她去散步。但涵涵在静静老师引导下合理规划时间后，对擦嘴和漱口两件事不再拖延，再也不用小朋友等她了。对于没有外部期限的任务，幼儿很容易一直拖着不做，这时就需要教师给他确定一个时间期限。像涵涵这样的拖延问题，最简单的方法就是帮助其分别规划和设定擦嘴、漱口、玩手头玩具的时间，帮助其分解任务，推进其在日常生活中良好的行为管理意识，并逐渐进入一种规律的模式。

午睡后的起床环节，小朋友会坐在小椅子上穿衣服，而晨晨总是一边穿衣服一边在小朋友面前晃来晃去，小嘴巴也不闲着，不停地分享发生在自己身上的趣事。这样做的后果就是，其他小朋友都已经穿好衣服并且吃上水果了，只有晨晨仍在穿衣服。为了解决晨晨穿衣服拖延问题，静静老师准备了一个小沙漏，并告诉晨晨："当沙漏漏完了，你就要穿好衣服。"有了沙漏的帮助，每当晨晨在拖延穿衣服时，静静老师就会说："晨晨，快看沙漏！"一听这话，晨晨就会快速地回到自己的位置上穿衣服，而且总能在沙漏漏完之前就把衣服穿整齐。

对于晨晨穿衣服拖延的问题，静静老师智慧地运用了最后通牒效应原理，用沙漏来引导晨晨在规定时间内穿好衣服。孩子对于会做的事情，拖拉不完成，我们可以利用最后期限，帮助孩子提高自己的做事效率。

最后通牒效应原理可以运用在家园沟通中，帮助教师提升沟通的效率。

幼儿园有一个规定：家长要在每个月的月初在银行卡里存满托费，以便扣款；如果幼儿的托费在月初没有自动扣费成功，那么家长就需要到财务室交现金，这无形中会花费家长更多的时间和精力。这个月，班里有五位家长没有及时存托费，导致自动扣款失败。静静老师便给这五位家长分别发送了这样一条信息："您好，×××家长，由于您的银行卡余额不足，本月孩子的托费没有扣款成功，需要您尽快带×××元现金到财务室交托费，谢谢您的理解和配合。"收到短信的家长一一回复静静老师，并表示会尽快到幼儿园交托费。

但是过了一个星期，会计给静静老师打电话："你们班还有三位家长没

第三辑 别出机杼显智谋

有来交托费,麻烦你再跟家长沟通一下,这个星期五就要结算了。"静静老师很困惑,明明自己已经和家长讲得很清楚了,家长也表示会尽快去财务室交费,怎么还有三位家长没有交费呢?于是静静老师又分别给这三位家长发了这样一个通知:"您好,×××妈妈,由于本周五财务室要结算,请您务必在周四上午12:00前带×××元到财务室交托费,谢谢您的理解和配合!"

到了周四中午,静静老师打电话到财务室询问交费情况,会计老师告诉她:三位家长已经全部交完托费了。

家长由于不同情况(工作忙没时间、忘记了、出差在外地等),造成托费晚交的现象经常发生。静静老师处理家长拖延交托费的问题体现了最后通牒效应,第一次发短信给家长提示到财务室交托费时,并没有给出家长最后期限。由于没有时间紧迫感,家长迟迟没有到财务室交费;第二次发信息时明确了交托费的最后期限,家长发现已经不能再拖下去了,便马上在规定时间里完成了托费的交纳。这说明不仅是幼儿,即使是成人,在时间比较充裕的情况下,可能也会不由自主地放慢脚步,能拖就拖,直到最后的节点才完成工作。

实践指南

一、帮助孩子分解并明确任务

面对需要完成多个小任务的环节,若由幼儿独自来做时间管理,是有困难的。特别是学前早期的幼儿,他们还缺乏时间概念,活动的目的性和意识性还不强。教师需要把大任务分解成多个小任务,并且帮助幼儿明确和熟悉这些小任务的流程。在不断反复的过程中,幼儿学习了自己按照流程来完成过渡环节的各项事情。幼儿对环节的熟悉也增加了他们的安全感和掌控感,让他们更高效地完成各项任务。

二、引导孩子制订时间管理计划

把重要的事情先做完是管理时间的重要方法。教师应有意识地为幼儿提供一些机会来学习时间管理,从与幼儿一起制订计划到支持幼儿独立制订计划。教师可以与幼儿一起讨论，哪些是幼儿最想完成的任务，然后鼓励幼儿按照顺序来实施计划。在活动结束后，教师应引导幼儿进行反思，不断将自己的计划和实施结果做联结。在这个过程中，幼儿会逐渐体验到如何充分和有效地使用时间。虽然一日常规中的各项事情，并非按照幼儿最想做的顺序来安排，但他们养成的时间管理的能力会迁移到生活常规活动中。

三、设定最后期限，同时允许一定的灵活性

幼儿教师适当地运用最后期限的效应来帮助幼儿和家长提升效率，但是，我们也应该考虑到"最后期限"效应的使用是有适用范围的。有些现象看起来是幼儿在"拖拉"，实则他们可能是在用更多的时间进行学习。例如，幼儿在反复探索材料时，幼儿在尝试用新方法解决问题时，幼儿因发展水平限制而不断犯错时……总之，教师对最后期限的执行需要保持一定的灵活性，既要帮助幼儿向不必要的拖延说"不"，也要对有发展价值的"拖延"给予更多的机会和支持。

无声的指挥棒——标签效应

心理学家克劳特曾做过这样的实验：他要求一群参加实验的人对慈善事业做出捐献，然后根据他们是否有捐献，将他们分别界定为"慈善的人"和"不慈善的人"。相对应地，还有一些参加实验的人没有被下任何结论。一段时间过后，他再次要求这些人做捐献。此时他发现，那些第一次捐了钱并被界定是"慈善的人"，比那些没有被下过结论的人捐钱要多得多，而那些第一次被说成是"不慈善的人"，比那些没有被下过此结论的人捐献得要少得多。

这个实验体现了标签效应原理。标签效应是指当个体被定义为某类人或被贴上某类标签时，比如"善良的"或者"狠毒的"、"大方的"或者"小气的"、"坚强的"或者"脆弱的"、"高尚的"或者"卑劣的"等，那么该个体就会受到这个标签的暗示，自觉或不自觉、有意识或无意识地按照这个标签的指向去行动，使自己的行为与所贴的标签内涵保持一致。

美国心理学家贝科尔认为："人们一旦被贴上某种标签，就会成为标签所标定的人。"

第二次世界大战期间，心理学家招募一批不遵守纪律、不听从指挥的新士兵参与这样一个实验：让他们每人每月给家人写一封信，信中要把自己描述成为一个在前线遵守纪律、奋勇杀敌、立功受奖的战士。半年后这些士兵发生了很大的变化，他们真的如信中所描述的那样服从指挥、英勇善战。

标签效应的作用原理在于，"标签"具有定性导向的暗示作用。给个体"贴标签"的目的，是使其向"标签"所喻示的方向发展。所以，标签效应有时会被称为期待效应。

在幼儿园保育活动中，正确运用标签效应，能收到积极效果。如给孩子贴一些正向标签，"聪明""勇敢""有礼貌""坚强"等，就会使幼儿建立自信心，自觉产生与"标签"相一致的行为，朝着成人所期望的方向发展。但必须注意的是，如果标签效应运用不当，会造成消极后果。如给幼儿贴一些负向标签，"坏孩子""笨孩子""问题孩子""胆小懦弱"等，很多孩子在这种心理暗示下，对自己渐渐失去信心，真的变成了"坏孩子""笨孩子""问题孩子"。因此，教师既要运用标签的正面导向功能，又须避免标签的负面导向功能。

静静老师今年带的小班里有一个叫悦悦的小男孩儿，平时玩"拉火车"游戏时，总是推小朋友，还爱和小朋友抢玩具……简直没有一刻可以安静下来的。虽然教师多次批评教育，但效果甚微。现在班里很少有小朋友愿意和他玩。

一次，在美工区，静静老师发现悦悦捏橡皮泥很认真很投入。静静老师就悄悄地凑到他跟前，只见他用小手把黄色的橡皮泥轻轻地捏扁捏圆，又在桌子上用掌心压平。悦悦看到老师过来了，兴奋地说："老师，快看，我做的饼干。""呀，悦悦的小手真灵巧，做得好细心，饼干做得太像了，要是饼干上有一些小花纹就更有食欲啦！"听到老师的夸奖和期望，悦悦从工具箱里拿出割刀，在饼干上划几条横条条、几条竖条条，饼干上呈现出漂亮的花纹。悦悦指着他的饼干说："老师，你看！看着香不香！""好创意！"静静老师竖起大拇指，原来那么闹腾的孩子，也有安静的一面，还那么心灵手巧。

这里，静静老师并没有因为悦悦的调皮捣蛋不安静而给悦悦贴"黑标签"，而是通过细心观察，寻找悦悦的优点和特长，给悦悦贴一个积极的标签——"小手真灵巧""好细心"。这其实是给悦悦正面心理暗示，而悦悦在"标签"作用下已呈现出积极的行为。

静静老师在区域游戏评比时，表扬悦悦小朋友专注、细致、有创意，做的饼干都散发出香味了，还给他起了一个好听的称号"饼干大王"。悦悦听到老师的夸奖，做饼干更起劲了！每周活动区，他都会到美工区里做饼干。不但饼干做得越来越精美，还主动跟小伙伴讨论雕刻新图案，之后送到娃娃家，给宝宝吃。不知不觉中，悦悦很少再跟小朋友抢玩具或排队挤人，同时交到了好朋友，和小朋友一起玩得很开心。

静静老师利用正向标签，给悦悦肯定、鼓励、赞扬的积极心理暗示，使其认识到自己的能力，激发主动的良好行为动机，自觉依"标签"指向调整自身行为。更可贵的是，悦悦在找到自己的闪光点之后，同小朋友的关系更融洽了，遵守规则意识加强了。

幼儿的个性和能力都处于发展的早期，成人随意给孩子否定的定性或贴"黑标签"不仅会对幼儿产生深深的伤害，更会起到误导作用。"胆小鬼""糊涂虫""小笨蛋"或许是成人随口的玩笑话，都会引起幼儿不良的心理反应，使很多孩子向着"黑标签"指向的方向发展，甚至破罐子破摔。

必须注意的是，孩子身上的问题可能只是偶然出现，并不一定具有稳定性和持久性，所以不要过早给孩子贴上标签，不要把孩子推入人为设置的陷阱，使孩子朝着不良标签指向的方向发展。如孩子偶然一次犯错或失误，成人念念不忘，时常提起，慢慢就形成"标签"。假如孩子某次表现出惧怕，成人就说孩子胆小，那么某一次的表现就会发生泛化，慢慢地，孩子自己也会认可这种判断，继而遇到事情会习惯性退缩。长此下去，偶然行为将会发展成习惯行为。

相反，如果成人善于利用标签效应的正向功能，有意识地给孩子积极的心理暗示，教育行为能获得积极的成果。如传递"懂事的、体贴的孩子""坚强的孩子""善于思考的孩子""有独特创意的孩子"等，孩子接收到信息之后，了解到自己在成人心里的形象，会自觉地努力采取一致的行为与之匹配，久而久之，最终成长为这样的人。

因此，教师要尽可能细心观察孩子身上的闪光点，哪怕只是偶然发生的、微小的；发现孩子的爱好、特长，给予大张旗鼓的表扬，有意识地给孩子贴上一枚"红标签"。这样做的目的就是使幼儿受到正向的心理暗示，唤醒幼儿自我成长的热情和动力，按照"标签"导向去要求自己、约束自己。

实践指南

一、标签运用要具体、有的放矢

在幼儿园一日活动中,教师应为幼儿提供丰富适宜的环境,支持并引导幼儿主动体验和操作。在这一过程中,教师通过细心观察,发现幼儿具体行为表现中的"闪光点",及时贴上正向标签。如发现悦悦做手工时认真投入且有创意,静静老师及时给予肯定。悦悦的类似行为发生频率更高,为良好习惯建立打下基础。

二、标签适宜,避免夸大

标签需针对幼儿具体的优点或品质,准确且具体,才有利于强化幼儿的良性行为,引导幼儿明确努力的方向。如幼儿是"懂礼貌的"或"善于思考的"或"主动探索的"或"勤快的"等。切忌夸大的、鉴定性的标签,如"最好的""最棒的""唯一的""第一的"等,可能会诱发幼儿的自满情绪。

三、使用正向标签,避免使用负向标签

负向标签与正向标签一样,都会促使幼儿向着暗示的方向发展,因此,教师一方面要多给孩子贴"好标签",进行积极的心理暗示,给予幼儿信心和希望;另一方面要杜绝"黑标签",如"你又这样""你总是……""你永远……""你从来不会……",这些类似言语,只会让孩子形成自己已无法改变和无可救药的判断。

月亮走，我也走——羊群效应

据说很久以前，在土耳其东部的一个村庄里曾发生过一件怪事。一天，牧民将羊群赶到一片草地上，忽然，一只羊跳下了悬崖，紧接着，1500只羊纷纷"效仿"，争先恐后地从悬崖上跳下去。速度之快，动作之疯狂，令牧民目瞪口呆，最终有几百只羊在这个奇怪的事件中丧命。

人们对这个现象百思不得其解。于是，有人做了一个实验：在一群羊前面横放一根木棍，只要第一只羊跳过去，第二只、第三只也会毫不犹豫地跟着跳过去。这时，即使把那根木棍撤走，后面的羊仍然保持同样的跳跃姿势，仿佛那个拦路的木棍还在那里。后面的羊盲目跟从和模仿前面羊的举动，而不管原因和后果，这就是所谓的"羊群效应"，也称"从众心理"。

羊群效应最早出自股票投资术语，主要是指投资者在交易过程中存在学习与模仿现象，一味效仿他人，从而导致大量投资者在某段时期内买卖相同的股票。羊群效应影射人们不进行自己的独立思考，没有自己的观点和想法，不由自主地受到多数人的影响，盲目依从他人的思想或行为。

进一步分析发现，后面的羊不看情况，不辨形势，盲目跟随前面同伴的行动，丧失了基本的思考意识和判断能力；而头羊作为"引领者"和权威，决定整个团体前进的方向，甚至是团队生死存亡的关键，它可能引领"羊群"走向肥美的草地，也可能带领"羊群"走向危险的深渊。

"羊群效应"常常导致大多数人不辨是非、不加分析，盲目跟从他人，从而做出错误的判断和行动。

湖边有棵木瓜树，树旁住着一只小白兔。一天，一只熟透了的木瓜被风一吹，从树上掉下来，"咕咚"一声，正好掉在湖里。

小白兔听到"咕咚"一声，吓了一跳，不知道发生了什么事情，拔腿就跑。

一只狐狸看见小白兔慌慌张张地逃跑,觉得很奇怪,忙问:"你跑什么呀?出了什么事了?"小白兔一边跑,一边喘着气:"咕咚来了!"狐狸看到小白兔那副惊慌失措的样子,以为"咕咚"是个很厉害的东西,也吓坏了,于是也跟着跑起来。

一只猴子看到小白兔和狐狸没命地跑,忙赶上去问:"出了什么事啊?"狐狸说:"咕咚来了!"猴子也不知道"咕咚"是什么,心想:狐狸这么厉害,都被吓成这样子,"咕咚"一定是个很厉害的家伙吧!小猴子也跟着跑了起来。后来,它们又碰到了狗熊、梅花鹿、老虎。老虎看它们拼命地跑,忙问:"你们跑什么呀?出了什么事了?"小白兔急促地说:"咕咚来了!"狐狸和猴子也跟着说:"就是就是,咕咚来了!大家快跑吧!"于是,狗熊、梅花鹿、老虎也不假思索地跟着没命地跑了起来。

最后,它们碰到了一只长毛狮子。长毛狮子看到它们没命地跑,拦住它们说:"什么东西把你们吓成这个样子?"

这时候,它们一起气喘吁吁地说:"不得了啦,咕咚来了!"

长毛狮子又问:"咕咚是什么?在哪里呀?"老虎、梅花鹿、狗熊、猴子、狐狸都说不知道,最后问到小白兔,小白兔说:"那个咕咚就在我住的那个湖边。"

长毛狮子说:"那你带我们去瞧瞧。"

小白兔说:"不行!不行!那个咕咚太厉害了,咱们不能去。"

长毛狮子说:"不怕,有我呢!"

小白兔心想:也是,有长毛狮子在,有这么多朋友在,我们怕什么呢?于是,小白兔带着大家来到湖边。大家东瞧瞧,西看看,咦,哪有什么厉害的家伙呀!

"咕咚",这时候正好又有一只木瓜熟透了,被风一吹,掉到湖里,响起了"咕咚"的声音。

原来是这样啊,大家一下子明白了,都为自己不问青红皂白而惊慌逃跑哈哈大笑。

故事中的狐狸、猴子、狗熊、梅花鹿、老虎遇到"咕咚"时，都没有认真分析情况、探察原因，而是不假思索地盲目跟着同伴跑，丧失了基本的思维意识和判断能力。只有长毛狮子引导大家亲自去看一下："咕咚"在哪里？是什么？怎么出现的？明白了"咕咚"到底是什么。

羊群效应提示我们，不独立思考，盲目跟从他人，很可能得出错误的结论，做出错误的行为；只有我们每个人都有独立思考意识和独立思考能力，才能避免重复他人的过错，并且避免集体犯错误。

依据羊群效应原理，幼儿园教师在教育实践活动中，发挥"领头羊"的正面引领作用会带来积极效果。

幼儿园集体体检查血时，教师们都很担心。幼儿年龄小，又没有父母陪伴，万一吓得哭成一片，该怎么办呢？

静静老师决定在查血前和幼儿来一次热身活动，运用一下"领头羊"的作用。于是，静静老师问道："哪个小可爱扎手指验过血呢？"

冉冉第一个高高地举起小手，扬起小脸："老师，我扎过，妈妈还夸我勇敢呢，就有一点点儿疼，我都没哭。"

这话一出，打开了孩子们的话匣子。默默说："我也没哭，我一点儿都不怕。"

欣欣说："我都没有觉得疼，摁一下就好了。"

……

就这样，在与幼儿的聊天互动中，静静老师选定了"领头羊"，跟这几个勇敢的小家伙约定，一会儿由他们带队，领着其他小朋友参加体检。勇敢坚强的幼儿排在了最前边，胆小害怕的幼儿排在了后边。

冉冉第一个勇敢地去了，而且真的一声没哭。静静老师立刻采访了她："你觉得疼吗？"

"不疼，一点儿都不疼，你看我都是笑着的。"

第二个默默查完后，静静老师再次采访了他："你觉得疼吗？"

"不疼，就一下就好了。"

静静老师向默默竖起了大拇指："你很坚强哦！"

欣欣查完后，主动跟小朋友们说："你们不用害怕，只有一丁点儿疼，就像蚊子叮了一下。"

每个小朋友检查完后，先检查完的幼儿都会送给他一个点赞的手势："你很棒！"

接下来，一个接一个，幼儿们都很顺利地完成了检查。直到最后一个果果，他胆子最小，不敢将手指伸出去。静静老师和小朋友们一起鼓励他："不疼的""一下就好""捂着眼睛就不害怕了"……

果果战战兢兢地伸出自己的手指，对医生说："阿姨，您轻点儿给我扎。"

"好，我轻轻地，尽量不扎疼你。"

果果检查完了，用力摁着自己的棉签："我也查完啦。"

全班小朋友一起夸赞他："果果也很勇敢，你很棒！"

就这样，在勇敢的"领头羊"带领下，全班30多名幼儿，没有一个哭闹的，全部顺利地接受了检查。

在这个案例中，静静老师选择了能给后面小朋友做好榜样的"领头羊"，他们给其他小朋友起到了很好的带头、示范作用，发挥了"羊群效应"的正效应，避免了"羊群效应"的负效应。正如《幼儿园教育指导纲要》所指出的：幼儿园同伴群体是宝贵的教育资源，是幼儿成长环境的重要组成部分。教师巧妙运用羊群效应解决保教中遇到的问题，可以收到事半功倍的效果，是教师单纯的劝说和鼓励远远不能比拟的。

一、充分发挥同伴群体中"领头羊"的榜样作用

在幼儿群体中，那些习惯良好、表现优秀的幼儿对同伴具有很好的引领和示范作用，是有效的教育资源。教师应充分发挥同伴群体中"领头羊"的榜样力量，为幼儿树立正确的道德和行为准则，寓道理于榜样行为中，通过同伴的亲身示范，带动幼儿集体的发展。

二、避免"领头羊"的不良引领

幼儿的知识经验不丰富、是非辨别能力不强,很易受到他人的感染而产生盲目模仿,因此教师要尤其注意保证同伴中"领头羊"对其他幼儿的影响是正面的、积极的、良好的,而不能是反面的,避免"羊群效应"的不良作用。

三、培养幼儿的独立思考意识和判断能力

要避免"羊群效应"的不良作用,避免幼儿的盲从、跟风、从众,就要培养幼儿的独立思考意识和独立判断能力。在日常保教实践中,教师应以生活中的具体情节和具体事件为契机,引导孩子尝试自主分析问题,做出判断;鼓励幼儿大胆表达想法。

四、注重在明确的、具体的学习中为幼儿树立小榜样

幼儿的思维以具体形象为主,幼儿学习对象也需形象化、可视化、具体化,因此小榜样策略适用于明确的、具体的任务,便于幼儿理解和效仿。如幼儿查血的过程中,老师给幼儿树立了小榜样,"一点儿也没有哭""我还笑着呢",幼儿模仿这些具体的做法,顺利完成原本"可怕"的任务。

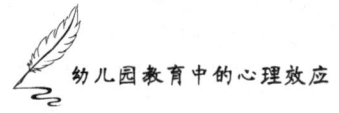
幼儿园教育中的心理效应

通过奖励现支持——阿伦森效应

在一个小区的停车场里，停放着一辆破汽车。孩子们每天晚上7点左右，便爬上车厢蹦蹦跳跳，"嘭嘭"之声震耳欲聋，吵得人们心烦意乱。大人们越管，孩子们蹦得越欢，一时间人们不知道该怎么办了。这天，一个人对孩子们说："小朋友们，今天我们比赛，蹦得最响的奖励玩具手枪一支。"孩子们欢呼雀跃，争相蹦跳，跳得最欢的果然得到了一把玩具手枪。第二天，这个人又来到车前说："今天继续比赛，奖品为两块奶糖。"孩子们见奖品直线下降，纷纷不悦，无人再卖力地蹦跳，响声变得稀疏而弱小。第三天，这个人又对孩子们说："今天奖品为花生米两粒。"孩子们纷纷跳下汽车，都说："不蹦了，不蹦了，真没意思，回家看电视了。"

从高褒奖到小赞赏直至不再赞扬，这种奖励和赞扬的递减会导致孩子产生一定的挫折心理。随着奖励的减少，孩子们的态度逐渐变得消极。这个故事反映了阿伦森效应的原理。

心理学家阿伦森做过一个实验：将实验人员分为4组，对某人给予不同的评价，借以观察哪一组对某人最具好感。第一组始终对之褒扬有加，第二组始终对之贬损否定，第三组先褒后贬，第四组先贬后褒。此实验对数十人测试后，发现绝大部分人对第四组最具好感，而对第三组最为反感。根据这个实验的结果，阿伦森得出如下结论：人们大都喜欢那些对自己表示赞赏的态度或行为不断增加的人或事，而反感那些对自己表现赞赏的态度或行为不断减少的人或事。

可见阿伦森效应影响个体对某件事或活动的完成情况，一味褒奖没有递增会让人产生疲累，从而失去褒奖的激励作用。而一味贬损和否定只会对个体的积极性造成打击，从而令其产生自我否定的心理，使任务完成情况降到最低；而褒奖之后又否定，会让人产生自我怀疑，完成情况也会大打折扣；但是如果先否定再慢慢褒奖，会让人感受到自己的进步，逐渐形成自我肯定的心理，获得的成就感会刺激人更加积极地完成某件事情，任务完成度自然会大大提高。

鉴于阿伦森效应的积极作用，幼儿园教师合理运用阿伦森效应，可以有效地提高幼儿探索的兴趣和积极性。

开园之初，孩子们的情绪都不是很稳定的，睿睿就是其中一个，当别的孩子都已经能够愉快来园的时候，睿睿情况仍未有明显好转。老师们也想了各种办法，比如让睿睿带一件最喜欢的玩具或物品来园、和睿睿谈话等，鼓励他愉快来园，但都未能奏效。有一天，睿睿来园时情绪还是很低落，眼眶里有泪水在打转，静静老师马上给了睿睿一个大大的拥抱，说："今天睿睿很有进步，都没有哭噢。"接着，她当着全班小朋友的面表扬了睿睿，小朋友都纷纷给他竖起了大拇指，睿睿也有点不好意思地低着头笑了。当天离园的时候，静静老师拥着睿睿说："我知道，睿睿舍不得爸爸妈妈，但是幼儿园里的老师和小朋友也很喜欢睿睿啊，明天来园我们不哭，静静老师还要表扬我们睿睿。"

当别的方法都不太奏效的时候，静静老师用表扬和奖励（拥抱），稳定了睿睿的情绪，让睿睿感觉到老师的肯定，提升自尊，激发了她对幼儿园的感情。

第二天睿睿来园时，虽然还是有些难过，但真的没有哭。静静老师马上来到他身边："今天睿睿可真帅，快来，我们一起叠衣服。"这次在表扬睿睿的时候，静静老师还请小朋友为他唱了一首《棒棒歌》，并且说："睿睿，小朋友都很喜欢你，明天愉快地来园，你和小朋友们击个掌吧。"第三天来园时，睿睿情绪平稳了很多，迅速地叠好衣服，站在门口和来园的小朋友们击掌。孩子们都很喜欢这样的方式，在击掌时都露出了开心的笑脸，睿睿也高兴地笑了起来。静静老师对睿睿说："睿睿，你真是越来越进步了，你看击掌后小朋友多开心，你把开心带给了每一个小朋友。"睿睿也自豪地点着头。

慢慢地，睿睿一扫之前低落的情绪，每天都能早早地来园，站在门口和老师一起接待小朋友。家长也对静静老师表示，孩子的改变太大了，每天早上不用催，自己就能准时来园。

静静老师用持续增加的赞美（"今天睿睿可真帅"）和奖励（请小朋友为她唱歌），不断肯定孩子的进步（"你把开心带给了小朋友"），提高了睿睿的自尊，让他不断获得更积极的情感体验，最终帮助他克服了入园焦虑。

户外活动中，静静老师投放了跳绳，在和孩子们讨论了跳绳的技巧后，孩子们都兴致勃勃地练习。在跳绳活动延续了一段时间之后，静静老师发现孩子们都基本掌握了跳绳的技巧，大部分幼儿能够连续跳绳3～5个，还有部分幼儿能够连续跳很多个，但是孩子们的热情却越来越低。

静静老师通过细心观察，及时发现问题（孩子们的热情却越来越低），于是，静静老师开始思考运用适宜策略，提高幼儿对跳绳运动的主动性和积极性。

于是，静静老师把孩子们都叫到身边："瞧啊！我这里有一个跳绳记录板，上面有每一个小朋友的名字，小朋友们将你们现在连续跳最多的个数记录下来，以后每次只要能够增加5个就可以得到一个小贴画。"孩子们听到有奖励，都开始努力练习，果然跳绳的积极性被有效地调动起来了。

可见，当幼儿感觉任务缺乏挑战性的时候，兴致会变得低落，此时需要教师给予一定的刺激作为干预手段，包括提高任务难度、变换任务形式、给予奖励等，以有效地激发幼儿活动的积极性。

又过了一段时间，静静老师发现孩子们的跳绳技巧越来越好，于是又增加了挑战难度，同时增加了奖励："孩子们，我发现你们越来越棒了，咱们换个玩法呗。如果有谁能够在一分钟内跳够50个，就可以得到一颗棒棒糖。"糖果的吸引力比小贴画大得多，孩子们纷纷找老师设定时间跳绳，孩子们之间自觉合作练习，你帮我数，我再帮你数，大家玩得不亦乐乎。

后来，在延续活动中，静静老师又提出："如果谁能连续跳100个，老师就请他给我当小助手，帮助老师为小朋友们服务。"孩子们的积极性又一次高涨起来。

案例中，教师巧妙地运用阿伦森效应原理，不断增加奖励，或物质的或精神的，孩子们随着奖励的增加，跳绳的积极性被有效调动起来。孩子们不仅身体获得锻炼，交往和合作技能也得到发展。此外，幼儿心里还植入了给老师做小助手很荣耀、为小朋友服务很光荣的观念。

对于幼儿出现的良好行为事件，教师可以采用奖励和表扬逐渐递增的方式来增强幼儿良好行为发生的强度和频次。相反，对于幼儿的不良行为，教师可以采用奖励和表扬逐渐递减的方式来达到减弱或遏制行为发生的强度或频率。

实践指南

一、细心观察，及时了解幼儿的活动状态

在开展活动时，教师要细心观察，及时了解幼儿的发展水平、活动状态及心理表现。比如上述"跳绳活动"中，教师及时记录和评价幼儿跳绳的运动水平、对跳绳的兴趣和活动积极性。当幼儿的运动能力停滞不前，活动兴致也大为降低时，就要采取措施，激励幼儿提高活动的积极性和内在动力，促使幼儿由现有水平向更高水平努力。

二、奖励需由小到大，需多样化

当幼儿发展内在动力不足时，外在的奖励是必要和有效的。奖励持续不断且由小到大；奖励须多种方法结合使用，物质奖励和精神奖励同时运用能收到更好的效果。在跳绳活动中，静静老师的奖励从一个小贴画到一块糖果，由一块糖果到做小助手，不断提高目标难度，使活动更具有挑战性和刺激性，由最初的物质奖励最后过渡到精神奖励。

三、掌握分寸，适宜幼儿的就是最好的奖励

适宜的奖励就是对幼儿最好的奖励。正如睿睿来园的积极性在于其内在驱动力得到有效调动和激发，教师没有向幼儿提出明确要求，只是通过触摸、语言和同伴为睿睿唱歌等行为，向睿睿传递一种信息："我们都很喜欢你，你每天愉快地来园也能带给其他小朋友快乐。"在这样的内在驱动下，睿睿产生了愉悦的情绪体验。

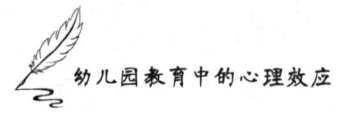

幼儿园教育中的心理效应

身教重于言教——示范效应

春秋时期,楚国国君灵王是个穷奢极欲的无道昏君。一日,他偶遇一位拥有如杨柳般纤细腰身的侍女,将其纳入后宫大加宠爱。自此,国君喜欢纤细女子的消息被传开。后宫姑娘们为了赢得楚灵王的欢心,便千方百计地展开瘦身运动,拼命使自己的腰围变小。很多人采用节制饮食的办法,强迫自己一天只吃一餐饭,饿得头昏眼花也无怨无悔。一段时间过后,楚王后宫的佳丽个个都有纤细的腰身,也全都变成了面黄肌瘦、形容枯槁的模样。甚至许多人失去了独立支撑身体的能力,需要扶住墙壁才能勉强站立起来。

无独有偶,法兰西国王路易十四对自己的身高特别不满意,觉得矮小的身高与自己至高无上的地位十分不相配,于是他叫鞋匠在其鞋子脚跟处垫上厚跟。国王穿上如此特殊风格的鞋子,身量比之前高一些,看上去顺眼多了。皇族贵女们感觉穿高跟鞋使身材显得修长、挺拔,于是对高跟鞋热烈追捧起来,平底鞋很少再有人问津了。后来,巴黎的时尚女性见到高跟鞋,也大为赞叹,竞相效仿。自此,高跟鞋由宫廷传遍法国,又传遍世界。

心理学家阿尔伯特·班杜拉认为,人的一切社会学行为都是在社会环境的影响下,通过对他人示范行为及其结果的观察学习而得以形成的,观察学习可提高学习效率,这就是示范效应。"细腰女子"备受宠幸,给其他女子提供了示范,使她们明确努力的目标,激发效仿的积极性,获得了奋斗的动力。同样,一国之君的偏好和品位引领整个国民的审美品位和消费倾向,国王脚踏高跟鞋的广告效应是示范作用的典型体现。

生活中,文艺明星代言各种消费产品,就是利用示范效应的原理来推进消费市场。而在教育领域，评优评奖也是运用示范效应原理，希望儿童见贤思齐，主动修正自己的行为向优秀者学习。

在幼儿园保育实践中，教师运用示范效应原理，对解决幼儿行为问题、培养幼儿良好习惯会起到积极作用。

"我是迪迦·奥特曼，你是怪兽，我要消灭你！""老师，臭臭又打人了，在楼道里把芮芮打哭了！"一段时间以来，臭臭被小朋友告状已经是家常便饭了。这天早晨，他又攻击了小朋友，这就出现了开头的那一幕。臭臭刚升入大班，活泼好动的他最近迷上了"奥特曼"，称自己是打怪兽的"奥特曼"，每天穿着奥特曼的衣服，手里拿着奥特曼玩具，嘴里还不断念叨着，时不时地对着小朋友发起攻击，到处显示他作为奥特曼的无穷威力。这让班里的小朋友们敬而远之，个个叫苦连天。

静静老师扶着臭臭的肩膀，让臭臭坐下来，说道："臭臭，芮芮哭了，你知道是怎么回事吗？"臭臭双手叉腰说道："回班路上，我看到芮芮在跑，老师说过不能在楼道里跑，那样会很危险，万一摔倒了多疼呀！然后我走过去一招把她制服了！老师，我做得对吧？""你知道在楼道里跑是不对的，知道那样会摔倒很疼，说明你是个懂规则的宝宝。但是你出手打了芮芮，她也很疼，没见到她都疼哭了嘛。"静静老师接着说："你怕小朋友受伤，想要提醒她，说明你很热心。"臭臭抢着说："奥特曼是英雄，能保护人类，我想像他一样打败怪兽，保护小朋友，成为英雄呀！"静静老师问道："奥特曼会把同伴打哭吗？"臭臭低下头沉默了。静静老师说道："你想当英雄吗？我们身边就有许多英雄，你想不想认识他们？"臭臭睁大眼睛频频点头。

面对幼儿盲目模仿英雄的行为，甚至给他人造成困扰和危险，教师并未简单说教，而是通过提出一个个问题循循善诱，引导幼儿发现自我行为的问题。

于是，静静老师组织了一次《我们身边的抗疫英雄》教育活动。班里来了一位身穿白大褂的琪琪阿姨，她曾赴武汉参加"抗疫行动"。琪琪阿姨给小朋友讲述了她和同伴救死扶伤的故事。小朋友被琪琪阿姨不顾个人安危、抗击疫情的英勇行为所感动，纷纷称琪琪为英雄阿姨。臭臭围着琪琪阿姨问这问那，还说："琪琪阿姨，我也想成为像您一样的英雄，行吗？"琪琪阿姨笑着对臭臭说："当然可以呀，从现在开始，你们要勇敢善良，小伙伴遇到困难要主动帮忙！"

为避免幼儿继续盲目效仿动画片中的"英雄"，静静老师为幼儿树立了生活中真实的英雄形象，引导幼儿向英雄阿姨学习。琪琪阿姨是来自真实生活的榜样，幼儿很快接纳了她，并与之积极互动，获得鲜活和具体的认知。来自身边的真实英雄形象，比动画片中的虚无英雄对幼儿更有冲击力和影响力，因而示范效应更强烈。

此后，臭臭不再以"奥特曼"作为心中的英雄了，而是经常来到班里的"爱心小医院"，学着琪琪阿姨和抗疫英雄们，有模有样地为"病人"看病。每当有小朋友找"臭臭医生"看病，他总会很耐心地讲解防疫知识，连保健医都说："臭臭就是我的小助手。"臭臭终于告别了"奥特曼"。

臭臭"疯狂"地迷恋上了动画片中的英雄奥特曼，在班级里出现攻击行为，伤及了同伴。由于奥特曼的剧情充满了暴力和血腥，而幼儿尚未建立起完善的是非观，对虚拟和现实之间界限模糊，会盲目模仿"英雄"的言谈举止，情不自禁地将动画片中的情节代入现实生活中。此时，若不加以引导，负面榜样的影响会导致幼儿产生不良行为，更可能演变为习惯。正是基于这一认知，静静老师给幼儿提供正面的、积极的效仿对象——抗疫英雄，利用示范效应，使幼儿了解"抗疫英雄"偶像的特质，在不断学习、模仿中，有助于幼儿良好行为的塑造和积极人格倾向的养成。

在家长教育指导中，教师也可以运用示范效应，于无声处取得积极效果。

形形妈妈是一位打扮时尚的辣妈，穿着暴露，浓妆艳抹，甚至穿超短裙参加家长会。形形受到妈妈的影响，穿着打扮比较成熟，涂指甲、佩戴小饰物，还经常在表演区将衣服进行成人化"改造"。静静老师担心长此以往，形形的审美观会发生偏差。静静老师一直思考，用什么恰当的方法才能让形形妈妈意识到问题的严重性。适逢新学期要召开家长会，静静老师觉得这是一个很好的契机。于是,家长会当天,静静老师穿着得体的职业装出现在众位家长面前,特别解释说:"今天没有穿园服跟大家见面,因为我刚刚从我女儿的家长会赶过来,没来得及换上园服,请大家谅解。"接着,静静老师提醒家长注意幼儿这一时期的年龄和行为特点,特别指出幼儿模仿能力强,大人的行为举止会潜移默化地影响幼儿,孩子的言语、行为、价值观、审美品位都受成人影响,父母只有身体力行,才能给孩子做个积极、正向的榜样。

父母对孩子的影响是在潜移默化中发生的,正因为如此,父母更应该加以重视。为了指导家长做好孩子的第一任老师,做好孩子的榜样,静静老师运用示范效应原理为家长提供效仿的榜样。可喜的是,静静老师的策略取得了比较好的效果。彤彤妈妈虽依旧打扮时尚,但不再张扬和浮夸,而彤彤的穿着也转向童真和可爱的风格。

教师对幼儿的示范引导非常重要。无论是直接的教育引导还是行为暗示,对幼儿良好行为习惯的养成,以及健康心理与品质的提升,都具有非常积极的意义。教师要利用示范效应,在保育工作中更好地发挥榜样引导作用,助力幼儿成长。这就要求,幼儿园教师要为人师表,用健全的人格、良好的作风、坚毅的品格、美好的心灵,引领幼儿、感染幼儿,为家长和社会带来正面、积极的影响。

实践指南

一、以身作则,给幼儿、家长树立榜样

教师在幼儿心中是权威的代表,是孩子模仿的对象,教师的一言一行和一举一动在无形中影响着幼儿。在幼儿园的一日活动中,教师要善于捕捉各种随机教育的机会,随时随刻做表率,在潜移默化中濡染和润泽幼儿心理,引导幼儿正向成长。

二、为幼儿提供生活中真实的榜样

幼儿的学习是以直接经验为基础,在游戏和生活的具体情境下进行的。教师要关注为幼儿选择和呈现贴近其生活的真实的榜样,挖掘幼儿在

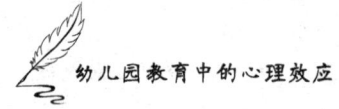

生活中重要他人的榜样特质，帮助幼儿在亲身感受、体验、互动中，发展对榜样的认识。只有这样，幼儿所进行的积极意义的自我建构过程才是迅速的、有效的。

三、为幼儿把关，避免消极示范的负面影响

由于幼儿尚未形成独立的道德判断标准，其是非判断标准来自教师、家长或"重要他人"。在教师和家长未关照到的角落，"重要他人"会对幼儿产生显著影响。教师应像静静老师一样，为幼儿把关，及时发现并排除幼儿身边的消极示范，代之以生活中具体的、生动的、积极的榜样。

四、联合家庭形成教育合力，保持榜样示范的一致性

幼儿是非观的建立具有表面性、浅显性和非稳定性特点。这就要求作为专业的教育实施者，教师应主动联合幼儿家庭，形成教育合力，保持榜样示范的正向性和一致性，为幼儿稳定的积极的是非观和道德观的形成，营造有利的生态支持环境。

温柔的坚持——南风效应

陶行知担任小学校长时,一天,他看到一名男生捡起泥块正要丢向同学,他急忙制止了男生的危险行为,告诉他放学后到校长室一趟。放学后,这名男生按时来了。陶行知先生递给他一块糖,说:"你能守时来这里,没有迟到,这个奖励你。"随后陶行知又递给他一块糖,说:"老师让你住手,你立即住手了,证明你很尊重老师。"说着,陶行知又递给他第三块糖,说:"我调查过了,你向同学丢泥块是因为那些男生欺负女同学,你是想保护女同学。这证明你是个富有正义感的孩子,非常正直、善良,有和坏人做斗争的勇气。"这名男生从最初的惊讶到感动,流出后悔的眼泪:"对不起,老师,我知道错了,我丢的不是坏人,是自己的同学呀!我错了,您打我吧。"陶行知满意地笑了,他又递过去第四块糖,说:"你已经意识到了自己的错误,能够及时改正,这一点应该给予奖励。"

面对学生打人事件,陶行知并没有急于斥责,更没有疾言厉色地批评打人者,而是从挖掘他的正面动机入手,引导学生逐步反思,认识到自己的错误。陶行知态度平静且言语温和如缕缕春风,学生心甘情愿地承认自己的错误。这个教育过程体现了南风效应原理。

法国作家拉·封丹的寓言中有这样一则故事。

北风和南风打赌,看谁能把路上行人穿的大衣脱掉。北风首先施展威力,它用尽浑身解数,狂风大作,气温骤降,让人感到寒意刺骨,行人为了抵御北风的侵袭,把身上的大衣裹得更紧了,北风失败了。轮到南风上阵,只见它轻柔温和,送出徐徐暖风,仿佛春暖花开,行人顿觉热意,纷纷脱掉了大衣。这则寓意深刻的寓言演绎了一个社会心理学的概念,即"南风效应"或称"温暖法则"。人们把这种启发个体自我反省,并适应与满足人的内在需求，用爱与温暖感化人，使人的行为变成自觉的现象，称为"南风效应"。

幼儿园教师掌握南风效应原理，自觉将其运用到幼儿问题行为干预中，能收到良好的效果。

幼儿园的老师们经常调侃，每次给新生分班的时候，负责分班的老师就像有超能力一样，他几乎能给每个班级里都分配一名让老师们抓狂的孩子。老师每天想到这个孩子就变得垂头丧气，甚至很不厚道地暗自揣测"今天他要是请假不来园就好了"。静静老师的班里，就有一个这样让人头疼的孩子，叫瑞瑞。静静老师在接班的第一天就发现他的行为与众不同。他根本不坐在小椅子上，一直到处乱跑，嘴里经常大声叫嚷。他一起头，其他小朋友就会跟着起哄，班里瞬时乱成一团。这一天，瑞瑞和静静老师展开了一场没有硝烟的"战争"。户外活动中，静静老师正带领着孩子们在操场沐浴着阳光，开心地做操，忽然一个孩子喊道："老师，瑞瑞跑了。"静静老师的笑容马上消失了，既着急又焦虑。她一边寻找一边大喊："瑞瑞！"其他小朋友也跟着一起喊瑞瑞的名字。很快，静静老师就在滑梯上看到了瑞瑞的身影。瑞瑞下来后，嬉皮笑脸地冲着大家哈哈笑，得意地看着老师和同伴们。静静老师疾言厉色地说："谁让你自己乱跑的，为什么不跟大家一起？你这样多危险啊！万一出了意外怎么办?!"一阵指责过后，瑞瑞非但没有害怕，还继续乐呵呵地看着气急败坏的静静老师。接下来的几天，静静老师对瑞瑞实施严格管理。活动的时候，静静老师就让他坐在自己旁边；瑞瑞想去玩滑梯，静静老师就紧紧地拉着他的手不让动。可是瑞瑞并没有因此而变得乖巧，反而更加淘气了，一得空就变本加厉地惹祸。静静老师开始反省起来，她感觉到自己对瑞瑞实施的干预方法无效，需要采取更有效的方法。

一开始，静静老师使用了各种"惩罚"来解决瑞瑞的问题，这是教师遇到"捣乱行为""难管理行为"时直觉的首选教育策略，但往往效果甚微，或完全无效，甚至适得其反。就像瑞瑞，在静静老师严厉批评、讲道理和管束之后，捣乱行为有增无减。静静老师反思后，意识到问题可能出在"惩罚"上，自己可能无意中强化了瑞瑞的捣乱行为。

静静老师同瑞瑞家长进行了一次深入的沟通。她了解到瑞瑞的情况很让人心疼，他一直跟着奶奶生活，奶奶年龄大了，又不太懂正确的教育方法。瑞瑞缺少关爱和与人的有效交流。静静老师认为，瑞瑞要显示自己的存在感，就用特别的方式引起教师的注意，其实是想通过捣乱行为得到教师和同伴的关注，即便是批评呵斥，对他来说，也是难得的关注。

一天，在区域活动时间，瑞瑞把小朋友们在益智区搭好的积木全都推倒了，一边用脚踩一边得意地向周围的小朋友示威："就不让你玩，就不让你玩，能怎么样？"静静老师走过去，蹲下来轻轻拉起他的手说："我知道你现在心情不好，你愿意和静静老师一起把玩具都捡起来送回去吗？"他站在原地愣了一下，似乎有些惊讶。静静老师的话音刚落，旁边的小朋友就都围住了瑞瑞，有的关心地问："瑞瑞你怎么了？为什么不高兴了呀？"有的说："瑞瑞，你不小心弄倒了玩具，我们原谅你了，咱们一起玩吧。"还有的小朋友说："瑞瑞，我们帮你一起捡！"静静老师看着不好意思的瑞瑞，一边搂着他的肩膀一边说道："瑞瑞，你是不是也想和小朋友们一起玩呢？可是你刚才的行为，会让小朋友们觉得你根本不愿意和大家一起玩。咱俩一起跟大家重新交朋友好不好？"听了这话，瑞瑞使劲地点头。静静老师家访时了解到，瑞瑞喜欢恐龙玩具，于是建议道："你明天愿意跟大家分享你的恐龙玩具吗？"瑞瑞这一次终于露出了甜甜的微笑。从那以后，静静老师时常邀请瑞瑞给大家讲恐龙的故事，还帮瑞瑞查阅恐龙资料，再讲给瑞瑞听。瑞瑞每次都听得很认真，再得意地讲给其他小朋友。每当这个时候，小朋友羡慕和佩服的眼神都让瑞瑞特别开心。渐渐地，瑞瑞的行为发生了很大变化，他愿意和小朋友在一起游戏了，言谈举止变得礼貌得体了，还主动承担了值日生的工作，给全班小朋友分发餐具。他悄悄地对静静老师说："老师，我喜欢你。"

静静老师了解到瑞瑞的特立独行背后，隐含着他希望被关注、被关爱、被接纳的需求，于是静静老师用亲切的态度、温柔的话语、耐心的倾听和真诚的理解满足他的内心需求，用爱温暖他；同时，从他的爱好入手，给予他展示自我优长的平台，使他获得成就感。这种方式使瑞瑞的沟通水平得到提升，他的行为自觉地向教师所引导、期待的方向转变，最终融入同伴和集体中。

每一个儿童都是独立的个体，需要个性化的支持。尤其对待有特殊教育需要的幼儿，教师更应了解幼儿问题行为产生的原因，并怀着爱心和耐心去温暖他、爱护他。在幼儿接纳自己之后，教师要发现幼儿身上的闪光点，循循善诱，帮助他们建立良好的行为习惯。而言辞激烈的打压批评，只会让幼儿像遇到危险的刺猬一样竖起每根刺，拒绝他人靠近，并准备时刻刺伤他人。

一、尊重每个孩子，相信每个个体都具有自我发展的潜能

教师要尊重幼儿的人格，关心幼儿的心理和情感，循性导行，不断支持和激励幼儿。切忌只看到幼儿行为问题就急于贴上难以管教的标签。案例中，静静老师开始只看到瑞瑞到处乱跑、不遵守规则，就主观地认为瑞瑞不服从管教，并不了解导致瑞瑞问题行为产生的原因。静静老师起初和瑞瑞的相处就像是北风一样，带给瑞瑞的只有冰冷的管教，师幼关系更加僵化。在了解真实原因之后，静静老师和风细雨地与他平等对话，从爱好入手，为他提供支持平台，最终帮助瑞瑞修正行为，融入集体中。

二、分析幼儿需求，有针对性地提供个性化支持

教师通过观察、走访等了解幼儿成长的背景、幼儿的爱好和优长，分析幼儿自我感知的成长需求，将其与教师评价的发展需求结合起来，这是教师进一步采取个性化支持的前提条件，也是教育行为有效性的保障。如静静老师经过与瑞瑞的家长沟通，了解瑞瑞的情况，进而结合他长期缺乏关爱的情况，采取有针对性的教育策略，给瑞瑞以春风化雨般的温暖，让瑞瑞的行为发生了正向转变。

三、让"南风"长吹，始终如一

"微风细雨"胜过"狂风暴雨"。对于存在问题行为的幼儿，教师应该尝试使用南风效应，润物细无声地慢慢浸润着幼儿心田。对于幼儿来说，"南风"可能是一个微笑和拥抱，是一次平等的对话，也可能是一个小小的鼓励。而且，教师一定要有耐心，保持"南风"长吹不停，而不是偶尔为之，要使之成为自己的保教风格即温柔地坚持。

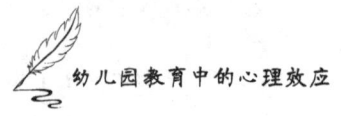

第二部分：学习品质培养

明智的退让——示弱定律

据说，撒切尔夫人出任英国首相当天，她参加完就职典礼，志得意满地回到家中。"嘭嘭嘭"，响亮的敲门声惊动了正在厨房为她准备庆功宴的撒切尔先生。"谁啊？"撒切尔先生问道。"我是英国首相！"刚刚荣登首相宝座的撒切尔夫人得意地大声回答。屋里半晌没有回音，也没人来开门。撒切尔夫人恍然大悟，她清了清嗓子，温柔地说："亲爱的，开门吧，我是你太太。"这一回，声音不高，但很亲切，不一会儿，门打开了，她赢得了丈夫一个热烈的拥抱……

很多人都喜欢逞强而不喜欢示弱，总展示自我的强大，希望以此来赢得尊重和崇拜。撒切尔夫人以首相身份居高临下地面对自己的先生，招致撒切尔先生的反感。这说明逞强容易给他人造成压力，招致反感；而当她意识到自己的失礼，改变了方式，以太太的身份发出请求时，她也得到温柔相待。这说明示弱反而能获得喜爱和回应，且更能赢得生存和发展的空间。这就是示弱定律。

示弱并不代表弱小，只是一种明智的退让。示弱定律是在人际交往中，放低自己位置、降低姿态，在他人面前谦虚谨慎的一种态度。通过展示自己弱势的一面，营造一种轻松的氛围，为进一步交流做好铺垫。

通常，教育者会引导孩子学会坚强，似乎只有这样才能不被人生遇到的各种问题和困难压倒。然而，我们发现，从古至今有很多实例显示，不仅坚强的品质可以助人取得成功；在适当的时候，示弱品质也会让人获得意想不到的积极效果。负荆请罪的故事正是体现了示弱的强大威力。

《史记·廉颇蔺相如列传》讲述了这样一个故事。蔺相如因完璧归赵之功而被赵王拜为上卿，位居战功赫赫的廉颇将军之上。廉颇很不服气，扬言一定要当面羞辱蔺相如。蔺相如得知后，尽量回避、忍让，不愿与廉颇发生冲突。一天，廉颇外出，在邯郸城街巷远远望见蔺相如的车，他命车夫把车驾到路中间，故意挡住蔺相如的去路。而蔺相如则命车夫赶快调转车子回避。门客以为他畏惧廉颇，蔺相如说："因为赵国有我和廉将军，秦国不敢侵犯。我之所以对廉将军容忍、退让，是把国家的危难放在前面，把个人的恩怨放在后面。"这话传到廉颇耳朵里，令他深感羞愧。于是，廉颇负荆请罪并引咎自责，最终得到蔺相如的原谅，自此，"将相和"的佳话流传开来。

这个故事告诉我们，适当放低自己的身价，以一种低姿态来面对他人，会有意想不到的收获。很难想象，假如蔺相如不肯相让，必然难以避免出现一场将相之争，那将会造成多大的灾难啊！蔺相如多次示弱，触发了廉颇的反思，最终二人团结一心报效赵国。可见，示弱的威力也很强大。

教师在保教实践中同样可以运用示弱效应解决难题，尤其在对幼儿学习品质培养上，教师示弱能激发幼儿强烈的探知欲。

在一次画画活动中，静静老师带领小朋友认识、观察和谈论胖胖鱼之后，请小朋友们画一画胖胖鱼。涤涤立刻举手大声说："老师，我不会画。"静静老师说："我们刚刚不是一起认识、观察了胖胖鱼的外形特征了吗？小朋友们说得都特别准确，你尝试一下自己来画一画吧。"可是涤涤小朋友依然说："老师，我还是不会。"静静老师说："可是我也不会画呀，那怎么办？要不咱们一起看看大屏幕里的胖胖鱼是什么样子。"于是，静静老师打开大屏幕，再一次请涤涤来观察胖胖鱼的样子，看了好一会儿，静静老师期待地看着涤涤道："现在试一试画胖胖鱼吧。"涤涤点点头，回到了座位上，开始在白白的画纸上画了一个大大的像鸡蛋一样的圆圈。静静老师问她："你画的这个是什么呢？"涤涤一脸不屑地说："这个是胖胖鱼的身体呀，这您都没看出来吗？"静静老师这时开心地笑了，因为此时她看到的不再是刚刚那个缺乏自信的涤涤了。

　　静静老师知道，如果这一次帮助了涤涤，那么她在下一次遇到同样问题的时候，很可能依然试都不肯试一下而马上就求助于她，长期下去很不利于涤涤自我探究意识的发展。于是，静静老师采用了示弱策略，"逼迫"涤涤勇敢尝试。但教师并不是弃之不管，而是跟她一起再次细致地观察胖胖鱼，使涤涤对胖胖鱼的外部特征有了更清晰的认知。

　　在积木区活动中，静静老师希望引导中班幼儿通过积极思考和大胆尝试掌握堆高、围拢的技巧，于是和班里的几个男孩儿为积木区做搭建计划。静静老师说："萱萱今天准备在积木区中搭建什么？"萱萱想都没想，脱口而出："我要搭建一个大高楼，我们一起搭吧！""好啊！"静静老师道。萱萱和民民拿了四块长条积木，开始搭起来，第一层楼房的地基很快搭好了。这个时候静静老师说："哎呀，这第二层高楼可怎么搭呢？"一边说，一边面露难色做思考状。民民马上说："您别急，咱们可以用露露桶放在四个墙角当砖头用，在上面继续盖第二层啊。"萱萱接口道："对啊对啊。"静静老师似乎一下明白了，竖起大拇指道："真是个好主意。"以同样的方式楼房盖到第五层了，静静老师又为难了："孩子们，若是雨天，楼房要是漏雨可怎么办呢？"萱萱说："是啊，楼房没有屋顶可不行。""我们用奶箱子扣在上面做屋顶。"民民说道。他们立刻找来了奶箱，请老师帮忙剪出和楼房大小差不多的纸板来。萱萱和民民一起把大楼的屋顶盖好了。这一次他们在积木区玩得可开心了，因为他们通过自己的思考和努力，解决了一个又一个连静静老师都感觉为难的问题，他们体验到了成功的喜悦。

　　静静老师把自己作为平等的伙伴跟孩子们一起参加搭建游戏，遇到问题时，她没有直接给出建议，而是以示弱的策略来应对孩子们的求助，再通过提出一个个引导性的问题，唤起幼儿思考，激发幼儿主动、积极的探索和学习。最终，幼儿利用废旧奶箱和露露桶搭建起楼房，巧妙地完成了搭建计划。静静老师采用示弱定律完成了教学的目标。

最近，活动区里投放了新的玩具——纸牌。静静老师发现孩子们对纸牌的兴趣并不高，基本上没有小朋友玩。在活动区的分享环节，静静老师对小朋友们说："园长妈妈给小朋友们买来的新玩具纸牌，静静老师很喜欢玩，但是我又不会玩，小朋友们谁愿意教教老师吗？"这时，小朋友们都把小手举得高高的，争先恐后地喊着，这个说"我会玩，我教您"，那个说"我也会，我愿意教教您"。于是，静静老师请扬扬小朋友说一说如何教老师玩纸牌。扬扬说："我会玩打升级。"静静老师听了，非常惊喜地问："打升级怎么玩呢？"扬扬兴奋地道："需要四个小朋友一起玩，然后我就忘了。"静静老师建议道："能不能请你回家跟妈妈学习一下，明天来园教教我好吗？"扬扬郑重地点点头。当天晚上，扬扬妈妈给静静老师发微信："扬扬今天吃过晚饭一直跟我学玩纸牌，让我多教他几种玩法，他学得很专注，再没提玩手机游戏的事儿，他说答应老师了就一定得做到……"果然，第二天活动区时间，扬扬约了三个小伙伴，又叫上静静老师一起坐下来"打升级"，他不仅教会了静静老师，还把三个小伙伴都教会了。渐渐地，越来越多的小朋友喜欢纸牌游戏了，而且纸牌的玩法也越来越多，如吃面包、抽对、配对等，孩子们在玩的过程中学习了找相同、配对，纸牌游戏激发了孩子们对数字的兴趣，孩子们在兴高采烈的情绪之下，了解了"多""少""大""小"等基本概念。

静静老师又一次巧妙地运用示弱定律，唤起孩子们主动学习和大胆探索的热情，同时引导幼儿懂得承诺的寓意和践诺的含义。枯燥的数字在欢乐的活动中走进孩子的心里，而扬扬为了教会老师，放弃平时最爱玩的手机游戏，跟妈妈学习纸牌的玩法。静静老师以智慧的策略，支持幼儿完成了教育目标。

在家师沟通中，教师如果巧用示弱策略，也能收到积极的效果。

在一次"家长走进校园"活动中，静静老师了解到博博的爸爸是一位交通警察。正值幼儿园开展安全周活动，静静老师想：如果能请到博博爸爸来为孩子们做一次安全教育活动，那一定很生动，能吸引大家专注听讲，从而获得更丰富的安全知识，记忆肯定更深刻。于是，静静老师向博博爸爸发出邀请："班级正在开展安全周活动，希望您可以抽出时间给孩子们开展一场交通安全讲座。在这方面，我们老师了解得比较肤浅，知道您是一位优秀的交通警察，我们孩子和老师都特别希望能够听交警叔叔讲生活中的注意事项和应该遵守的交通规则，比如如何看指示灯，怎样过马路等。"博博爸爸收到了静静老师真诚的邀请，就爽快地答应了。

博博爸爸当天身穿交通警察制服，头戴大檐帽，他一走进教室，孩子们纷纷投去新奇的目光。博博爸爸一边讲解交通规则，一边演示指挥动作，还带领小朋友演练起来。全班小朋友全神贯注地听、聚精会神地看、情绪高涨地练习动作。博博更是用骄傲的眼神望着爸爸。

这是一次非常有意义的安全教育活动！在欢快的活动中，所有孩子都掌握了"枯燥"的交通知识，博博爸爸也弥补了工作繁忙造成的父子交流贫乏的缺憾。正是静静老师以示弱的姿态向家长求助，迅速拉近与家长的距离，从而促成此次特别的安全教育活动，推动了家长参与共育的脚步。

实践指南

一、为激发与促进幼儿主动学习，教师可以适度示弱

在幼儿进行非常感兴趣的活动、特别热情投入的活动或从事专长的任务时，教师可以通过示弱策略，激发幼儿独立思考和大胆尝试。涤涤、萱萱和扬扬等小朋友正是在教师适度的、有策略的示弱"逼迫"下，克服困难，敢于探究和尝试，敢于想象和创造，主动开动脑筋解决问题。自然地，幼儿的学习品质也获得发展。

二、示弱只是表象，实质上教师仍须给予幼儿隐形支持

教师示弱是一种教育智慧和教育策略，目的是为幼儿营造自主学习和探索的环境和机会。因而，示弱仅是表象，实质上教师的引导伴随全程，即以巧妙的引导给予幼儿支持。如提问和建议皆是有效的支持策略。静静老师用一个个问题或建议作为支架，引导幼儿不断思考和探索，在这个过程中，没有教师明确指导的痕迹，却可以看到幼儿全身心地投入和愉悦地操作。

三、恰到好处地示弱，拉近和家长的距离，实现家园共育

教师在幼儿和家长心目中是权威的代表。这无形中隔离了教师与幼儿和家长的距离。静静老师适当地展露自身不足，反而增加亲和力，迅速拉近了教师和家长的心理距离。静静老师创造一种亲近的氛围，展示真诚、谦逊的品质，博博爸爸很爽快地接受了邀请，一次成功的家园共育就产生了。教师适当地示弱，不仅能调动更丰富的教育资源，更有助于形成家园合力。

四、注意示弱的分寸，避免给幼儿造成消极示范效果

在运用示弱策略时，教师要注意分寸。在运用该策略之前，教师务必评估幼儿活动情况，关注幼儿情绪。只有当幼儿积极、主动投入活动时，或幼儿因不了解而未开始某个活动时，教师示弱才能激发孩子高昂的探究热情。如果教师不分场合地示弱，只会给幼儿造成一种消极的示范，反而不会收到积极的效果。

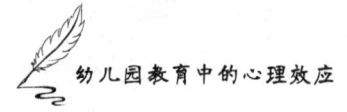

吊起你的小胃口——禁果效应

18世纪下半叶,法国发生饥荒,为度过荒年,法国药剂师巴孟泰尔积极寻找粮食替代品。他对土豆成分进行详尽试验分析,发现土豆无毒,可以放心食用。他将研究发现进行广泛宣传,希望国人能接受这种新食物。他还亲自栽种土豆。但由于当时流传一种迷信说法——吃土豆会引发麻风病、梅毒、猝死等,土豆被视为"妖魔苹果",他的努力并未产生效果。

巴孟泰尔想了一个办法。他在巴黎郊区开辟了一大块地,开始种植土豆。国王应其请求,派来士兵守卫土豆地,不让闲人靠近,到了晚上,国王又命令士兵悄悄撤走。住在周围的农民非常好奇:"到底是什么珍贵物种呢?"于是,胆大的农民趁着夜间无人值守之时,潜到地里偷走秧苗,悄悄种在自家田里。就这样,土豆的种植很快在法国推广开来,不但帮助国民度过了荒年,而且成了法国人餐桌上备受青睐的食物。

这个故事反映了禁果效应。禁果效应指一些事物因为被禁止,反而更加吸引人们的注意力,更会诱发人们的好奇心和探求欲,促使人们试图利用一切渠道来获取被掩盖的信息。禁果效应的心理学依据在于,无法知晓的"神秘"事物比能接触到的事物对人们有更大的诱惑力,也更能促进和强化人们渴望接近和了解的诉求。这种"期待—召唤"结构就是禁果效应存在的心理基础。

巴孟泰尔在公开宣传和正面引导均未奏效的情况下,利用禁果效应,激发农民对"神秘未知"的渴望和探究欲,受此驱使,农民积极主动地展开探索,最终达成巴孟泰尔的预设目标。

有心理学家为验证禁果效应的存在,做了这样一个实验:把5只不透明茶杯倒扣在茶盘里,孩子对此熟视无睹、毫无兴趣。他在其中一只杯子下面放了一块糖，离开前对孩子们说："杯子下面放了东西，你们千万别动！"这下子，孩子们的好奇心和探究欲被成功地唤醒了，他们忍不住偷偷地打开杯子想看个究竟。很快，所有的杯子都在无人察觉间被翻了过来，查看了一遍。

这个实验再次验证了禁果效应，同时启示教师，巧妙运用禁果效应，可以充分调动起孩子主动探究的积极学习品质。未加禁止之前，孩子对茶杯熟视无睹、毫无兴趣；一个用于提醒"切勿乱动杯子"的小标签造成"诱惑""鼓动"的效果，激起孩子的探究欲。这个实验再次证明，对于孩子而言，越是被禁止的东西，他们想要尝试的想法越强烈。孩子天生就具有强烈的好奇心和成长渴望，需要成人给予其正确的引导，强行禁止往往会适得其反。

静静老师发现，孩子们似乎对在建构区投放不久的新玩具失去了热情，游戏兴致不高，这很出乎她的意料。于是，在下午区域游戏活动前，静静老师用遗憾的语气说："孩子们，建构区的玩具我收起来了，明天上午就送给中班的弟弟妹妹玩，反正你们也不喜欢了，就不动了吧。"一听老师这么说，马上就有几个男孩儿跑过来，拉着老师的衣角说："老师，我们还没玩够呢，老师别送走。""好吧好吧，那就暂时留下。我们做个约定，你们不想玩的时候告诉我一声。"于是，在接下来的时间里，孩子们被激发出超常的潜力，积木、积塑、积插和自然材料等在孩子们的探索中展示了独特的创意，看到自己的作品孩子们特别有成就感。更重要的是，当没有新想法时，孩子会主动求助教师或同伴，集思广益，互相促进思维，孩子们的友情得到巩固，区域游戏里发生争执的情况几乎再没有出现。

静静老师对幼儿说打算把玩具送走，就是运用禁果效应，表面上"禁止"的举动刺激了幼儿的珍惜情感，进而诱发了幼儿的探究热情和能动性，将幼儿的创造潜能激发出来，使幼儿的创新能力得到提升；同时，幼儿的团队合作、同伴交往技能也得到发展。

每逢雾霾天气，体育活动只能在室内进行，鉴于空间有限，静静老师设计了一个"袋鼠跳跳跳"的活动，孩子们一开始兴致很高，参与性很强。

一段时间下来,渐渐有部分幼儿开始玩起"袋鼠坐坐坐"的游戏,任凭老师怎么鼓动,仍是一副岿然不动的架势。这可怎么办呢?静静老师跟同班教师商量了一个新方案。第二天,静静老师带来了十几只毛绒小袋鼠,对喜欢坐着的小朋友说:"老师用带子把毛绒袋鼠缠在你们腰间,你们当袋鼠妈妈,当了袋鼠妈妈就不能跳跳跳了,不然会把宝宝跳掉的,摔到袋鼠宝宝可不得了呢。"令人意外的是,被特别嘱咐过的"袋鼠妈妈"们跳得比谁都欢,一边跳一边嚷嚷着,"没掉啊,没掉啊,"有的袋鼠妈妈用手托住小宝宝防止它掉下来,坚持跳个不停。这下好了,所有的宝宝都运动起来,有些幼儿自动组成"家庭"开展比赛,看谁跑得又快,把小袋鼠保护得又好。看到孩子们玩得不亦乐乎,过了几天,静静老师又带来更小的毛绒袋鼠,"孩子们,袋鼠家庭有了二胎宝宝,它们只想去快乐的家庭生活,哪一家符合它们的要求呢?"小朋友们争相举手,一时间,小小袋鼠不够分了。静静老师马上出主意,"谁能想到新的玩法,它们就高兴去谁家。"小朋友展开热烈讨论,可以抱着它,可以抬着它,可以骑到袋鼠爸爸肩头……孩子们尝试各种办法,情绪非常高涨。

静静老师运用禁果效应调动起懒宝宝们的积极性,原本不愿运动的宝宝们听了老师的特别嘱托后,反倒生出逆反心理,一定要运动起来给老师看。不仅如此,孩子们还发挥了主观能动性,创造出新的玩法。在保教实践中,经常会遇到类似的情况,教师安排了自认为对幼儿成长有益的"大好事",幼儿却"不领情",教师仅凭说服教导,效果往往不佳,此时,需要教师调动智慧,运用心理学效应引导幼儿行为,久而久之,幼儿良好的习惯和品质就会慢慢发展起来。

禁果效应同样可以用于家园共育工作中。

六一儿童节快到了。静静老师交给孩子们一项任务,问问家长能否参加庆祝活动。根据孩子们反馈的信息,能来参加的不到一半。不能来参加的理由各种各样,比如工作、生病、参加婚礼等。看着孩子们失望的模样,静静老师又心疼又着急。当天晚上,静静老师在家园微信群发布一条信息:"请××、×××等11位小朋友家长预留5月31日13:00—17:00

的时间,热烈欢迎您届时参加幼儿园组织的六一儿童节庆祝活动。"消息刚一发出去,未受邀请的家长纷纷通过电话、微信联系静静老师,提出的问题几乎一模一样:"为什么没有我?我也很想参加孩子的活动!"静静老师解释道:"由于之前组织活动,大家都因各种情况不能出席,这次不想让大家为难,就只邀请了有时间和有意愿的家长。"听了这话,大部分家长仍然坚定和明确地表示:"一定安排好自己的事情,按时参加活动。"六一儿童节活动当天,全班32位幼儿,只有2位幼儿的家长因在外地出差无法赶回,其他家长全部准时出席。望着孩子们的笑脸,静静老师笑了。看来,禁果效应很奏效。

　　幼儿园常常遇到这样的情况,希望家长参与园所活动,既能帮助家长了解园所文化和保教工作,更为融洽亲子关系营造条件。但即便教师在家园微信群中不断说明活动意义,并一再诚挚邀请,家长往往由于各种原因无法前来。此时,看着同伴的父母来园,幼儿就会感觉很失落,甚至感觉不被父母关爱。为了让更多的家长来参加六一儿童节活动,静静老师运用"禁果"策略,满足了幼儿与父母共度节日的心愿。

　　禁果效应指向的就是好奇心,好奇心无所谓好坏。用在好的方面,它就能起到积极的作用;用在不好的方面,它也会产生推波助澜的影响。禁果效应是一把双刃剑,既有积极的作用,也有消极的作用。只要能巧妙和恰当地利用禁果效应,那么在应对一些事情上就会达到意想不到的良好效果。

实践指南

一、把幼儿不喜欢但有利于其成长的事变成禁果,以增强吸引力

　　幼儿成长过程中,许多行为、习惯的培养不是幼儿乐于接受的,规则的建立往往是在其与成人博弈中完成的。为了引发幼儿的主动性,教师将那些幼儿不喜欢但有利于其成长的习惯、行为等设计为"禁果",禁止和掩饰反而会造成幼儿逆反心理,越是无法知晓就越渴望知晓,越是被禁的行为就越可能发生。如教师在阅读故事中,为启发幼儿探究和思考,故意

在故事发展的紧要处停下来，等等。

二、切忌把禁止的行为变为"禁果"，诱发探究行为

鉴于"禁果"强大的吸引力和强烈的暗示性，教师切忌把敏感的话题和禁止的行为变成"禁果"，这样只会适得其反。比如，几乎每个幼儿都问过同样的问题，"我从哪里来？"此时，教师若以紧张的、避讳的态度回应，"禁果"就出现了，孩子们会想方设法探究起来，造成"抽刀断水水更流"的后果。而来自其他渠道的信息很可能是非科学的、不健康的，会在幼小心灵里埋下负面的种子。

三、适度运用禁果效应，视时、视人、视事灵活调整

教师需在对幼儿进行细致观察、充分了解的基础上，适时运用禁果效应，在幼儿情绪高涨的情况下，常常能够达到理想效果。对性格顽强、坚韧的幼儿，采用该效应会收到比较好的效果；而对缺乏自信、自我效能感低的幼儿，运用该效应只会加剧幼儿的自卑感。并非"禁果"越多效果越好，教师需发挥独特实践智慧，做到灵活运用。

以"渔"猎鱼——迁移效应

鲁班的名字是我国古代劳动人民智慧的象征,他被称为中国土木工匠的始祖。鲁班有许多创造和发明,据说木工现在所用的锯子就是鲁班发明的。

一天,鲁班到高山上去寻找木料,突然脚下一滑,他急忙伸手抓住旁边的一丛茅草,手被茅草划破了,渗出血来。"怎么这不起眼的茅草会这么锋利呢?"他忘记了伤口的疼痛,扯起一根茅草细细端详,发现小草叶子边缘长着许多锋利的齿。他用这些密密的小齿在手背上轻轻一划,居然又割开了一道口子。他想:要是我也用带有许多小齿的工具来伐树木,不就可以很快把木头截下来了吗?那肯定比用斧头砍要省力多了。

于是,他请铁匠打制了几十根边缘上带有锋利小齿的铁片,拿到山上去做试验。果然,他很快就把树木锯断了。

鲁班给这种新发明的工具起了一个名字,叫作"锯"。

鲁班由一个偶发事件引发思考,在对茅草进行观察、研究之后,发现了小草边缘锋利的小齿是小草锋利无比的原因,因此受到启发,尝试用有许多小锯齿的工具锯树木来提高工作效率,最后成功发明了锯子。一个人在一种情境中的学习,影响他在其他情境中的学习,把先行的经验运用到后续学习中,使已有知识和经验对解决新问题产生影响,这就是迁移效应。

心理学家布鲁纳将学习中发生的迁移分为两类:一类为特殊迁移,指习惯与联想的延伸,主要表现为具体知识与动作技能的迁移,如一个人会骑自行车,很快就能掌握骑摩托车的技能;另一类为一般迁移,指原理和态度的迁移,即掌握学科的基本结构、基本原理和概念是通向适当"训练迁移"的重要途径，如掌握正方形面积求解方法，可以独立求出平行四边形的面积。在很大程度上，学校教育的目的是引导儿童实现教育内容的一般迁移。

事物虽然是多种多样的，但却有共同的东西，即事物的本质和规律。掌握事物的本质和规律，人们就能以不变应万变，产生广泛的迁移。

在第二次世界大战期间，德军包围了苏联城市列宁格勒，企图用轰炸机摧毁其军事目标和其他防御设施。当时人们对伪装知识了解甚少，于是苏联昆虫学家施万维奇提出，利用蝴蝶的色彩在花丛中不易被发现的原理，在军事设施上覆盖蝴蝶花纹般的伪装。后来，正是由于无法准确定位，尽管德军费尽心思进行多次轰炸，列宁格勒的军事基地仍安然无恙，为苏联赢得最后的胜利提供了保障。根据同样的原理，人们还生产出了迷彩服，大大减少了战斗中的伤亡。

可以说，仿生学原理是迁移效应的典型表现。它将生物的结构、功能原理用于研制新的机械、新的技术或解决技术难题。很多我们熟悉的生活仪器都是通过对生物功能的研究而用于生活的结果。

同样，只要幼儿园教师指导适宜，迁移效应也会发生。

最近大五班的东东和西西沉迷纸牌多米诺游戏，经过一段时间的探究，他们想要完成一个高难度、漂亮的造型，于是，他们设计出一个爱心和大五的结合造型，寓意为"永远爱我们大五班"。设计图确定后，东东和西西兴致勃勃地开始搭建起来。在拼到"大"字连接的部位时，虽经过多次尝试但总是不能成功。东东不停尝试，西西则有些灰心丧气了。这时静静老师走过来说："我可以和你们一起游戏吗？"东东和西西向静静老师说明问题所在，静静老师把他俩拉到电脑前，打了一个浓墨加黑的"大"和一个华文彩云的"大"，让他们细心观察。东东和西西发现，若把宋体的"大"字换成华文彩云体的"大"字，问题就解决了。

对于幼儿自主探究中出现的问题，教师不必直接给出答案或解决办法。像静静老师这样，给幼儿提供一个支架即可。静静老师在电脑上呈现两个字体，让幼儿通过观察、发现，自己想到解决的办法。

接着，他们又遇到了第二个难题：每天都不能按图纸完成预设的任务。静静老师跟他们讨论："两个人力量太小，完不成怎么办？""人多就能完成！"于是，他们开始邀请好朋友加入这项"伟大"的工程，可是人多了每天任务依然没有完成。静静老师又提示道："有几个人在帮忙？其他人呢？""他们都站旁边看着啊。"原来站着的小朋友不知道该如何帮忙，只能旁观。于是，大家开始讨论让所有人都能有效参与的办法。最后，东东和西西把图纸画在地上，小朋友只要沿线拼摆就好了，大家充分发挥每个人的力量，分工合作，最终小朋友们成功完成了工程。

在多米诺展示之前，静静老师请东东和西西与团队成员召开一次"记者发布会"，介绍活动的由来、过程和解决问题的方法，还请其他小朋友提问。

我们看到，静静老师以提问（"两个人力量太小，完不成怎么办？""有几个人在帮忙？其他人呢？"）作为支架，诱发幼儿不断思考，引导幼儿自主解决问题；更重要的，借助"记者发布会"引导孩子梳理经验、总结经验、巩固经验，这是形成迁移的基础。在这次活动中，东东和西西了解了计划的关键作用；学会了发现问题和想办法解决问题；知道分工合作，发挥每个人的力量。有了经验的获得，他们自动将这些经验应用到其他区域游戏活动中。

接着，在积木区游戏时，东东和西西自发组织起有意愿参加活动的同伴，通过讨论确定建构目标后，分工设计图纸；之后分别领取搭建任务，最后顺利地完成工程。随后，为迎接六一儿童节，需要制作哪吒的风火轮和红缨枪道具，东东和西西主动承担了任务，他们仍然采用之前的做法，先组建小团队，分工查阅资料，继而设计图纸，再请擅长美工的同伴制作，最后完成组装，保证小话剧《哪吒传奇》演出成功，赢得全园小朋友的热烈掌声。

可以看出，东东和西西在积木区域和道具制作中成功地进行了经验迁移，他们的主体性、主动性、想象力、探究兴趣、思维能力得到不断发展，并不断丰富认知结构，持续改造经验。未来，他们一定能够自觉迁移经验解决更多问题，完成更有挑战性的任务。

实践指南

一、创设支持环境，引发幼儿主动思考

幼儿主动思考是学习迁移产生的必要条件之一。因此，教师除了需要为幼儿创设能够引发互动的丰富物质环境，更重要的是在活动中运用适宜策略，引导幼儿主动思考、大胆尝试，如教师运用提问引发幼儿讨论等。当幼儿向教师求助时，静静老师并没有直接给出答案，而是创造条件为孩子提供观察、分析和独立判断的机会，发挥其能动性，自己解决问题。

二、引导幼儿提炼经验，形成图式

提炼、总结经验是学习迁移发生的基础，因此教师要引导幼儿梳理经验，巩固认知结构，形成稳定图式。静静老师通过"记者发布会"的形式，引导幼儿对活动过程全面回顾、整理、提炼经验，经过内化和输出的过程，帮助小朋友总结新经验，并为幼儿将经验应用到其他活动奠定了良好的基础。"记者发布会"既为东东和西西的团队自觉迁移经验做准备，又激发了其他幼儿的探究兴趣和参与意识。

三、注重关照幼儿情绪智力，助力幼儿获得成功体验

教师注重保护、激发幼儿探究积极性，使其在积极愉快的心境下自觉探索学习，愉悦的体验会激发幼儿自觉将经验迁移到其他活动情境中。静静老师在整个活动中都以支持者身份出现，小心翼翼地保护着幼儿的求知欲和探索欲，悄悄地递送一个个"支架"。幼儿在学习中获得了成功体验，学习产生的愉悦情绪在很大程度上会影响幼儿今后对学习的情感和态度。

此处无语胜千言——空白效应

一位教师在讲解课文《孔乙己》的时候，当他读完最后一句"……大约孔乙己的确死了"，全班学生肃然，课堂一片沉寂——学生沉浸在思考中。教师维持着这种"课堂空白"，并不急于发声，让学生继续自己去咀嚼、体味文章的内涵。两三分钟后，一个学生长吁了一声，课堂又活跃起来了。这位老师马上抓住时机提问："孔乙己这个人似乎很可笑，但你读完之后，笑得出来吗？有什么感想？"学生说："即使笑，也是沉闷压抑的。""孔乙己既可怜又可气。"教师很满意，因为他并没有讲解，而学生已经正确理解了文章内涵，"哀其不幸，怒其不争。"

正是老师给学生的留白，才有了让学生自己思考和理解的时间，学生有了充分的时间去感受作品中的深意。

这个故事体现了空白效应原理。"空白效应"最初是关于艺术作品审美欣赏的概念，指的是作品留给读者想象和再创造的空间，读者可以凭借自身的文化素养，展开思维的羽翼去思考，从而获得对作品更深层次的理解和把握。

"此时无声胜有声"出自白居易《琵琶行》中的诗句，琵琶曲戛然而止之时，虽然琴声不再，但静静无声的情境更胜于有声，愁苦幽怨的情绪达到了沸点，完全无法用任何音乐去表达。在特定的情境中，语言或其他声音有时会变得苍白无力，唯有留下的空白让人细细寻味。空白效应可以运用到很多方面，一幅画如能适当地留下空白不着色彩，会收到"恰是未曾着墨处，烟波浩渺满目"的艺术效果；诗歌语言的跳跃，电影艺术的空镜头，也都能收到"此时无声胜有声"的艺术感染效果；在演讲中适当留有空白，也会取得强烈的震撼效果。

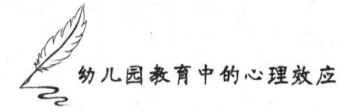

教师在幼儿园保教实践中运用空白效应，往往可以收到比使用语言更理想的效果。

静静老师每天都在幼儿园为孩子们讲故事。每当静静老师声情并茂地讲述时，孩子们都会聚精会神地聆听。这次，静静老师选的故事是《鳄鱼怕怕牙医怕怕》，讲的是鳄鱼去找牙医看病的故事。这本图画书中文字较少，多使用重复的句子。静静老师担心孩子不理解，习惯性地把自己想象中鳄鱼和牙医怕怕的情景细致地描述出来，絮絮叨叨地讲给孩子们听，不断地吸引孩子们的注意力，希望孩子们能认真保护自己的牙齿。静静老师觉得收到了很好的效果。

为了能达到故事的教育效果，静静老师很尽心地把自己对画面的理解详尽释义，唯恐孩子们理解得不够透彻。此次，幼儿与图画的互动并未发生，幼儿没有形成自己对故事的真正认知和感悟。

一天，在区域游戏时间里，静静老师忽然听到图书区里传来了两个小朋友"哈哈哈"开心大笑的声音。闻声走过去，原来月月和东东此时正在一起翻阅《鳄鱼怕怕牙医怕怕》这本书。静静老师奇怪了，这本书有那么好笑吗？此时，东东手指着鳄鱼的尾巴和眼睛说："你快看，鳄鱼尾巴和眼睛真好玩，都害怕得变形了，眼珠子都要瞪出来了。"月月也笑着回应："害怕的时候都哆嗦，我上医院打针也这样。"两个宝宝一边说着一边开始学着书里鳄鱼害怕的样子，浑身上下也开始抖动起来，眼睛也学着瞪得大大的，还抱在一起大喊"我好害怕好害怕呀"。

在没有教师指导的情况下，幼儿主动探究故事情节，不但通过细心观察发现细节，而且自觉联系生活实际，调动已有经验，建构新知识。这提示教师，在教育活动中应营造情境，为幼儿提供自我建构的机会。

看到这种情景，静静老师不由得反省起来："是不是我讲故事时留给孩子们观察和思考的时间不够充分？"于是，再讲起这个故事的时候，静静老师只读出书中的语言，把每一页画面都投影放大，一页一页展示给幼儿，每一页都停留一会儿。孩子们屏气凝神地观察着每一幅画面，一张张小脸激动又兴奋，还带一点点期待，每次切换都迎来孩子的惊惧呼叫或开怀大笑,"天哪,门里面的影子都在发抖。""快看呀,牙医都出汗了,他也会害怕吗?""你快看,鳄鱼使劲儿往后躲,把椅子都要压瘪了。"孩子们热火朝天地讨论起来,连平时不太爱说话的几个小家伙都争先恐后参与进来了。

在教育活动中,"空白效应"的运用能给幼儿保留思考的余地,于无声之中诱导幼儿积极思考、独立判断,使幼儿的分析能力相应地获得提高。有思维参与的学习才可能发生深度学习,而深度学习是发展幼儿学习品质的重要前提。静静老师通过观察发现,在故事讲述中,她把自己的理解全部倾倒给幼儿,并没有在幼儿跟故事之间建立起互动关系,"思考"并未真正发生。于是,静静老师运用空白效应,同时为幼儿提供无声支持,使幼儿沉浸于故事的情境之中,思想遨游、思维生长,幼儿的兴趣与主动性、观察和发现、分析和判断等品质在全身心投入、无痕无迹中获得发展。静静老师的"留白",给了孩子们释放智慧的空间,孩子们遵从童心对故事的解读更生动,对故事的主旨体验更深刻。

在幼儿园中,这样的情况很多。如果教师总是以自己的主观意见去引导孩子,那么就没有把主动学习的机会还给孩子。有人说:"孩子有一百种语言。"每个孩子都是不同的个体,他们有自己的认知和表达方式,教师要放手给孩子一定的空间和时间,让孩子们自己学着去探索和感受美好的事物,在这个过程中,幼儿的学习品质才会不断发展。

在家师工作中恰当运用空白效应,往往能获得意想不到的效果。

林林小朋友上小班的第一天不但不哭不闹,晚上回家还给爸爸妈妈讲幼儿园的事情,逗得爸爸妈妈非常开心。没想到的是,第二天一走到班级门口,林林搂着爸爸的脖子不让爸爸走,任凭爸爸怎么跟他解释就是不撒手。静静老师走过来,说:"林林爸爸,您就放下孩子走吧,您一走宝宝也就不哭闹了,您相信孩子,相信我们老师吧!"但是,林林搂得爸爸越来越紧,而爸爸呢,也舍不得放开哭泣的林林。这时,静静老师趁爷儿俩不注意,一把从爸爸怀中抱过了林林,走进教室,把林林交给了芳芳老师,然后关上门。静静老师继续接其他孩子,林林的哭闹声依稀传出来,林林爸爸在楼道里徘徊一阵，气呼呼地对静静老师说："你们老师这是什么方法！分明就是绑架孩子，你听，还哭呢。"看着着急而又生气的林林爸爸，静静老师说："林林爸爸，您放心上班去吧，一会儿林林就没事了。"林林爸爸说："别骗我，你们把孩子绑架进去还能没事！"静静老师耐心说道："您就信一次行不行！快去上班吧，晚上您接孩子的时候，咱们再聊一下孩子分离焦虑这件事！"林林爸爸气呼呼地一边走一边说："什么幼儿园，什么教育，这就是绑架！"望着这位不听解释又乱扣帽子的家长，静静老师心里好委屈，真想追上去好好理论一番，凭什么自己的好心遭到了"污蔑"。转念一想，林林爸爸在气头上，沟通效果不会太理想，还是暂且放一放，晚些时候再跟他好好谈一谈吧。

　　假如此时静静老师追上去跟林林爸爸理论，会有什么结果呢？一场口角肯定难以避免。在对立情绪之下，双方不可能冷静下来倾听对方的想法，并做出冷静的判断，最后只会导致矛盾升级，而林林入园焦虑问题还是没有得到解决。幸好静静老师采用"暂且放一放，晚些时候再跟他好好谈一谈"的策略。

　　中午，静静老师委托同事给林林爸爸发了两张照片，一张是林林和同伴愉快游戏的场面，另一张是林林午饭时大快朵颐的情景。下午放学时分，林林爸爸找到静静老师，嗫嚅着说："老师，对不起啊。早上孩子不放开我，我就舍不得，所以说了过火的话。"

　　静静老师笑笑说："没关系的，我相信您也很快能明白孩子入园焦虑这件事，林林表现已经够好的了，在家多鼓励他吧！"林林爸爸不好意思地领着高高兴兴的林林回家了。

　　静静老师成功运用空白效应，化解了一场可能发生的家师争执。空白不等于无为，用照片让林林爸爸了解孩子在幼儿园愉快游戏和生活的情况，证实教师在林林入园时的果断处理是基于经验的正确做法，使家长能信任教师并理解教师。

实践指南

一、在保教实践中,教师要善于留白,给幼儿主动学习和思考的机会

在保教活动中,教师要有意识地为幼儿留白,给幼儿创设环境,使幼儿有机会思考、实践、表达。在图书区活动的月月和东东,没有了老师语言上过多的干扰,他们就能在画面中发现有趣的细节,也能根据自己的思考理解故事的内容,用儿童的语言大胆地表达自己的所思所想。艺术绘画中,教师不必给孩子做过多示范,要让幼儿自己去创造和想象;在探究活动中,教师要注意不要直接给出答案,而是要让幼儿去通过感知、体验、操作,自主探究进行学习。

二、家园合作中注重留白,让家长自我反思与成长

家长是教师的合作伙伴,与家长沟通的工作非常重要。与家长沟通顺畅,教师开展工作会很顺利,沟通不畅会给家师都带来困扰。教师与家长的沟通,也要适当留白。如正在气头上的林林爸爸不可能听进教师的解释,静静老师及时按"暂停键";当林林爸爸看到孩子吃得好、玩得好的画面时,自然就会理解并信任教师解决问题的专业能力。家长学到更多方法提高自己的育儿水平,也会更加支持和配合教师的工作。

三、留白需要支持条件,重视为留白创设环境

留白并非无为,不是闲置不管,而是做好铺垫,营造"留白"氛围,触发思考。静静老师把一页一页图画书投影放大,委托同事拍下林林照片发给家长……这个环节需要教师用心思考,根据不同对象、不同需求,运用有针对性的策略,做好留白前的准备。这个准备可能是物质方面,也可能是精神方面;可以是语言激发,也可以是动作引导等。做好铺垫,留白的效果便会自然而然地产生。

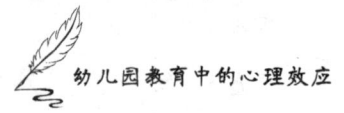

心灵坚韧飞得高——约翰逊效应

众所周知,太空飞行第一人是苏联宇航员尤里·加加林,他乘坐东方一号宇宙飞船飞上太空,完成人类历史上首次载人宇宙飞行。但是很多人不知道的是,太空飞行第一人的最初人选并不是加加林,而是另一位宇航员。这位宇航员由于起飞的前一天晚上过于兴奋,睡眠质量不佳,在飞行前的体检中没有通过生理指标要求。相反,加加林虽然是后备人选,但他并未患得患失,而是保持平和心态,因而第一个进入太空并出色完成任务。

这个故事说明,良好的心理素质是成功的前提。即使一个人能力很强,若没有稳定的心理素质,也很难成就大事。既定宇航员业务能力肯定优异,只是败在心理素质不佳。加加林作为后备队员,以平和、冷静的心态应对问题,以最佳的身体条件和心理状态承担起航天任务,完成人类历史上的创举。可见,成功不仅依靠过人的能力和坚持不懈的努力,还有赖于良好的心理素质。

古往今来,心理素质不佳导致失利的案例数不胜数。

后羿是夏朝著名的神箭手。夏王听说了这位神箭手的本领,十分欣赏他,想领略一下他那炉火纯青的技艺。夏王命人把后羿带到御花园里,叫人拿来了一块直径约一尺、靶心直径约一寸的兽皮箭靶,用手指着说:"这个箭靶就是你的目标。如果射中了,就赏赐给你黄金万镒;如果射不中,那就要削减你一千户的封地。"后羿心情非常激动,一心想着若射中即获泼天富贵,脑海里不断闪现黄金、良田、美女……这时,他射箭的手开始颤抖,慢慢地他大汗淋漓,呼吸急促,连射几次,都没能射中。后羿低着头灰溜溜地离开了。

夏王很疑惑地问道:"怎么会这样呢?"一直在旁边观察的大臣解释说:"后羿平日射箭,不过是一般练习,在一颗平常心之下,水平自然可以正常发挥。可是今天他射出的箭关系到切身利益,他根本无法静下心来施展技术,又怎么能射得好呢?"

本来稳操胜券的后羿,因为心理负担过重,没有发挥出正常水平,最终大失水准而黯然离场。他的失败,按照心理学分析,可以归因于约翰逊效应。

约翰逊效应得名于一位名叫约翰逊的运动员。他平时训练有素,实力雄厚,但在体育赛场上却连连失利。人们借此把那种平时表现良好,但由于缺乏应有的心理素质而导致竞技场上失败的现象称为约翰逊效应。那些平时成绩名列前茅,在关键考试中却屡屡失利的学生;那些实力强大,却在赛场上发挥异常的运动员;那些在彩排时表现良好,却在正式演出时连连失误的演员,都可以说是约翰逊效应的反映。

约翰逊效应在幼儿身上也经常有所体现,因而需要教师给予有效干预。当幼儿情绪处于安定与愉快的状态时,有机体分泌出对幼儿身体有益的物质,有利于幼儿身体和心理的健康成长。

今今是静静老师班里的一名有主持特长的小朋友。六一演出活动,需要一个小朋友担任主持人,在征集小朋友意见时,今今主动报了名,初步考察后,三位带班教师一致同意由今今担任主持人。每次练习中,今今表现都很棒,甚至可以脱稿,这对于中班孩子来说,已经很不容易了。终于迎来了彩排的日子,与正式演出场面几乎一模一样,有很多观众和小演员观看演出。今今作为主持人打扮得很漂亮,大方地走上台。开场白刚说了几句,今今就突然停住,愣愣地站在那儿不说话了。静静老师悄悄地提醒她,她还是没有反应,只是低着头,着急得眼泪吧嗒吧嗒地掉下来。于是,活动只能暂时略去主持环节。

今今小朋友的表现反映了约翰逊效应,在重大活动时情绪高度紧张,阻碍了正常水平的发挥。面对这种情况,静静老师应该怎么办呢?

彩排结束后,静静老师又请今今练习一遍,这次她仍然很流利地背诵出主持词。静静老师再次确定，兮兮并不是记不住主持词，而是由于心理紧张、不知所措，忘词了。

针对兮兮的表现，静静老师采取了一系列措施。首先，静静老师表扬兮兮已经很棒了，不给孩子再增加心理负担。接着又问兮兮："为什么在台上突然就卡住了呢？"兮兮嗫嚅着："看到台下好多人就害怕，心扑通扑通要跳出来了。"针对兮兮说的情况，静静老师告诉她："没关系的，你不用往下看，更不用看人，只盯着最后面一个地方看，然后想象自己在空旷的田野中，或者想象自己在一片菜地里，对着一棵棵大白菜说话就不紧张了。"听了静静老师的话，兮兮的情绪稳定多了。兮兮又怯懦地说："怕说不好，老师会责怪我。"静静老师蹲下来摸着兮兮的头说："你是最棒的，老师怎么会责怪你呢？"

静静老师并没有责怪孩子的"不良"表现，而是对兮兮主动当主持人、勇敢地站到台上给予认可和点赞，针对出现的问题给出具体的可操作的建议，给兮兮提供具体的缓解压力的方法。

接下来，静静老师在班级活动中多次请兮兮当老师的小助手，尽量给兮兮提供在大家面前展示的机会，让兮兮得到更多的锻炼。经过一段时间的练习，兮兮已经改变了许多。在第二次彩排的时候，兮兮没有再忘词，但仍然紧张到声音发抖。

静静老师向兮兮妈妈介绍了一下兮兮的情况，请家长配合，一起帮助兮兮克服紧张心理。兮兮妈妈在家一有空就带着兮兮到公共场所展示才艺，站在舞台上表演。一段时间后，兮兮习惯了面对众人表现自己，再不会紧张恐惧了。

静静老师给兮兮提供了多种锻炼心理素质的机会和活动，使兮兮得到了有效的锤炼。不仅如此，静静老师还发动家长，请家长也一起帮助兮兮，在生活情境中获得了锻炼，这是非常有效的教育措施。

为了缓解兮兮的紧张情绪，静静老师在彩排前同兮兮愉快地聊天，讲自己小时候相似的经历。原来，静静老师小时候一直学习很努力，每次小考成绩都名列前茅，但一到期末考试总是成绩不佳，因为担心考不好，又怕老师找家长,所以每次考前都会分心,导致无法把心思都放在答题上,每次大考成绩都很不理想。兮兮迫切地望着静静老师,似乎要问:"后来呢?"静静老师说:"老师的爸爸每次考试前都要陪我吃一次我最爱吃的小蛋糕,告诉我吃了蛋糕就不紧张了。果然就真的不紧张了,考试总能发挥真实的水平。"接着叮嘱道:"兮兮也可以试试。"

静静老师主动谈起自己相似的经历,使兮兮了解老师也曾经跟自己一样。这能帮助幼儿接纳自身的脆弱和"不佳表现",避免自责和愧疚;同时帮助兮兮树立信心,令兮兮相信未来自己也可以成长为像静静老师一样"强大"且"无所不能"。

正式演出时,兮兮果然发挥得非常好,获得了小朋友们热烈的掌声。兮兮自己也很开心,她体验到了成就感。静静老师倍感欣慰的是,兮兮切实获得了成长。

兮兮的进步离不开静静老师的鼓励和支持,静静老师通过鼓励法、谈话法、心理疏导法和实践锻炼法等,有效地帮助兮兮缓解了心理压力,克服了情绪困扰,使兮兮不再畏惧舞台,变得大胆、自信起来。此外,静静老师有效调动家庭资源,形成家园合力,共同助力幼儿成长。

实践指南

一、关注幼儿的心理健康,随时掌握幼儿情绪变化

幼儿的健康应该包括促进幼儿身体健康和心理健康,以及适应社会的良好状态,绝不仅仅是指身体健康。幼儿的心理比较脆弱,易受多种因素的影响。因此,教师在幼儿每日生活和各项活动中,应注意观察幼儿,随时掌握幼儿的情绪和心理变化,及时调整保教策略,疏解幼儿情绪。

二、营造支持环境,多为幼儿提供身心历练机会

幼儿的心理素质只有通过实践锻炼才能切实得到提高。因此,教师应为幼儿提供丰富的生活环境和多彩的活动,促进幼儿体验多种情绪和感受。在第一次彩排不理想后,兮兮通过一次次的预演,在社区公共场所多次表演,慢慢克服紧张、局促、焦虑等心理障碍,心理承受能力逐渐变得强大起来。

三、帮助幼儿学会恰当表达和调控情绪

教师用恰当的方式表达情绪，为幼儿做出榜样；同幼儿一起谈论自己高兴或生气的事，鼓励幼儿与他人分享自己的情绪；允许幼儿表达自己的情绪，及时给予适当的引导；发现幼儿不高兴的时候，主动询问，帮助幼儿化解消极情绪。

四、多鼓励，让幼儿获得成功和自信

幼儿的内心是脆弱和敏感的，需要教师小心呵护与鼓励。兮兮在第一次彩排出现失误后，静静老师并没有责怪兮兮，而是给予充分的鼓励和帮助。相反，如果静静老师责怪兮兮，她很有可能就此放弃，甚至对舞台产生恐惧，并对兮兮的心理造成伤害。静静老师很好地保护了兮兮的自信心和自尊心。

抛下石头泛涟漪——反馈效应

一天，日本松下电器总裁松下幸之助在餐厅招待客人，6位客人都点了牛排，等6个人都吃完了主餐之后，松下让助理去请烹饪牛排的主厨来一下，还特别强调，"不要找经理，找主厨过来"。他的助理看到松下的牛排只吃了一半，担心是不是因为牛排的味道不好，想着叫来主厨可能要发生尴尬的场面，但还是依命去叫主厨过来。

过了一会儿，主厨忐忑不安地来到餐桌旁，他十分紧张。当他知道来就餐的客人就是大名鼎鼎的松下先生，毕恭毕敬地问道："是不是牛排有问题？哪里做得不好？"松下先生略带歉意地说："牛排十分美味，但是我却只能吃掉一半，不是因为你做得不好吃，而是我已经80岁了，我的胃口大不如从前了，所以只能吃完一半。"

在场的人听了都十分困惑，相互看着，不知道接下来会发生什么。松下接着说："我想当面和你谈一谈，是因为我担心，当你看到只吃了一半的牛排被送回厨房的时候，心里会感到难过，所以我把你叫出来告诉你，你的牛排很美味，剩下一半的原因在于我。"

主厨非常感动，没想到盛名满扬的松下先生能够关注他的心理感受，当面对他的厨艺给出评价。

这个故事诠释了反馈效应原理。反馈效应指学习者对自己学习结果的了解，会起到强化作用，促进学习者更加努力学习，从而提高学习效率。松下担心主厨误会，当面对他的"作品"给予反馈，这令主厨感觉受到重视和鼓舞。相信在此之后，他一定以极大的热情投入食物烹饪。这一点，在如下实验中得到了印证。

心理学家赫洛克做过一个著名的心理学实验，他把被试分成4个组，在4个不同诱因下完成任务：第一组为激励组，每次工作后予以鼓励和表扬；第二组为受训斥组，每次工作后对存在的每一点问题都要严加批评和训斥；第三组为被忽视组，每次工作后不给予任何评价，只让其静静地听其他两组受表扬和挨批评；第四组为控制组，让他们与前三组隔离，且每次工作后也不给予任何评价。

实验发现：成绩最差者为控制组，激励组和受训斥组的成绩则明显优于被忽视组；而激励组的成绩不断上升，学习积极性高于受训斥组，受训斥组的成绩有一定波动。

这说明，对学习和活动结果进行评价，能强化学习和活动动机。适当激励的效果明显优于批评，而批评的效果比被忽视效果好。总之，有反馈比没有反馈学习效果要好得多，即时反馈比延时反馈所产生的效应更大。

反馈效应提示幼儿园教师，应运用观察或交谈、现场提问、效果评价等多种手段，采集信息，评价幼儿活动，对幼儿及时反馈。在反馈时，教师要注意针对具体行为和做法及时鼓励或批评，切忌夸大其词或做定性评价。

在幼儿园的保育实践中，尤其对于持续的幼儿学习活动，反馈效应的运用对幼儿保持积极的、饱满的精神状态十分有帮助。轩轩的故事就是很好的例证。

新学期伊始，分离焦虑期的小朋友表现各异。轩轩的分离焦虑尤其严重，持续时间比其他小朋友久，每天早晨都是哭着被奶奶抱进幼儿园的。之后，他就一直低着头坐在自己的小椅子上，不做任何事情。静静老师问："怎么不跟小伙伴一起玩？"轩轩小声嘀咕："我还没睡醒，我还小呢。"带他去洗手、放水杯，他一点儿都不情愿，拖拖拉拉的，一直要等到保育员过来帮忙完成。为了尽快帮助轩轩度过分离焦虑期，静静老师除日常在园对轩轩多关注，还通过与家长沟通了解情况。原来，轩轩在家中时，几乎所有事情都由奶奶代劳，这就造成了轩轩自己在幼儿园什么都不会做。当轩轩看到其他小朋友轻而易举地做到生活基本自理，他的不适应和焦虑情绪更加严重了。

静静老师通过对现象的分析，发现了问题的本质。表面上呈现出的问题是，轩轩分离焦虑严重，在幼儿园很不适应，但根本问题是轩轩不具备最基本的生活自我服务能力。静静老师通过与家长沟通，了解到问题产生的原因，推断轩轩缺乏基本生活技能导致其对新环境适应困难。找到问题产生的原因是有效解决问题的第一步，是实施有效教育干预的前提。

通过观察，静静老师发现轩轩是一个特别爱动脑筋的小朋友，他总是认真探索每一种小玩具的玩法，发现只要少吹一点儿气，气球就不容易爆炸的秘密，还会帮助积木区的小朋友将散落的积木收拾整理得特别整齐。于是，静静老师想到了一个好的方法，她把轩轩独立做的这些事情全部录下来，在活动区分享环节，邀请轩轩到集体面前分享自己的小发现。轩轩很腼腆，低着头一句话不说。静静老师马上问："小朋友们，你们喜欢笑嘻嘻的轩轩还是低着头的轩轩呢？"小朋友们一致回答："喜欢笑嘻嘻的轩轩。""喜欢爱动脑筋的轩轩。"老师请大家观看之前录制的视频片段，轩轩帮助小朋友、轩轩探索游戏等，轩轩仍有点儿腼腆，但他的小脸洋溢着自豪的、喜悦的表情。针对轩轩的表现，静静老师不断调整个性化的引导策略，如发现轩轩尝试自己穿脱衣服，马上表扬他的小手好有力量；发现轩轩吃饭不挑食，立刻肯定他饮食习惯很健康；发现他有新的创意，表扬他爱动脑等。静静老师每一次发现轩轩的一点点努力和一点点进步，都及时给予反馈，或表扬或肯定或建议。渐渐地，轩轩表现得越来越主动了，尝试自我服务、为他人服务。尽管轩轩仍会偶发"小懒"，但大家能经常地感受到他在持续努力的热情。静静老师相信，轩轩一定会发展得越来越顺利。

面对轩轩表现出的特殊情况，静静老师通过调研，揭示了产生问题的原因，对症下药，采取个性化措施对轩轩实施干预。对轩轩的点滴努力和进步及时给予反馈，让轩轩一直感受到来自教师的陪伴、关注和爱。在教师和同伴的目光包围之下，轩轩获得了安全感及接纳、认可、肯定等信息，这有益于他以更加积极、主动的热情，投入自我成长的探索中。

教师在家园共育中运用反馈效应原理，会产生良好的效果。

静静老师十分重视日常片段的捕捉和积累,对每个孩子的行为表现和需求都力求关注到,并及时反馈给家长。如面对分离焦虑严重的幼儿,静静老师会捕捉幼儿在园开心游戏的时刻;面对挑食的孩子,当孩子愿意品尝之前不肯进食的蔬菜,或不爱吃饭的孩子进餐量从开始的一点点慢慢变多;当孩子自己叠小被子、自己穿衣服;孩子在户外活动表现很活跃等,静静老师都会及时对孩子的进步给予肯定与鼓励,认可孩子们的成长,让孩子感受成长的愉悦,并将孩子点滴的进步记录下来,及时向家长反馈。这不仅有利于引导家长在生活情境中巩固幼儿的良好行为,更对家师形成合力起到积极推进作用。

实践指南

一、细心观察幼儿行为,及时给予反馈

　　每个幼儿都是有能力的学习者,教师有责任在一日生活中关注幼儿成长中的闪光时刻,进行积极的强化,让幼儿体验积极的情绪情感;对不良语言或行为及时给予阻止,让幼儿感受到教师坚定的态度,幼儿在得到强化或阻断后会明确认知,能够增加积极行为或主动改变负向行为。

二、依据幼儿特点,运用多种方式进行反馈

　　言语是简便易行的反馈方式,因而经常被使用。但教师仍需依据幼儿身心发展和认知特点,随时调整恰当的方式。丰富的肢体语言及其他支持手段的融合运用,能起到意想不到的效果。

三、运用反馈效应,引导幼儿了解基本规则,萌发是非观

　　幼儿在教师的关注与回应中了解基本的规则,知道哪些是允许的、受欢迎的,哪些是禁止的、不被接受的;了解哪些是正确的,哪些是错误的。在这种师幼互动中,幼儿初步建立基本行为规则,萌发是非观。

熟悉的事物好记忆——自我参照效应

晋朝有个叫乐广的人，特别热情好客。一天，他在家里宴请宾客，觥筹交错好不热闹。席间，一位客人正举杯欲饮酒之时，瞥见杯中有一条小蛇游动着。他碍于情面并未声张，一口把酒饮下。

过了几天，乐广没有见到他，就惦记登门问问，他宴会那天怎么没打招呼就离开了。乐广进了他家门，才知道朋友已经病了好几天了。问及因何而病，朋友支支吾吾地答曰："前日去你家参加宴会，发现酒杯里有一条蛇游来游去，勉强喝下之后，浑身不舒服，回家后就病倒了。"乐广仔细回想半晌，忽然想起来家中墙壁上挂着一张弓，朋友所指的蛇可能就是这张弓的影子吧！于是，他再次把朋友请到家中，宴席仍设在之前的地方。对饮之间，朋友又一次惊惧地在酒杯里发现同样一条蛇。乐广指着墙上的弓说："杯中的蛇是它的影子。"随手把弓摘下来，杯中的小蛇果然消失了。朋友恍然大悟，随即通身舒爽，病全好了。

这个故事是自我参照效应的突出反映。自我参照效应是指当个体在接触新的知识或新的信息时，如果它与个体自身有一些联系，学习会变得更有动力，且记忆更加深刻。导致乐广的朋友做出错误推断的原因是"记忆的自我参照效应"起了作用，当他看到酒杯中的影子，就与生活中的蛇联系起来，认为自己喝下了一条蛇，因此周身难受，病痛不已。

为了证实自我参照效应，美国心理学家做过一个实验，让人评价自己的两张照片。一张是镜面照，就是人们从镜子里看到的自己的形象；另一张是标准照，就是普通相片呈现的形象。结果发现，每个人都感觉镜面照上的那个自己要比标准照上的自己好看些，但旁人却会感觉标准照要更好看。

这是人们受到"自我参照效应"的影响而形成的习惯心理，即个体的内心在面对经常遇到的东西时，会产生知觉上的熟悉感，而这种熟悉感会影响到个体的情感偏好，从而对熟悉的东西产生好感。由于人们几乎每天都会照镜子，对镜面照很熟悉，便认为镜面照中的自己要更好看些。而他人对现实中"我们"的模样更熟悉，因此他们认为标准照中的"我们"更好看。

在幼儿园工作中运用自我参照效应培养幼儿学习、探究的品质，会取得较好的效果。该效应启示教师，重视幼儿生活对其发展的重要价值，将幼儿生活经验与其学习和发展紧密联系在一起，在幼儿熟悉的、具象的经验与任务之间建立有效联结，支持幼儿认知和学习品质的发展。

在一次命题绘画——《向日葵》的活动中，静静老师组织幼儿讨论向日葵色彩、外形、特征、生长习性等，幼儿便开始画起来。静静老师发现妮妮在纸上点出一个点后就停了下来，她一会儿看看同伴的作品，一会儿又低头玩自己的笔。静静老师走过去问："妮妮，你为什么不画呢？"妮妮摇摇头："老师，我没见过向日葵，我根本不会画。""老师，我也画不出来呢。"听妮妮这么一说，有几个小朋友也附和起来。

组织幼儿活动，需要有前期经验的准备，前期经验是幼儿熟悉的、具体的、形象的记忆。在《向日葵》绘画活动中，妮妮没有见过向日葵，所以她无法将向日葵以绘画的方式表现出来。

琪琪画的向日葵非常形象，柳叶形的花瓣紧紧围绕着花盘，大大的花盘里还有许多黑色的小点点。静静老师问琪琪："琪琪，这些黑色的点点是什么呀？"琪琪头也没抬地说："这您都不知道啊，这不就是瓜子嘛！我姥姥带我去过向日葵花园，里面有好多向日葵花，姥姥还给我摘了一颗瓜子吃呢！"他一边说一边又在纸上画出了几棵大小不一的向日葵花。

自我参照效应提示，相对于其他记忆加工而言，与自我建立联系的加工任务能够获得最好的记忆成绩。幼儿面对新任务或挑战时，会对自己熟悉的、接触过的、与自己有联系的内容记忆更深刻持久、更感兴趣。琪琪之前近距离地观察过向日葵，与向日葵有互动的经历，因此，他能很顺利、形象地再现向日葵,连细节也呈现得很清晰。

鉴于妮妮和其他几位小朋友在绘画活动中没有获得积极的体验,静静老师决定在区域游戏中为他们提供特殊支持。她在阅读区投放向日葵题材的图画书,在艺术区张贴向日葵图片,在建构区放置向日葵插片等。同时,跟这几位小朋友的家长联系,请他们在生活情境中帮助孩子获得与向日葵互动的机会,使其在观察中获得真实体验和直观感知。当静静老师再一次请这几位小朋友合作完成一幅向日葵的图画时,他们已经能展示出向日葵圆盘、黄色花瓣和黑色瓜子的特征了。最重要的是,在这个过程中,孩子们一直情绪高涨,并获得了快乐和成功的体验。

如果学习的对象能跟自己的经验联系起来,就更容易被记住,而幼儿更容易接受自己熟悉的、与自己生活有密切联系的事物。静静老师发现妮妮等小朋友在向日葵绘画中遇到困难时,运用自我参照效应原理,一方面引导孩子与向日葵发生信息联结;另一方面争取家庭资源,增加幼儿在生活情境中与向日葵互动的机会,帮助其获得鲜活的直接经验。

分离焦虑问题是小班幼儿最难克服的。小小的他们离开自己熟悉的家,来到一个陌生的环境,会很难适应新的班级环境。通常,教师会请家长准备一张全家福,张贴在班级显著的位置;教师允许幼儿将自己一件熟悉的玩具带到幼儿园里来;教师也会在班里播放幼儿熟悉的音乐,来消除幼儿的陌生感,让幼儿尽快接受和适应新的班级环境。

幼儿在面对陌生的班级时,会感到无助和焦虑,张贴全家福照片、自己熟悉的玩具、熟悉的音乐都会让幼儿产生一种知觉上的熟悉感,而这种知觉上的熟悉感会影响到个人的情感偏好,从而降低对幼儿园的陌生感。

在保教活动中,幼儿园教师应有意识地将教学内容与幼儿自我生活经验结合起来,利用幼儿自我参照加工的优势效应,唤起幼儿生活化的学习经验,提高他们在解决问题过程中的参与度。

实践指南

一、观察、了解幼儿原有发展水平和经验

了解幼儿现有经验水平，是确保教育活动设计的适宜性和实施有效性的基本条件。教师要通过细致观察等方法，准确把握幼儿现有经验的水平、速度与优势领域，掌握个体差异。这就要求教师掌握观察、谈话、记录等了解幼儿的基本方法和教育心理学的基本原理与方法。静静老师由于未完全掌握本班幼儿原有经验，致使绘画教育活动没有照应到每位幼儿的成长需求。

二、教育活动要重视调动幼儿的原有经验

教师应重视幼儿原有经验准备。教师可以将学前儿童存储在自我图式中的相关信息，例如自我面孔、熟知的物品图片或情境等，与学习材料之间建立关联，激活他们与自我相联系的动机和信息，使学习材料对学习者自身产生意义，从而促进他们对学习材料的保持和提取。在绘画活动中，妮妮和琪琪在命题绘画活动中的表现，足以说明原有经验的重要性。妮妮从来没有见过向日葵，所以她很难画出向日葵，而相反地，琪琪近距离接触过向日葵花，所以他能很顺利而且形象地画出一片向日葵花，甚至连葵花籽都鲜活地呈现出来。

三、家师共同努力丰富幼儿直接经验

教师需要指导家长在真实生活情境中丰富幼儿的经验，为幼儿提供信息丰富的教育环境，最大限度地支持和满足幼儿通过直接感知、实际操作和亲身体验，获取经验的需要。在幼儿园，教师重视在一日生活环节及游戏中，给予幼儿更多操作探索、交流合作、表达表现的机会。家师形成教育合力，为幼儿进一步成长奠定基础。

隐形的翅膀——暗示效应

将一张从报纸或杂志上摘选的人物照片复印30份,并分为两组。准备两份指导语,其中一份指导语把图片上的人介绍成一名罪犯,另外一份指导语把图片上的人介绍成一位有名的教授。然后让A、B两组被试分别根据图片和图片上的人物介绍进行描述。因为受到不同的暗示,尽管被试看到的图片是同一个人,但是他们对他的描述截然不同。看到被描述为罪犯的照片,A组使用了更多的负面话语来评价照片中的人,例如"他可怕的三角眼表明了他心中充满着不好的念头"。看到被描述为教授的照片,B组则使用了更多的积极话语来评价,例如"充满笑意的眼神,表明了他在克服科学研究道路上的困难时,富于乐观精神"。

上述实验的结果印证了暗示效应的存在,暗示效应是指用含蓄、抽象诱导的方法对人们的心理和行为产生影响,以诱导人们接受某种意见或采取某种行动,使其思想、行为与暗示者期望的目标相符合。就像实验中发生的那样,相同一个人的照片,只因不同的介绍导致不同的暗示效果,被试循着暗示的信息描述内容导致结果大相径庭,这就是暗示效应的作用。

"望梅止渴"的故事突出反映了暗示效应。

东汉末年,曹操带兵去攻打张绣。时值盛夏,骄阳如火,简直要把大地烤焦一般。曹操的军队远途跋涉,疲惫不堪。将士们被晒得大汗淋漓,头晕目眩,可方圆数十里找不到汲水之处。渐渐地,有的士兵支持不下去了,每走一段路,就有人倒下。曹操看到这样的情景,心中焦急。他策马爬上一座山岗,极目远眺,希望能找到水源。可一眼望去,只见龟裂的土地。他回头看看东倒西歪的士兵们,"必须马上想个办法,否则还没到目的地,军队就垮了。"

曹操灵机一动，他举起马鞭向前一指，大喊："将士们，绕过这片山丘，前面有一大片梅林，大大的梅子结满枝头！"

"啊！有梅子吃了！"将士们一听，顿时口舌生津，精神振奋起来，就这样，曹操率领军队走出干旱之地，找到了水源。

曹操利用梅子的特征，以心理暗示策略诱发士兵分泌大量唾液，暂时解除口渴症状。这是一种非常有趣且十分常见的心理现象——联觉，即由一种感觉引起另一种感觉的心理活动。《望梅止渴》这个典故，就是由听觉引发了味觉。士兵们幻想着梅子的滋味，一想到酸酸的梅子仿佛已经吃到嘴里，他们不自觉地流出了口水；口水一流，士兵们顿时感觉到满嘴生津，精神大振，步伐不由得加快了许多。找到了水源的士兵，哪里还去计较梅林是否真的存在。曹操运用暗示效应，成功地把军队带出干涸之地。

在幼儿园里，教师常常有意无意运用着暗示效应，最常见的就是幼儿园物理环境的暗示效应。来自园所环境的信息，通过幼儿的眼、耳、鼻、舌、身等多种感官施加着影响。环境暗示是一种"无言之教"，教师有意识地创设良好的心理环境、物化环境，让幼儿置身其中，耳濡目染，潜移默化，受到影响和感染。幼儿园的环境布置色彩温馨、内容侧重童趣，充满各种适合幼儿年龄的游戏材料，桌椅的摆放组合也更加自由。这样的风格创设不仅向幼儿传递温暖的、安全的信息，让幼儿能快速融入园所生活，而且无声地引导幼儿与环境发生互动。正如《幼儿园教师专业标准》指出的，幼儿园教师应重视环境对幼儿发展的独特作用，创设富有教育意义的环境氛围。

暗示还可以通过很多方式达成，可以通过环境、材料、语言，也可以通过眼神、表情、举止行为等。如为了培养幼儿良好的礼仪习惯，教师自己早上来园之时热情跟孩子们问好，给他们一个大大的拥抱；在日常生活中，对同事和幼儿使用礼貌用语，"请、谢谢、对不起、不客气"等。老师的行为是无声的暗示，孩子们通过模仿，将形成良好的礼仪习惯。

进餐时，静静老师发现班里的一部分小朋友不爱吃蔬菜，总是把蔬菜挑出来，保育老师虽然每次都向小朋友们介绍蔬菜的营养价值，但是并没有起到多少作用。在接下来的一段时间里，静静老师采用暗示效应，对幼儿开展了蔬菜营养价值的教育。她在图书区投放了很多本关于蔬菜的图画书；在自然角投放了数种常见的蔬菜，如胡萝卜、西葫芦的切片等，还带领幼儿一起种植小菠菜和油菜；在娃娃家的小厨房也投放了更多的蔬菜模型。孩子们开始探究有关蔬菜的话题。静静老师跟配班教师组织排演小话剧《比比谁最牛》，首先组织幼儿制作白菜、萝卜、豆角、青椒、南瓜等常见蔬菜的头饰；再请家长帮助幼儿查找资料，请幼儿讲关于蔬菜的故事；最后，让幼儿自主选择角色，进行表演，全班每个幼儿都参与角色扮演。经过三轮活动之后，教师们发现，孩子们对蔬菜的认可和接受比预想的还要理想，饭桌上，孩子们或多或少都会食用一些蔬菜，偷偷吐掉蔬菜的现象越来越少了。

鉴于幼儿心理特点和认知风格，单纯讲解蔬菜营养价值相关知识很难收到效果。静静老师运用暗示效应原理，在环境创设上渗透教育目标，把幼儿带到"蔬菜世界"中；在幼儿熟悉、接受之后，开始策划专题活动，如美术活动（制作蔬菜头饰）、语言活动（讲蔬菜故事）、表演活动（话剧展演）等。整个过程中，教师并未直接宣传吃蔬菜的好处，只是跟孩子们一起投入活动。结果发现，幼儿在不知不觉中开始接纳并食用蔬菜了，还了解了很多关于蔬菜的知识。无论是环境创设，还是综合主题活动，都在强烈地暗示幼儿，蔬菜有营养、多吃蔬菜更健康。

幼儿园要开运动会了，为了能取得好成绩，每个班都在积极练习参赛项目。大四班的孩子一开始练习得很认真，如果按照这个方向发展下去，肯定能够取得第一名，可是一些孩子越来越不专心了。静静老师发现了这个变化，请来了大三班的长绳队，与大四班提前进行一场比赛。大四班险胜，这时，大三班的老师对孩子说："你们看，我们和大四班只差了7个，只要咱们努力练习，还有机会噢。"大三班的孩子们本来有些泄气，但是听了老师的话，一个个又打起精神来，继续练习了。静静老师看着胜利的大四班孩子们，孩子们都在期待着夸奖。静静老师说："你们今天表现很努力！"她稍稍停顿一下，接着道："只是我听说大三班的孩子们正在积极地练习，说不定就会超过咱们了。"孩子们大声地说："不能让他们超过咱们。"之后，孩子们又开始认真地练习起来。

为鼓励幼儿坚持，静静老师没有简单直接地告诉大四班孩子们要加油，要多多练习，而仅仅用一句"我听说大三班的孩子们正在积极地练习，说不定就会超过咱们了"，激发孩子加紧练习的决心。正面的说教或鼓动有时会引发幼儿反感，而静静老师"旁敲侧击"的方式同样达到积极效果。鼓励孩子不一定都用直接的夸奖或说教，巧妙运用暗示效应，有时更能激发幼儿的内驱力。

一、发挥物理环境的暗示效应

环境是孩子无声的老师，材料的提供对幼儿的认知、情感、行为会产生直接或间接、显性或隐性影响。幼儿园大环境是最初对幼儿产生心理暗示的因素，会让孩子感到自己是否受欢迎，是否能获得安全感。班级小环境的创设，不仅对幼儿起到潜移默化的引导、规范作用，而且丰富、适宜的游戏材料有助于引发和促进幼儿的游戏。

二、重视教师日常态度言行的暗示效应

教师可以运用眼神、表情、肢体等语言来传递言语之外的更加丰富的信息，可以表达鼓励、认可或接纳，也可以表达责怪、愠怒或包容。有研究发现，信息效果=7%言语信号+38%音调+55%面部表情。因此，教师不仅要借助无声语言的作用而且注重自身日常态度和言行对幼儿的暗示作用。

三、依据幼儿性格特点，有针对性地运用暗示效应

暗示效应的运用须因人而异，如对性格细腻、比较脆弱的幼儿，适合运用肢体语言暗示；对性格开朗、主动性较强的幼儿适合运用环境资源暗示。最主要的是应依据情境的变化调整暗示的风格，如在幼儿情绪高涨而应阻断之时，适合运用语言暗示；在幼儿情绪低落而应唤起之时，适合运用肢体暗示。总之，效应使用无一定之规，需要教师细心观察、准确判断后，选择恰当的方式。

第四辑

云程有路志为梯
——做内驱型教师

导语

  幼儿园工作特点决定情绪劳动是教师工作的重要特征,而情绪劳动会在幼儿园教师心理健康层面产生影响,与其专业性和专业发展也密切相关。为防止由情绪劳动引发职业倦怠,我们需助力幼儿园教师体验职业幸福感,建立终身学习与持续发展的意识。本辑心理效应旨在激发幼儿园教师发展内驱力,进而使教师不断学习、思考,自觉主动探索和研究保教工作中的问题。帮助教师在提升保教工作质量、支持幼儿成长的同时,实现自我专业成长。

犹豫不决事无成——布里丹毛驴效应

两个牧童在山上发现一个狼窝，狼窝里有两只小狼崽。他俩各抱一只狼崽跑了。老狼回来了，循着狼崽的叫声追过来。一个牧童抱着狼崽爬上一棵大树，老狼赶快向另一个追过去，另一个牧童也赶快爬上旁边一棵大树。这只狼崽嗥叫，老狼赶快奔向这棵树，气急败坏地在树下乱抓乱咬。另一只小狼嗥叫，老狼又赶快奔向另一棵树，拼命向树上爬。就这样，老狼在两棵树之间奔来奔去，看着老狼疲于奔命的狼狈模样，牧童觉得很好玩，就越发起劲儿掐小狼耳朵，拽小狼尾巴，小狼哭叫连连，老狼就越发慌乱得不知所措，只好在两棵树间继续疲于奔命。就这样，老狼在不停奔波中终于累得气绝身亡。

老狼之所以累死，是由于它企图救回两只狼崽，一只也不想放弃，结果累死了自己，两只小狼的命运可想而知了。假如它孤注一掷，只守住其中一棵树，至少能救回一只狼崽。老狼的做法反映了布里丹毛驴效应的原理。

法国哲学家布里丹养了一头小毛驴，他每天都向附近的农民买一捆草料来喂小毛驴。有一天，送草的农民出于对哲学家的景仰，额外多送来一捆草料。这下子，小毛驴可为难了，它站在两堆颜色、外观相同的干草之间，一会儿考虑数量，一会儿分析颜色，一会儿顾虑新鲜度，它就看看这堆，望望那堆，始终无法决定究竟选择哪一堆好。最后，这头可怜的毛驴就干脆站在原地，在无所适从中活活地饿死了。

这就是"布里丹毛驴效应"。这个故事阐释了一个道理，关键时刻容不得瞻前顾后。人们在生活中经常遇到必须做抉择的情况，有些选择关系到人生走向，但很多时候并不会留有足够的时间去反复思考，反而要求迅速决断。否则机会稍纵即逝,不抓住机会可能会导致一无所获。

明确了布里丹毛驴效应,幼儿园教师在保教实践和自我职业成长中可以避免犹豫不决,举棋不定,以致失去最佳机会。

静静从大专学校毕业后,面临三个选择机会,进入市区幼儿园,或回到郊县幼儿园,或继续深造。如果选择进入市区幼儿园,不但工作环境好,而且培训学习机会更多;但离家较远,要在市区租房住。如果选择回郊县幼儿园,可以住在家里,工作强度不会太高。如果继续深造,专业成长后劲儿十足,但会给父母造成经济负担。静静思来想去,瞻前顾后,不知如何是好。看到同学一个一个找到工作单位,签了就业协议,她心里很着急,每晚失眠,状态越来越不好。

导师知道了静静的困惑,又了解到静静家里的情况,对她说:"我们都知道马斯洛的需求理论,你说说,最急需解决的问题是什么?""该经济独立,不能给爸爸妈妈添负担。"静静小声说。"好,可以先工作几年,有了积蓄再考虑深造;也可以一边工作一边学习。"导师建议道。"那我是在市区工作,还是回郊县呢?"静静又问道。"你还年轻,受点辛苦没啥,重要的是专业成长和职业发展,你自己觉得在哪里更好呢?"导师反问她。静静明白了,很快做出了选择。

年轻教师由于人生阅历和社会经验都相对单薄,在做各种抉择时往往不知如何衡量,在舍与不舍之间游移不定,患得患失。静静幸好遇到导师帮助她分析利弊、权衡得失,引导她抓主要矛盾,在解决经济压力的情况下,首先应追求自身专业成长。

三年过去了,静静度过了新教师适应期,能高效完成保教工作。最近,她又陷入两难的境地。每年新入职的教师学历至少是本科,有的还是研究生,这使得静静感觉自己的竞争力越来越弱,继续深造的念头越来越强烈;可婆婆急着抱孙子,处理不好的话会伤了家人感情。假如选择生宝宝,至少两三年时间要兼顾学习、孩子、工作,精力是否能应付得过来?很有可能三方面的事情都做不好,因此,必须有所选择。静静再次给导师写邮件,述说自己工作和生活情况及困惑。没想到,导师的邮件只有一句话:"你今年几岁?"静静思考良久,才明白导师的暗示,决定在职提升学历,一边工作一边学习,拿到本科学历后再生宝宝。

静静用三年时间完成了从新教师向成熟教师的转变,目前面临的困惑是提升学历还是完成人生大事。在导师的引导之下,静静选择先提升学历,在职专升本学习需三年时间完成,拿到本科学历证书时她还未满30岁,那时再生宝宝。

当无法评量各种机会、资源,不知如何选择时,先抓主要矛盾,解决目前无法拖延、无法规避的问题;选择对长远发展有利的因素;选择那些"失不再来"的机会。当然,选择的同时意味着失去,每个人的具体情况各有特点,须结合实际情况理性评量之后再做决定;但绝不能患得患失、优柔寡断,错失良机。

一、理性分析,合理设置目标

目标设置要合理,不要试图获取最多,有舍方有得。懂得分析主要矛盾,再做评量。过高的目标不仅没有起到指示方向的作用,反而会带来一定心理压力,并干扰决策的理性和有效性。

二、把握时机,慎重取舍

鱼和熊掌不能兼得,取"鱼"抑或"熊掌",不以其本身价值为衡量标准,而以其对教师自身是否有价值为取舍条件。因时因地选择迫切的不可逆的宝贵机会或资源是明智的做法。

三、做好眼前事,放眼未来事

教师应首先做好自己本职内的事情,有效完成保教工作,引导幼儿成长,做合格幼儿园教师;其次为满足日益发展的学前教育需要,应不断提升自身可持续发展能力。

爱拼才会赢——摩西奶奶效应

安娜·玛丽·摩西生于美国纽约乡村一个农夫家庭。从小生活困苦而拮据，很小就在他人农场工作，贴补家用。可以说，她的双手一直都忙于擦地板、挤牛奶、装蔬菜罐头等事情。在73岁时，她扭伤了脚，不得不放弃做惯的活计。于是，从75岁起，她开始尝试学习绘画，由于她的画作多反映生活气息浓厚、丰富多彩的乡村生活而备受普通大众的喜爱。80岁时，她在纽约举办个人画展，引起轰动。20多年间，她作画1600多幅，作品在世界各地博物馆巡展，被称为民间艺术家。"任何人都可以作画""任何年龄的人都可以作画"，摩西奶奶这样说。她在回复正纠结于职业抉择的年轻人春水上行（后来成为著名作家渡边淳一）时说："做你喜欢做的事，上帝会高兴帮你打开成功之门，哪怕你现在已经80岁了。"

摩西从未接受过正规的艺术训练，但她对美的热爱激发了惊人的创作力。从最早临摹明信片，到根据对农场的早期生活回忆而创作，摩西的作品细腻、鲜活，洋溢着浓郁多彩的生活气息。人们把这种虽处高龄仍然顽强寻找自我，执着追求，发挥出极大潜能的现象，称作摩西奶奶效应。该效应启示在于，每个人都有潜在能力，只要得到唤醒和发挥，就能获得意想不到的成功；如果不去挖掘，潜能将会自行泯灭；任何时候都要相信，只要找到真正的自我并不懈努力，就能够成就一番作为。

幼儿园教师了解摩西奶奶故事，对有效完成保教工作目标、实现专业成长和职业提升有借鉴意义。

三年前，静静刚刚入职幼儿园时，一度感觉茫然无助。自己不仅歌声不委婉、舞姿不婀娜，而且在教育活动中面对幼儿的各种提问不能有效回应，总是手忙脚乱；一旦发生幼儿磕碰或冲突情况，就紧张得手心出汗，根本无法及时做出反应。面对同事的帮忙，静静感觉很不安、很歉疚。自己喜欢小宝宝，想当好老师，可在学校苦学的知识似乎用不上，她不禁陷入苦恼中。

一天，带班班长对静静说："前几天在阅读区，我听到恒恒和几个小朋友说好喜欢听静静老师讲故事。""真的吗？"静静很意外，也很惊喜。"这几天我观察了，你讲故事的时候，孩子注意力特别集中，打闹的现象也少了很多呢。"静静像发现了新大陆一般，她开始琢磨起来：对啊！我就从讲故事这件事开始好好做起来吧。于是，静静开始依据幼儿一日生活的节奏，选择不同风格的故事，配上音乐录制几段小故事，分别在早餐、午睡前、午睡起床后及离园时播放。孩子们特别喜欢，还学着她的语调讲给爸爸妈妈听。首次尝试成功后，静静有了自信，她开始挑选合适的图画书，用于幼儿良好习惯培养和问题行为的干预。声情并茂的讲述把幼儿代入故事情境中，再通过静静的引导，一段时间之后，带班班长和静静都发现，幼儿都不自觉地模仿着故事里的良好行为，无故追打、冲突的现象明显减少了。这个结果使静静特别兴奋，成就感更强烈了。她开始思考，如何继续发挥优势以扩大战果。

新入职教师，遇到与静静类似的情况并不鲜见，此时需要快速找到一个突破口，最好从自身特长和优势上找到切入点，以点带面开展工作。静静老师曾经"茫然无助"，当"讲故事"特长得到发挥后，她获得了职业成就感，自我效能得到提升，促使她主动思考，积极投入"得心应手"的事情上，虽剑走偏锋，但仍有效达成保教目标。每个人都有他人无法匹敌的优长之处，我们要善于发现，持续行动，一定能收获积极效果。

一晃五年过去了，静静已成长为一名优秀的幼儿园教师。目前，她不仅担任带班班长，还当选为区级骨干教师。静静可以驾轻就熟地完成日常保教任务了。随着时间的推移，她渐渐觉得，工作在按部就班中完成，缺少一些挑战性，幸福感亦不似从前。她意识到，必须找到一个新的职业生长点，以激起更高的职业热情，在新的起点上发挥更大的作用。偶然机会，她看到教育家苏霍姆林斯基的一段话："不研究事实就没有预见，就没有创造，就没有丰富而完满的精神生活，就不会对教师工作发生兴趣。不去研究、积累和分析事实,就会产生一种严重的缺点——缺乏热情和因循守旧。只有研究和分析事实,才能使教师从平凡的事物中看出新东西。"静静豁然开朗,"对啊,以研究的态度做教师,既能支持幼儿成长,也会获得更长久的成就感和幸福感。"

教师产生职业倦怠是自然的现象,只要教师不断思考和追求,一定能为自己的职业生涯注入新的元素,生发新的活力。对于一线教师而言,可以开展以解决保教实践中小问题为目标的行动研究,以实践带研究,以研究促实践,最终实现保教个人风格的创立和持续创新。静静老师在思考中发现了自身职业成长的新的生长点——投入教育研究。确定了新的目标之后,相信静静老师会以更饱满的热情投入工作。

实践指南

一、了解自身特长,在优长领域找到发展生发点

一个人的潜在能力是巨大的,如果不去挖掘,将会自行泯灭。教师应理性、客观地自我剖析,了解自身的优势和不足,自觉主动地从挖掘长板入手,不断挖掘潜能、发展潜能,找到自身特色发展之路,并持续不断地学习,锲而不舍地追求下去。

二、树立终身学习,不断进步的信念

随着社会迅速发展对个体产生的要求,幼儿园教师唯有学习、学习、再学习,与时俱进,才能适应新时期学前教育发展对教师的要求;教师唯有不断进步,才能实现人生价值。因而,幼儿园教师应树立活到老学到老的不断进步的专业信念。

三、自觉开展研究,不断提高保教素养

教师应针对保教工作中的现实需要与问题,自觉进行探索和研究。如教师有效运用观察、谈话、家园联系、作品分析等多种方法,客观地、全面地了解和评价幼儿,以指导下一步教育活动的开展;以积极心态对自己的保教工作进行批判性反思,对保教中的实际困惑和问题,持续深入研究,不断提升自身的保教素养。

心美，一切皆美——葡萄效应

果园里，紫红色的葡萄挂满枝头，狐狸偷偷潜入果园，垂涎欲滴地想摘到葡萄，但葡萄架很高，它拼命跳起来也够不到，这可怎么办呢？

第一只狐狸站在葡萄架下凝思很久，不舍离去。想起平日农夫借助梯子很轻松地爬上爬下，它打定主意，一定要找到那个神奇的工具。一番波折后，狐狸终于找到了梯子。于是，它学着农夫的样子爬上去，顺利地摘到了葡萄。

第二只狐狸站在葡萄架下凝思很久，不舍离去。以自己的身手恐怕这辈子也无法吃到葡萄了。但它转念一想，这个葡萄肯定是酸的，一点儿也不好吃，还不如不吃。于是，它心情愉悦地离开了。

第三只狐狸站在葡萄架下凝思很久，不舍离去。它仰望着葡萄架，心想，既然我吃不到葡萄，别的狐狸肯定也吃不到，我也没什么好遗憾的了，反正大家都一样。于是，它安心又轻松地离开了。

第四只狐狸站在葡萄架下凝思很久，不舍离去。它想，我够不到葡萄，别的狐狸也够不到，为什么我们不学习猴子捞月的做法呢？于是，它动员所有想吃葡萄的狐狸一起合作，它们搭成狐狸梯子。最终，大家都品尝到了甜美的葡萄。

在这个故事中，第一只狐狸和第四只狐狸采用的是问题取向的应对方式，直接面对问题，没有逃避，积极想办法解决问题。第一只狐狸自力更生，达到目的；第四只狐狸则采用合作方式，不仅自己遂了心愿，还帮助同伴满足了愿望。第二只狐狸和第三只狐狸都采用心理防御机制，用于减轻焦虑及保卫自我以维持内在平静。第二只狐狸运用"酸葡萄效应"原理进行合理化解释，以安慰自己既无能为力又无可奈何之时造成的不安和压力，保护自己免受情感伤害；第三只狐狸运用"投射原理"，把自己的愿望与动机归于他人，以达到心理平衡和心灵安宁。

四只狐狸采用不同应对策略，反映了面对挑战时个体的常见心态。由不同心态出发产生相应的情绪与行为，不同的应对策略决定了不同的结果。幼儿园教师在遇到保教工作的困惑、职业发展问题时，也会采用不同的应对策略。而决定应对策略风格的，是个人对问题的看法和解释。可以说，决定教师情绪与行为的不是问题本身，而是教师自我对问题的看法和解释。

一天，园长把静静叫到办公室，告诉她园里接到上级任务，需要派一名思想过硬、专业能力强的教师去山区幼儿园支教，园里综合考虑各种因素，打算安排静静承担该项任务。园长说："你看看还有什么困难，园里尽量解决。"

一开始，静静很难接受这个安排，"自己刚刚升任带班班长第二年，工作干得很顺手，专业上正在上升阶段，怎么被派到离家70多公里的山区呢？不能每天回家倒是小事；离开熟悉的岗位、熟悉的伙伴，一切都得从头开始；偏远的地方消息闭塞，学习资源缺乏，专业成长也会受影响啊！"就这样，她越想越委屈，越想越生气，"领导就是不喜欢我，我这么努力她都看不到……"接下来的一段时间，静静的情绪特别低落。

工作中的调整是每个教师都可能遇到的情况，离开熟悉的工作环境，又是去偏远的地区，对任何人都会是一个不小的挑战，也会造成一定的心理压力。对于"去山区幼儿园支教"，静静只看到消极的一面，因而"越想越委屈，越想越生气"。

师傅看在眼里，急在心头。于是，师傅跟静静有了以下谈话。师傅先肯定了静静这几年的努力和成绩，对静静目前的情绪也表示理解。之后，师傅语重心长地说道："咱们看问题不能只看到一个方面，那就会造成认识问题的片面性。山区偏远，各方面条件跟现在的幼儿园有差距。但挑战和机遇是并存的，你作为园所骨干去支持山区保教工作，新园所在工作安排上会给你提供更广阔的发展空间，你一直都是个善于思考且主动发展的老师,可以在新岗位上实践起来;再有,你不是一直在做家园共育的课题研究吗?山区的家长更需要教师的专业指导,你的课题研究更有现实意义,还能增加新的数据;现在网络联系也方便,资源获取不是问题。"听了师傅的话,静静豁然开朗,"是啊,我还年轻,需要多磨砺,只要认真工作,在哪里都会有成就。"

两年过去了,静静完成支教回到了原单位。与离开时相比,静静觉得自己的业务能力得到了显著提升,尤其在家长工作指导方面积累了扎实的经验;因在支教中的出色表现,她被评为区级骨干教师。更可贵的是,静静受到山区孩子和家长的认可和爱戴,获得了满满的职业幸福感。有了这些支撑,静静以更高的职业热情积极地投入下一步工作。

静静在师傅的开导下,转换了视角,以积极的心态重新评估"去山区幼儿园支教",发现了成长机遇,继而抓住机遇,主动锤炼专业能力,并取得一定成绩,获得了职业成就感和幸福感。一旦静静的视角发生了改变,相应地,情绪也变得积极了,行为上更加投入了。这说明,当我们无法改变事实,可以改变的是对事实的看法和解释,从而产生相应的情绪和行为。

一、不断注重内修,持续提升专业素养

自我渴望发展是教师持续成长的动力,内驱力会支持教师主动、自觉加强个人品德修养和专业素养。教师应勤于学习,不断进取;既要注重在实践工作中自觉反思、总结和提炼经验,又要通过阅读涵养专业品质,提升理论素养;建立多角度、多层次思考问题的思维模式;养成冷静分析信息,客观做出判断,依靠证据做决定的习惯。

二、保持积极心态,在逆境中锤炼自己

《幼儿园教师专业标准(试行)》要求教师乐观向上、热情开朗;善于自我调节情绪,保持平和心态。保教工作细致而繁杂,教师很难避免产生焦虑和倦怠,要随时注意自我调节,保持积极情绪状态,始终以乐观的态

度、幽默的情趣应对逆境和困惑。

三、为自身健康、为幼儿做示范，教师应注重情绪管理

幼儿园教师无论是为自身健康，还是为幼儿做示范，都要重视情绪管理。教师要细致体察自身情绪，适当表达情绪，以恰当的、适宜的方式纾解压力；对生活中的矛盾引起的反应，能以适宜的方式进行排解，及时缓解紧张、焦虑的心理状态。

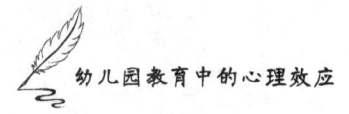

抱团取暖，互相成全——安泰效应

安泰是古希腊神话中的大力神，是海神波塞冬与地神盖娅的儿子。他力大无比，百战百胜，几乎所向无敌。但他有一个致命的弱点，一旦离开大地，失去了母亲滋养，就失去了一切力量。后来，他的对手刺探到这个秘密，于是利用这一弱点，设计让他离开大地，把他高高举起后在空中杀死了。

人们把一旦脱离相应条件就失去某种能力的现象称为"安泰效应"。后来，安泰效应不断被再解读，意指再大的树离开了土壤只会凋亡，能力再强的人一旦离开群众支持、脱离集体力量也将一事无成，仅靠一己之力很难有所作为。

在面临某项任务、某种挑战时，个体因能量有限而显得势单力薄，个体若想完成目标，必须吸纳他人的智慧和力量，形成合力才有可能成功。因此，为高效完成保教工作、实现个人专业成长，教师应树立团队意识、集思广益、积聚能量，共同完成工作。

安泰效应原理提示幼儿园教师，在保教实践及专业成长中形成团队效应，共同进步、共同成长。

从教5年有余，静静对教育研究一直敬而远之，她总认为，研究都是专家做的，也只能由专家完成。一线教师把日常保教工作做好就够了，自己在解决幼儿普遍存在行为问题，如入园焦虑、交往技能欠缺、安全保护意识不足等方面，已经很得心应手了。可最近，静静遇到很棘手的问题。在区域游戏材料投放、教师引导策略的问题上，她可谓绞尽脑汁、费尽心思，但效果仍不尽如人意。面对琳琅满目的材料，幼儿并未流连忘返，更未出现主动尝试和专注探究的现象。而自己使出浑身解数、苦口婆心教授各种玩法，仍然收效甚微。问题出在哪里呢？静静很苦恼，甚至开始觉得自己遇到了瓶颈，专业能力很难再有提高了。静静跟同伴交流时发现，其他带班教师也遇到同样的情况，看来这是一个共性问题。虽经多次讨论，大家仍然停留在对问题和困惑的描述阶段，找不到解决的办法。于是，静静将情况上报业务园长，园所决定开展区域材料投放策略的园本研究。在理论工作者入园进行专业指导、同伴集体智慧激发与碰撞、个人批判性反思与深入探究的共同作用下，静静和同事们逐渐解决了问题。

静静一直是个责任心强的敬业教师，但遇到凭一己之力、一人智慧无法解决的问题或困惑时，必须学会争取个体之外的力量，包括来自同伴、业务主管等的支持；此外，还应寻找外部专业资源。静静在无法解决区域游戏问题时，及时吸纳他人智慧，凝聚个人反思、同伴助力和专业指导，进行深入研究，不但支持幼儿发展，而且在个人专业成长上获益匪浅。

实践指南

一、具有团队合作意识，凝心聚力共同发展

教师应具有团队合作精神，积极开展协作与交流；调动同伴、家长力量，争取专家等资源，分享、合作，共同发展；树立"我为人人"才有可能"人人为我"的意识。教师个体专业能力有限，思维难以深入全面，因此，需要集中众人智慧和资源共同服务于幼儿，在这个过程中才可实现个体的专业成长。

二、发现他人的优点，虚心学习取长补短

教师应树立终身学习与持续发展的意识；要善于发现他人优点，不断向他人学习，丰富并提升保教工作专业化水平。静静在遇到困难时，及时向同事求助，大家不断产生思想碰撞，迸发出智慧火花。在不断实践、持续的思考中，静静与同伴实现了共同成长和进步。

三、在自主发展与依靠集体之间建立平衡，不可完全依赖他人

教师应调动自身发展内驱力，重视通过思考提升自主专业发展能力。《幼儿园教师专业标准（试行）》强调，幼儿园教师要具有不断进行专业化

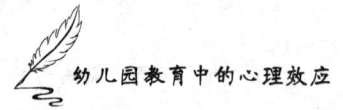

学习、实践、思考和提高的意识与能力。在教育工作中，教师应"主动收集分析相关信息，并不断进行思考，改进保教工作"。因此，教师要把握好自主发展与依靠集体之间的平衡，不可完全依赖他人。

鸟随鸾凤飞腾远——泡菜效应

春秋时期,有一个小国叫"宋"。宋国大夫戴不胜是个贤臣。他很想让宋国国君多理朝政,只是找不到劝说宋王的好方法。有一次孟子到宋国旅行,戴不胜大夫很恭敬地向孟子请教:"您是很有学问的人。请您告诉我,怎样才能劝说一个国家的国君把自己的全部精力用来管理自己的国家,多为国家办些好事呢?"

孟子想了一会儿,微笑着不紧不慢地说道:"这话看怎么说。比如说,有位楚国大夫很想让自己的儿子学说齐国话,您看是请齐国人教他好呢,还是请楚国人教他好呢?"戴不胜笑着回答说:"那当然是请齐国人教他好啊!"孟子接着说:"即使请来一个齐国人教他,并且齐国人施教很耐心很有方法,但他周围的人一直来干扰他,这种情形之下,哪怕用鞭子抽打他,逼迫他学齐国话,他仍然是学不会的。如果把他带到齐国去,住在齐国都城最繁华的街巷里,住下来学讲齐国话,几年以后,他的齐国话就学会了,讲得很好了;到那时再要他说楚国话,假若也用鞭子天天抽打他,那也是很困难的了。"

听了孟子一席话,戴不胜终于明白过来:在宋国,国君周围的大夫少有贤明之臣,在太多奸佞大夫的谗言欺骗下,也难怪宋国国君会昏聩无道了。

这个故事出自《孟子·滕文公下》,孟子借楚人学齐语的故事,解释宋国国君不理朝政,皆因其身边围绕佞臣过多,贤臣太少,长期受到消极人文环境的影响导致。这说明人的周边生活环境决定了一个人的行为方式、思维方式,甚至人的善恶观。如同同样的蔬菜在不同的水中浸泡一段时间后,即便将它们分开煮,其味道、口感也存在很大差别。"泡菜效应"

揭示了环境对人的成长具有非常重要的作用。因此，人们要重视物质和人文环境的打造。这启示教师，若想要进步和改变自己，就要主动营造或融入积极、乐观、成长的环境中，利用情境的力量推动自己前进。

静静常常觉得自己很幸运，一毕业就加入目前这个优秀的团队，管理层思路清晰、规划合理；中层干部勇于创新、拼搏进取；同事积极向上、真诚友善。在这个团队中，静静的专业能力得到迅速提高，综合素养获得全面发展。回想三年前，静静从师范学院毕业，以全区考试第一名的成绩入编幼儿园教师队伍。被分配到园所后，静静一度非常骄傲，认为园所一些老教师大多非科班出身，学前教育专业理论知识比较匮乏，自己的教育理念肯定比她们要先进，比她们更会教育幼儿。带着满满的自信，静静不仅对常规入职教育不屑一顾，对一些专业培训也漠然置之；对于同事善意的提醒、业务领导耐心的指点，她总觉得她们是在挑刺、找碴儿，完全沉浸在"完美自我"中无法自拔。然而，第一次新教师汇报课，她遭遇了滑铁卢。心高气傲的静静一度抬不起头来，从极度自信转换到极度自卑。她感觉别人的目光透着讥讽和嘲笑，心情低落，乱发脾气，每天来园都很犹豫，甚至好多次想逃离。此时，同事很包容她，在她心情不好时，默默地帮她管理班级，完成事务性工作；业务园长特别指派一个具有丰厚实践经验的老师做静静的师傅；工会主动吸纳静静参加社团活动……来自集体的接纳和关怀重新燃起了静静的职业热情。

事实确如静静的感受，她是幸运的，一个积极上进的团队会助力每个个体成长。即便在年轻气盛的静静表现出心高气傲时，大家仍以友好的态度接纳她，悄悄地帮她"补台"；在她跌倒时及时伸出援手，竭力帮助她，让她重新燃起工作热情，重拾信心。这说明，一个人若想进步，需要进入优秀的环境，接触优秀的人。

静静开始认真思考自身的问题，检视自己工作上的失误和不足，主动跟带班班长交流班级管理、幼儿行为问题改变等保教经验。下班后，她及时把一天中幼儿的典型事件记录下来，深度反思，每周跟师傅交流心得，请师傅答疑解惑。不仅如此，静静也会自觉帮其他老师"补台"，对班级、幼儿园建设主动献计献策。师傅说:"以前,静静是飘着的,现在静静才像家里人。"在帮助他人的过程中,静静自己也很受益。如静静辅导同伴讲故事,受到大家的欢迎和认可;联盟园也请静静去指导教师讲故事,担任联盟园故事竞赛评委等。

个体若想要改变自己,也需要主动创造优秀的发展环境。集体影响着其中的每个人,个人在集体的环境中展示自己的能量,也在影响着他人。静静受优秀集体的影响,成长之后也贡献自己的智慧和力量,为集体增添正能量。

实践指南

一、做一个充满正能量的人,努力营造积极上进的环境

《幼儿园教师专业标准(试行)》要求,教师要乐观向上、热情开朗;具有团队合作精神,与同事、家长甚至幼儿积极开展协作与交流;分享经验和资源,共同发展。因此,幼儿园教师应加强优秀品质涵养,努力做一个正能量的个体,主动营造积极上进的成长环境。

二、选择共生环境,与优秀同伴共舞

"蓬生麻中,不扶自直。白沙在涅,与之俱黑。"优秀团队具有塑造人的力量,个体会不知不觉地受其引领。因此,教师应放远目光,不要被眼前的安逸和利益引离发展目标,而应选择对自己持续发展有益的平台,与优秀的团队共进,利用团队的力量推动自身成长。

三、远离负能量的人和环境

在自我尚不具备影响他人的能量时,明智的做法是暂时远离那些经常牢骚满腹、抱怨不断的人,阻断消极情绪对自身的影响;防止自己因长期耳濡目染,被不良思想、不良思维方式侵袭,导致不辨好坏、不明是非;同时应加强自我修养,提升抵御负面影响的能力。

参考文献

[1] 杨宁. 浅谈微笑教育对幼儿的意义[J]. 中华少年, 2015, 11 (27): 193.

[2] 墨羽. 受益一生的心理学效应[M]. 北京: 中国商业出版社, 2019: 29-31.

[3] 时蓉华. 社会心理学词典[M]. 成都: 四川人民出版社, 1988.

[4] 马燕. 浅析"首因效应"[J]. 科教文汇(上旬刊), 2009 (11): 62-63.

[5] 车文博. 当代西方心理学新词典[M]. 长春: 吉林人民出版社, 2001.

[6] 李季湄, 冯晓霞. 3-6岁儿童学习与发展指南[M]. 北京: 人民教育出版社, 2014.

[7] 文小辉, 李利. 人际交往中的熟悉效应[J]. 才智, 2014 (35): 326.

[8] 龚秀英. 触摸的神奇效应[J]. 医药与保健, 1997 (3): 14-15.

[9] 瞿佳昌, 邹成锡. 论投射效应对人际关系的影响[J]. 新西部, 2011 (11): 181, 177.

[10] 教育部教师工作司. 幼儿园教师专业标准解读[M]. 北京: 北京师范大学出版社, 2013.

[11] 爱泼斯坦. 学前教育中的主动学习精要[M]. 霍力岩, 等译. 北京: 教育科学出版社, 2013.

[12] 刘占兰. 促进幼儿教师专业成长理论与实践策略[M]. 北京: 教育科学出版社, 2013.

[13] 奥姆罗德. 学习心理学[M]. 汪玲, 等译. 北京: 中国人民大学出版社, 2015.

[14] 刘儒德. 教育中的心理效应[M]. 上海: 华东师范大学出版社, 2013.

[15] 张军. 近因效应的认知影响及教学应用[J]. 化学教学, 2017 (9): 24-25.

[16] 胡蕊娜, 刘建君. 基于皮革马利翁效应的幼儿自信心培养问题研究[J]. 西安文理学院学报 (社会科学版), 2013, 16 (3): 114-118.

[17] 靳丽霞. 这样鼓励孩子最有效: 最完美的鼓励教育法[M]. 北京: 新世界出版社, 2010.

[18] 冯忠良, 等. 教育心理学: 应用心理学书系[M]. 北京: 人民教育出版社, 2000.

[19] 科恩. 奖励的惩罚[M]. 程寅, 艾斐, 译. 上海: 上海三联书店, 2006.

[20] 李虹. 国外有关对儿童奖励策略的研究简介[J]. 心理学动态, 1993 (3): 20-24.

[21] 斯莱文. 教育心理学: 理论与实践[M]. 10版. 吕红梅, 姚梅林, 等译. 北京: 人民邮电出版社, 2016.

[22] 李海芸. 幼儿园人文环境创设及其对幼儿社会性发展的影响[J]. 考试周刊, 2016 (2): 185-186.

[23] 孙嘉卿, 李卓. 习得性无助: 理论与应用[J]. 昌吉学院学报, 2006 (1): 52-55.

[24] 马妮萝. 对幼儿习得性无助缓解策略的思考[J]. 教育导刊 (下半月), 2016 (5): 22-24.

[25] 莫源秋, 卢奔芳. 幼儿教育中的心理效应[M]. 北京: 中国轻工业出版社, 2017.

[26] 许金声. 活出你的最佳状态[M]. 北京: 经济日报出版社, 2002: 338.

[27] 阳志平. 积极心理学团队活动操作指南[M]. 北京: 机械工业出版社, 2009.

[28] 杨宜音. 社会心理学[M]. 北京: 首都经济贸易大学出版社, 2008.

[29] 李毅. 社会学概论[M]. 广州: 暨南大学出版社, 2011.

[30] 刘凯. 心理学大全: 第二册[M]. 北京: 线装书局出版社, 2016.

[31] 陈俊恬，刘丽. 幼儿园常规教育的好方法：榜样示范与行为练习相结合[J]. 学前教育，1994（Z1）：68-69.

[32] 张云霞."羊群效应"在班级管理中的应用[J]. 班主任工作，2014（29）：114-115.

[33] 秦旭芳，赵静. 心理学效应在幼儿行为塑造中的运用："阿伦森效应"[J]. 教育导刊（下半月），2012（2）：31-34.

[34] 班杜拉. 社会学习理论[M]. 陈欣银，李伯黍，译. 北京：中国人民大学出版社，2015.

[35] 赵小东，周琬馨."南风效应"在高校思想政治教育教学中的应用研究[J]. 广西科技师范学院学报，2020，35（5）：77-80.

[36] 京师心智. 心理学常识速查速用大全集（案例应用版）[M]. 北京：中国法制出版社，2015：158.

[37] 李娟娟，京师心智组. 心理学入门：匪夷所思的98个心理学实验[M]. 北京：中国法制出版社，2016：240.

[38] 晓鹏，沐阳. 微表情心理学：人际关系中的心理策略[M]. 北京：中国纺织出版社，2014.

[39] 俞海南. 迁移效应[J]. 科学大众，2009（5）：32-33.

[40] 金云波，张玉桂. 如何在学科教学中促进学习迁移[J]. 和田师范专科学校学报，2009（5）：58-59.

[41] 边玉芳. 心理学经典实验书系：教育心理学[M]. 杭州：浙江教育出版社，2018：8.

[42] 周刘波. 向苏霍姆林斯基学习做研究[J]. 中国教师，2018（10）：37-39.

[43] 杜萍，田慧生. 论教学智慧的内涵、特征与生成要素[J]. 教育研究，2007（6）：26-30.